JN275477

# 縄文式階層化社会

渡辺 仁

六一書房

## 新装版の刊行に寄せて

　本著『縄文式階層化社会』が刊行されてから10年が経つ。この10年間、「階層化」をキーワードとして縄紋社会を捉えようとする研究者と、それを批判・否定する研究者とが、折りにつけ本著に言及してきた。ところが、刊行間もなくしての出版社の倒産によって本著は絶版となり、後進の研究者がこの本を手にすることが困難な状態であった。

　本著のもととなる論文は、渡辺仁先生の古稀を記念して企画した論文集（『考古学と民族誌』）の巷頭を飾るべく、私が先生に執筆を依頼したものであった。書き上げられた論文はその分量が原稿枚数の制限を受ける他の寄稿者のものに比べ優に数倍はあった。記念論文集の体裁および当事者と献呈者とのバランスなどを考えて、先生の論文は別建てにすることを、六興出版の当時の編集長福田啓三さんに了承していただいた。そのままで本とするには若干分量が少なかったので、すでに発表ずみではあったが掲載雑誌の読者が限定されていた関連論文を2本合わせて、一冊としたのが本著である。

　機会を見つけては先生のお宅に伺いお話をうかがっていたが、そうした折に、本著に対する縄紋研究者たちの反応や研究の現状を話題とすることがあった。そして再刊の話も。本著が生態学に比重がかかっていて、アイヌの民族誌的調査の際に採録してあった社会関係の資料を十分に生かしきれていなかったこともあって、先生は加筆・改定に意欲的な態度を示された。それと同時に、本著の執筆中に抱かれた「縄文土偶」への関心が急速にふくらんでいったようで、晩年の5年間は「縄文土偶と女神信仰」の執筆にかかりきりであった。

　1998年の2月5日に先生は東京虎ノ門病院に入院された。3月18日、奥様から、「縄文土偶と女神信仰」の最終校正が送られてくるの

だが、先生は数日来39度台の高熱が続いているので、代わって校正を見てほしいとの連絡を得た。病状は一進一退を繰り返しているように思われた。当初、退院したら今度こそは『縄文式階層化社会』の改訂版の執筆に入るよ、と言われていたが、ついには、「君に任せる」といって書き込み付箋のビッシリ貼られた一冊を託された。間もなくしての5月25日に癌（脊椎異形成症候群）のため永眠された。

　本著のオリジナリティーは、「民族誌的情報すなわち無文字社会の構造や文化や生態についての知識を考古学に援用する方法」で、しかも「遺物間の関係または遺物と環境との関係と現生民族の文化要素間の関係または文化要素と環境との関係との類似にもとづいて遺物の社会的、文化的、あるいは生態的な機能（意味、役割、相互関係）を類推する方法」である、先生の唱える土俗考古学の見地から構築された「階層化モデル」にある。この「階層化モデル」はどのくらいの部分が実際の民族（民俗）学的現象の観察と分析に基づいたものであるのか、そしてどのくらいの部分が民族誌的情報による判断に基づいているのか、そしてさらに、どの部分が便宜上考えられたものであるのか、といった点を基準として高く評価される。このモデルは従来の縄紋社会観を検証、あるいは確認するためよりも、それを批判的に吟味するために使われており、その点が私たちにとって最も役に立ったのである。その意味で、先生がやり残された仕事である近年の豊富な新しい考古資料を使ったモデルの検証とモデルの再構築こそが、私たちが継承すべき研究である。

　いろいろ考えて、今回は明らかな誤字、脱字の訂正以外には原著をそのままの形で復刻することにした。引き受けていただいた六一書房の八木環一さんに感謝致します。

　　2000年6月　　　　　　　　　　　　　　　　　　　安斎正人

# 序　　言

　これまでの考古学の定説では，縄文社会に階級なしとされてきた。即ち縄文社会は身分の上下貴賤のない平等社会であって，そのような差が生じたのは農耕社会即ち弥生時代になってからというのが当今の考古学・史学の常識のようになっていることは周知のとおりである。このような思潮には，第一に先入観の影響が大きいようにみえる。つまり，狩猟採集社会は平等社会 egalitarian society という人類学・民族学の固定観念があって，これによって社会学者だけでなく，考古学者の観念までもが束縛されてきたことが大きく響いているようにみえる。しかし狩猟採集社会にも例外があって，特殊条件下では，北太平洋沿岸の場合のように，階層化が起り得るのである。この階層は生業分化によるものであるが，単なる技術と経済の分化ではなく，それと不可分の信仰・儀礼の分化を伴う点が特徴である。そのために，階層化の結果としてこの貧富差は，彼等の社会では，単なる経済力や権力の差の示標ではなく，自然界との儀礼的関係即ち神々との関係の深さの差を意味するものとなっている。狩猟採集民の階層化社会で，富者が尊敬され，信望を集め，上層者として地域社会のリーダーシップをとり得たのは，以上のような意味があったからにほかならない。彼等の階層は農耕社会乃至文明社会の階層とは本質的に違うということができる。

上に述べた見地から，縄文社会を検討すると，その構造的基盤は富者層と貧者層の分離による階層制であったといえる。これを基盤として，様々な制度と慣習が一体となって，その社会の構造を支えていたのである。考古学では，社会関係を形成する権利・義務やイデオロギーそのものを取り扱うことはできないが，それに関係する行為の痕跡即ち物的証拠をとらえて，その構造を検証することはできる。問題は社会構造の要に当る制度乃至慣習が何であるか，またその物質的側面をいかにしてとらえるかである。このためにはその探究の際の見方・考え方のガイドラインとして，何等かのモデルが要る。これには生きている狩猟採集民の社会が役に立つ。このような理論と方法による縄文社会の検討結果が巻頭に提出した「縄文式階層化社会と土器の社会的機能」の論文である。

　縄文社会は階層社会といえるが，権力社会ではない。これが農耕社会や文明社会と違う点である。弥生社会になると，その点が根本的に違ってくる。つまり社会の構造的変化が起ったことになる。縄文社会から弥生社会への構造的変化の根本要因は農耕化であるが，この過程で縄文人がどのような役割を果たしたかを論じたのが第2論文「農耕化過程に関する土俗考古学的進化的モデル：ハードウエアとソフトウエアの可分性を中心とする」（付論1）である。この論文の要点は，その農耕化過程で主役を演じたのが，縄文社会のエリートとしての首長と長老群即ち退役狩猟者群であったことである。地域社会の伝統の管理・運営者としてのこの指導者達が，農耕システムのソフトウエアと交易の実権を握ったことによって，日本における農耕化

と農耕社会の発展に主導的役割を果たしたものとみることができる。縄文から弥生への変化は，一見すると急変であり不連続的にさえみえるが，構造的にみるとそれは革命ではなく進化であって，それを可能にしたのが縄文社会のエリート即ち上層部である。彼等がいかに高度のシンクタンク兼スペシアリスト集団であったかは冒頭の論文で検証した。彼等のこのような一般狩猟採集民のレベルを超えた技術的・社会的高度性は，縄文社会の特殊構造——生業分化とそれにもとづく階層によって培われた特性と考えられ，この高度伝統の流れが，革命的ともみえる急速な農耕社会化を可能にした基本的要因と推定される。本書掲載の第2論文の執筆段階（1987年）では，縄文社会の階層性（狩猟者層対非狩猟者層）が未だそれほど摑めていなかったので，狩猟者層の代表としての首長と長老（退役狩猟者）の役割の解明にとどまり，それが弥生社会の階層形成にどのようにかかわったのか——両者の関係にまでは立ち入ることができなかった。この点については，いずれ稿を改めて取りくみたい。

　縄文から弥生への変化，即ち日本における農耕化という課題は，一般に日本史という狭い展望と枠組の中で取扱われているが，人類学的視点からみると，それは農耕の起源と発展という人類史的乃至世界史的プロセスの一端にすぎないといえる。そのうち農耕起源には2通りのプロセスがあって，第1は発明による起源，第2は借用（伝播）による起源である。日本での農耕起源は後者に相当する。第3論文「農耕創始者としての退役狩猟者層：民族誌的情報にもとづく生態学的モデル」（付論2）はその前者即ち発明による農耕起源に関するものであって，農

耕システムの発明の過程においても，縄文から弥生への変化即ち農耕システムの借用の場合と同様に，その主役を演じたのは男性であり，特に地域社会のリーダーとしての首長と長老達（退役狩猟者）であったと推定できる。これは農耕民においても狩猟採集民の場合と同様に，生計システムの円滑な運営にはカレンダーの適正維持が重要且つ必須であって，この管理運営を司るのが地域社会の首長と長老達であるという民族誌的事実にもとづいている。この男性農耕発明者論は，これまでの人類学・民族学の殆ど通説となっている女性農耕発明者論に対する単なる反論ではなく，日本の農耕化を人類史的視点から展望するための試みでもある。

　文化や社会の起源は，地域や国家を単位にして眺めると根が浅いが，枠組を拡げて人類史あるいは世界史からみると，その根は限りなく深いようにみえる。縄文社会も日本の歴史という狭い枠にとらわれず，もっと広く大きい枠組の中で，さらに深い意味を探ってゆくことが，これからの課題ではないかと思う。

　稲作農耕を導入するや驚くべき速さで農耕社会化を遂げ，文明への階段をかけのぼった日本古代社会の歴史の根は，弥生社会どころか更に深く縄文社会に求めなければならないというのが筆者の現在の心境である。この高速発展は日本古代史の謎ともいえるが，その秘密は，その受け皿の仕掛け，つまり縄文社会の特異構造とその伝統の流れにあるようにみえる。縄文社会の構造は，この視点からも無視できない重要な意味をもつことになる。

　狩猟採集民の階層化は特異現象であって，既知の確かな民族

序　言

誌例は，極東から北米北西海岸に至る北太平洋沿岸以外にない。そのうち穀物農耕導入[1]によって農耕社会化（男性耕作型社会）を遂げた社会は，その西南端に位置する我が国以外にはなかった。これからみても，我が国の農耕化の条件が，世界的にみてもいかに特異であったかが解ろう。つまり階層のない一般的狩猟採集民の借用農耕化とはわけが違うといわなければならない。このような点から，縄文社会の構造が，日本古代史の新しい鍵ではないかと考えて，特にその階層性に注目した次第である。

　縄文人に果して階層などがあったのか，一体何を証拠に，といった疑問は当然かもしれないが，その手掛かりとなる第一の証拠は縄文土器そのものである。この知られざる側面に新しい光をあて，彼等の社会構造の枠組を探るのが本書の主題である。それはまた社会考古学を目指す新しい方法論の探究でもある。

（平成元年9月）


註
1) 北海道アイヌは，明治政府の勧農政策実施によって男性耕作型農耕に転じたが，それ以前から猟漁採集のかたわら既に自主的にアワ・ヒエ中心の雑穀農耕をとり入れていた。但しそれは女性耕作型の小規模（1〜2反程度）の耨耕であった（Watanabe, 1972 (3)：41；渡辺, 1977：387, 398；1981：120）。この雑穀農耕はほぼ全道的に行われていたが，例えば十勝川のような大河川の上流域では，それを実施していない家族や集落もあったが，その実施群と非実施群との差は，食性（食餌）の差あるいは生活活動の種類と頻度の差にすぎず，分業制と生活リズムの変化や社会構造的差異はみとめられない。（それは社会的には依然として狩猟採集社会であって，農耕社会とはいえない）

(Watanabe, 1972 (3) : 40；渡辺, 1981 : 120；Watanabe, 1986 : 247-448)。

　シベリヤ沿海州の猟漁民にもヒエ・アワ中心の農耕が分布する。この代表がアムール河下流域のゴルド族 Gold である。彼等の場合も女性耕作型であって，男子の生業は猟漁である。

　重要なのは主力耕作者が女性か男性かの違いであって，筆者はこれを農耕社会の同定規準としている（付論2参照）。これまでの日本考古学の農耕起源論にはこの社会学的視点が欠けていた。

# 目　　次

序　　言 ……………………………………………………1

## 第1部　縄文式階層化社会と土器の社会的機能
土俗考古学的・構造的アプローチ

I　問題設定 ………………………………………………11

II　階層化狩猟採集社会：北洋沿岸民族例 …………16
 1　階層化と定住性 …………………………………16
 2　階層化と生業分化 ………………………………21
 3　階層化と工芸・技術の高度化と特殊化 ………37
  a　上部階層と装飾工芸 …………………………37
  b　製材，建築，木工 ……………………………46
  c　奢侈品の航洋交易 ……………………………52

III　階層化狩猟採集社会：構造モデル ………………63
 1　生業分化 …………………………………………64
 2　階層化 ……………………………………………64
 3　技術・工芸の高度化 ……………………………66
 4　威信経済 …………………………………………67
 5　水産経済依存型定住生活 ………………………68
 総　括 …………………………………………………70

## IV 縄文式階層化社会 …… 72

### 1 生業分化(狩猟の特殊化) …… 72
- a クマ猟(大形肉食獣猟) …… 72
- b 環境条件 …… 75
- c カジキ銛突漁 …… 80
- d 遠位環境開発と狩猟者層(上部階層) …… 88

### 2 奢侈工芸：特殊化と高度化 …… 94
- a 土器工芸 …… 95
- b 身体装飾品工芸 …… 99
- c 大型技術：製材と建設 …… 104

### 3 儀礼の高度化 …… 109
- a 信仰・儀礼体系の複雑性 …… 109
- b 大型環状建造物(円形囲い地)：集団儀礼の発達 …… 117

### 4 土器の社会的機能：縄文式から弥生式への変化 …… 135

### 結　語 …… 154

# 第2部　狩猟採集から農耕へ

## 付論1　農耕化過程に関する土俗考古学的進化的モデル …… 193
ハードウエアとソフトウエアの可分性を中心とする

## 付論2　農耕創始者としての退役狩猟者層 …… 229
民族誌的情報にもとづく生態学的モデル

- 索　引 …… 261
- 英文目次 …… 263

## 第 1 部

# 縄文式階層化社会と土器の社会的機能

土俗考古学的・構造的アプローチ

# I 問題設定

　縄文時代から弥生時代への変化は日本の歴史の上で最初ともいうべき画期的大変化であった。

　その指標は何かというと，第1には周知のように食物経済つまり狩猟採集から水稲耕作への変化である。この変化はそれによるインパクトも大きく，各方面に連動的変化を伴ったが，なかでも特筆すべきは土器産業の変化である。これが縄文と弥生の両時代を画する指標となっていることは周知の通りだが，その土器変化の機能的（社会的）意味は未だ殆ど明らかにされていない。縄文式土器から弥生式土器への型式・編年的変化の事実と両者の技術・形態的関係即ち両様式の系統発生的関係については解明の努力が累積され継続されているが，その変化の生活方面との関係，あるいはその社会的意義については殆ど不問に付されてきたといっても過言ではない。縄文式から弥生式への土器変化が大きいことは確かであるが何故それほど大きく変らなければならなかったのか，生業の大変化が何故土器産業の大変化を伴わなければならなかったのか，少くともこのような問題に対する積極的な探究が欠けていたようにみえる。問題は関係する人々乃至時代の文化全体にかかわる問題であり，その人々乃至時代の社会体制にかかわる問題である。従ってその追究には当然機能的アプローチが要求される。要するにこの土器変化問題は，考古学的遺物（道具）をその製作者・使用者であ

る人々の生活あるいは社会の枠組（構造）の中におき，その役割乃至意義（生態学的あるいは社会的機能）を理解しようとする機能的アプローチにとって，正に格好の問題といえる[1]。

　この問題の出発点は縄文式土器と弥生式土器の基本的差異である。両者は土製容器という点で共通であるが，後者の形態（器形・装飾）的単純性に対し前者の複雑性は対照的である。特に前者の特徴は，世界に冠たるものとさえみなされているその装飾性である（山内，甲野，江坂（編），1964：156，167）。これまでの縄文土器研究では，この装飾性を単なる文様として，器形と並ぶ属性とみなし，その属性の時間的（層位間）―空間的（遺跡間）分布の追究を主題としてきた。その成果（目標）は技術の歴史あるいは美術の歴史であった。それに対して，ここでとりあげるのは装飾土器（土器装飾）の社会的乃至生態的機能であって，そのためには社会乃至生態との関係が追求の主題となる。

　既刊の土器集成図録を一見すれば解るように，縄文土器は多少の時代差と地域差は別として一般に極めて多彩であり，無文土器から有文土器まで，また有文土器でも粗製品から精製品まで変異の幅が広いことに一驚させられる。そこで問題は，社会内部即ち時と場所を同じくする人々の間で使われる土器の多様性――変異の幅の大きさ――である。このような社会内変異（人々の使用する土器セット内部の土器の個体差）は遺跡発掘者なら誰しも経験的に知っているところである。しかし今まで殆ど問題にされていない点がある。そこで特に注目すべきは，時としてその精巧さと優美さで群を抜く作品，即ち所謂逸品，

I 問題設定

優品，絶品等と呼ばれる土器が存在することである。これらは，縄文土器工芸の発展の極致乃至頂点を示すものとして，既にいままでに工芸史的あるいは美術史的な評価と位置づけを受けているが，機能的視点からすると，この点に大きな疑問と社会的一生態的関心を抱かざるを得ない。何故なら，そのような例品は一般に実用品かどうか——儀礼用品ではないかとされているが，あらゆる状況証拠からみて，縄文人のすべてが誰でもこのような土器を持ち得たとは考え難いからである。このような土器を必要としたのは縄文社会の中のどのような人々だったのであろうか——このような土器を持つ者と持たざる者との存在の事実に大きな関心と疑問を持たざるを得ないのである——。縄文人にとって，そのような高度工芸的土器が一体いかなる社会的価値をもち，いかなる社会的役割を果したのであろうか。

この設問に対して，土俗考古学的に導かれる答を先に述べると，

（1） 上記のような抜群の高度工芸的縄文土器は，単なる工人の気まぐれや例外的な個人プレーの結果ではなく，長年にわたって培われた工芸的伝統の産物であり，その社会の土器工芸のレベルの高さを示す指標でもある。

（2） そのような高度土器工芸の存在は，それを許容する生態的（使用環境的）条件，それを評価する価値体系，それを必要とする社会体制の存在を前提とする。

（3） 縄文土器工芸は，定住的階層化狩猟社会（生業分化社会）の産物であって，その高度装飾（精製）土器は，地域社会の上層 (upper stratum) に属する非常勤専門家 (part-time specialists) によって作られ，同じく上層に属する政治的指導者達によって保有乃至管理された財宝 (treasures, luxury objects, prestige objects, heirlooms 等) の一種であった。いいかえると，縄文土器（土器工芸）は富者（上層）貧者（下層）分化社会即ち階層社会 stratified society[2] の象徴といえる。

（4）　弥生時代になると，稲作農耕化による文化と社会の構造的変化が価値体系をも一変し，装飾土器に代って金属器（青銅器）が財宝の代表となり，土器は，農耕生活に適応した弥生式に一変した。その一部には儀礼用土器も含まれたが，それはもはや縄文土器のように財宝的価値をもつものではなかった。弥生文化に支配的な壺型土器は穀物貯蔵等の実用的役割以外に，神聖な種籾の容器として儀礼的役割をも果したと考えられる。

以上が結論の要約であるが，その根拠・理由と類推の過程は以下の各項で説明する。

以上で明らかなように，問題は階層化狩猟採集社会の構造にかかわっている。そこで縄文社会の階層性を検討するために，北洋沿岸の階層化狩猟採集社会を分析して，先ずその基本的構造を明らかにし，それにもとづいて階層化狩猟採集社会の構造モデルを設定することにする。その際に，構造要素としては，できる限り考古学的に直接に検証できるような，物質文化関係の要素あるいはそれにつながるような要素を選びだすようにする。このようにして得られたモデルをガイドラインとして縄文社会の構造──特にその階層性と土器の社会的機能を検証する。そこでこのモデル設定のために先ず北太平洋沿岸の民族例について階層化社会の構造を探ることとし，以下にその基本的諸側

I 問題設定

面を，(1)定住性，(2)生業分化，(3)技術・工芸の発達の順に述べる。


**註**
1) 生活あるいは社会の枠組（構造）を考えるためには，生きている人々に関する情報即ち民族誌的データを参照せざるを得ないから，そのような機能的アプローチは必然的に土俗考古学的アプローチ ethnoarchaeological approach となる。

    土俗考古学とは民族誌 ethnography のデータにもとづいて，考古学の研究戦略の指針となり，考古学資料の解釈の手掛りとなるような理論・仮説あるいは事例を提供しようとするものである。(渡辺, 1972a)。

2) 貧富差，身分差，階層差の発生は，日本の社会では稲作農耕化以降あるいは弥生時代とするのが現行の通説である。また現行の社会学理論でも，社会の階層化の起源は穀物農耕社会を基盤とする都市化の過程に求められている。しかし最近では，狩猟採集社会でも北米北西海岸のように特殊生態的条件の存する所では社会階層化が起り得ることが注目され，これまでの社会学的通説の修正が唱えられるようになった (Testart, 1983 参照)。その要因を Testart は貯蔵経済に帰したが，筆者はそれをむしろ結果とみなし，根源的要因として地域社会における男の生業の分化——狩猟中心家族と漁撈（非狩猟）中心家族への2極分化——を指摘した (Watanabe, 1985, 1988)。また文明発現（都市化）に伴った職業分化による社会階層の発生以前に，狩猟採集社会の段階での生業分化（狩猟社会内部における非狩猟者の発生）による社会階層化（階層社会）が起った可能性を指摘した (Watanabe, 1988a)。この見解は討論相手の Testart も認めるところである (Testart, 1988：490-491)。この考え方によると，階層社会の発生は狩猟社会の段階での職業分化（生業分化）による第一次階層化と農耕社会化以後（文明社会）の段階での職業分化（第1次-第2次産業分化）による第二次階層化の2段階のプロセスになる。この経過からみると，階層社会の発生は革命的ではなく進化的現象といえる。狩猟社会の階層化現象については本文で後述する。

15

# II 階層化狩猟採集社会：北洋沿岸民族例

## 1 階層化と定住性

　狩猟採集民の階層化社会は定住的である。そこでまず定住とは何かを明らかにする必要がある。

　現行の人類学的分類では，狩猟採集民即ち食物を天然資源に依存する人々を，住居の安定度によって，遊動的 nomadic グループと定住的 sedentary グループに2分し，前者が本来（真正）の狩猟採集民及至狩猟民であるとして後者をその枠から除外するのが普通である。この考え方は既に進化的アプローチに伴って唱えられていたが，シカゴの "Man the Hunter Symposium" で決定的なものとなった感がある (Murdock, 1968; Service, 1966)。しかし実際には前者と後者の間は移行的で，それほど確然と2分することは不可能であって，特に北方系（高緯度帯）グループでその安定度の変異が大きい (Watanabe, 1968; 1977)。Service-Murdock 以来，明確な定義もなしに漠然と定住群として一括されている北太平洋沿岸グループ (Murdock (1968 : 15) は北西海岸インディアン，アイヌ，海岸チュクチ，ギリヤーク，カムチャダール，海岸コリヤークをそれに含めている）にも幾つかの異る定住パターンがあることを認めなければならない (Watanabe, 1986：渡辺, 1988a : 303-306)。

　狩猟採集民といえば，一般に一時的住居を転々と移動する漂

## II 階層化狩猟採集社会：北洋沿岸民族例

泊的生活群を意味するが，稀に定住的なものがあり，就中北米北西海岸インディアンの定住性は古くから有名であった (Forde, 1953; Childe, 1955)。しかし定住といってもその定義は曖昧であったし，北西海岸以外の定住群は殆どとりあげられることもない状態であった。筆者は第2次大戦後まもなく，生態学的アプローチ（文化生態学）が起り始めた頃に，アイヌの生態学的調査研究を始め，その生態系の一部としての彼等の定住生活の仕組みを初めて明らかにした。シカゴの "Man the Hunter Symposium" に招かれた機会に，その結果に基づいて狩猟採集民一般の住居の安定性についての分類システムを発表した (Watanabe, 1968, Table I; Watanabe, 1977, Table 1)。これによって，彼等の住居の安定性が遊動型から定住型まで移行的な段階的変異を示すこと，定住パターンにも若干の変異があり，北西海岸型定住はその変異の一部にすぎないことを明らかにした。この分類システムの定住型の3タイプ (IV b～VI) は，後に「ミシガン・シンポジウム」の発表論文で，社会学的基準を加えて再分類した (Watanabe, 1986:235～238;渡辺, 1988a :304-306)。本書では前記分類システムの非定住型の4タイプ（I～IV a）を整理し，移行型を含む3タイプに改めることにした。その結果，I 遊動型 nomadic, II 半遊動型 semi-nomadic, III 半定住型 semi-sedentary, IV 定住型 sedentary (home base 移転型), V 定住型 (home base 固定型) の5類型となる（第1図）。以下の記述はこの新分類システムによる。

ここで「定住」とは，1年中恒久的住居 permanent shelter に住むという居住様式のことであって，狩猟採集民では北太平

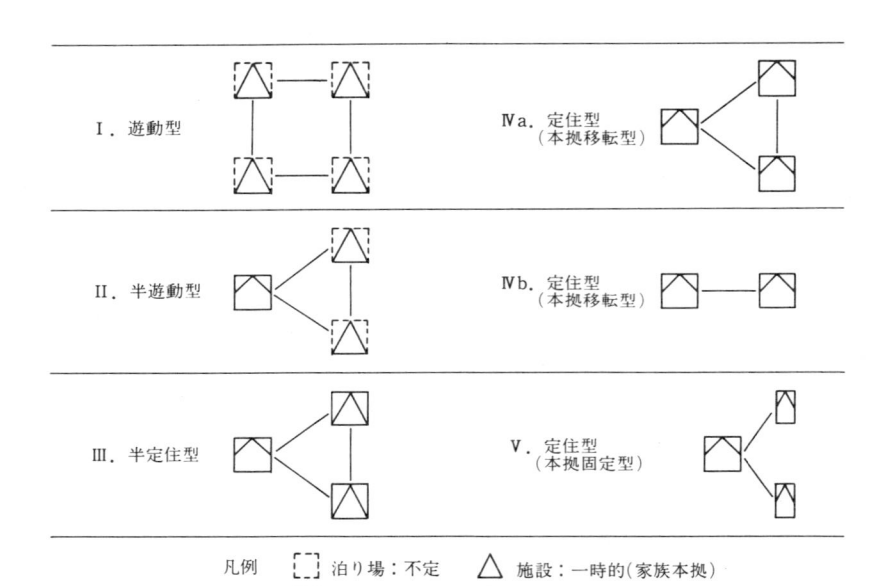

| 型 式 名 | 季 節 | 泊 り 場 | 施 設 | 典 型 例 |
|---|---|---|---|---|
| I. 遊 動 型 | 周 年 | 不 定 | 一 時 的 | Copper Eskimo<br>Bushman |
| II. 半 遊 動 型 | 冬または夏 | 固 定 | 恒 久 的 | Washo<br>Andaman Islanders |
| | 他 の 季 節 | 不 定 | 一 時 的 | |
| III. 半 定 住 型 | 冬 | 固 定 | 固 定 | Pomo |
| | 夏 | 恒 久 的 | 一 時 的 | |
| IVa. 定 住 型 | 冬 | 固 定 | 恒 久 的 | Nootka |
| | 夏 | 固定(複数) | | |
| IVb. 定 住 型 | 冬 | 固 定 | 恒 久 的 | Tanaina Gilyak<br>Ainu (S'ak'halin) |
| | 夏 | 固定(単数) | | |
| V. 定 住 型 | 周年(家族本拠) | 固 定 | 恒 久 的 | Ainu (Hokkaido) |
| | 春・秋(猟/漁者) | 固 定 | 半 恒 久 的 | |

**第1図 狩猟採集民の住居移動パターン．住居安定度の分類**

## II 階層化狩猟採集社会：北洋沿岸民族例

洋沿岸諸群がこれに属する。しかし定住型にも変異があって，Ⅳ型とⅤ型に大別される。Ⅴ型は北海道アイヌ型で，家族の本拠 home base は年中動かず固定的で，年中同じ家に住み，家族の一部（男）だけが季節的に一定地の猟漁小屋（恒久的乃至半恒久的）に移住する方式（home base 固定型定住）（第1図，Ⅴ型）であって，最も定住的といえる。春秋の狩猟期間家長その他の男子家族員は毎季節一定山地の猟小屋に移住するが，主婦と子供は家に残り，春は食用野草の採取，秋はサケ漁と木の実採取に従事した。主婦は特に持ちこまれる魚の処理（乾燥・貯蔵）に忙殺された（Watanabe, 1972(73)：52; 渡辺, 1964c：11; 1977：391）。

Ⅳ型は，複数の恒久住居（集落）があって，家族全員が季節的にその間を移転して住み分ける方式（home base 移動型定住）である。これには家族の本拠 home base としての恒久住居が2ケ所（冬家と夏家）の場合（振子式移動型定住）（Ⅵb型）と，家族本拠としての恒久住居が2ケ所以上（冬家とその他の季節用本拠）の場合（巡回式移動型定住）（Ⅳa型）がある（第1図，Ⅳa，Ⅵb型）（Watanabe, 1986：235; 渡辺 1988a：306-308）。以上のⅣ型定住の場合には，狩猟期に当る冬集落期（夏の鮭鱒漁期終了後から翌年の同漁期開始までの間）に，成人男子の一部（狩猟者）が，一定期間集落を離れて山猟に従事する傾向が一般的である。但し民族によってあるいは同じ民族でも地方によって，その際家族を同伴しない所（前記Ⅴ型の北海道アイヌと同様）と家族同伴の所とがあり，また出先の泊り場も半恒久的小屋（前記Ⅴ型の北海道アイヌと同様）の所と一時的小屋の所とがある[1]。要するに猟期には集落人口の一部

（狩猟者）が山猟場に移住する現象が，Ⅳ型とⅤ型を通じて定住型狩猟採集民に一般的な傾向といえる。

　以上の定住型に対して遊動型（Ⅰ型）があるが，両者を確然と分けることはできない。その間に2型式の移行型が認められる（第1図，Ⅱ，Ⅲ型）。Ⅲ型は，それぞれ一定場所にある複数の住居を季節的に住み分ける点ではⅣa型と共通するが，この場合は，恒久的住居は冬家だけであって，それ以外の家は一時的住居 temporary shelter である点がⅣa型とはちがう。上記の共通点を基準にすれば，Ⅲ型もⅣa型の延長とみなすことができ，定住型の変異の一端に加えることもできるが，住居が恒久的かどうかに重点をおくと，Ⅲ型はⅣa型とは区別されるので，その意味で定住型ではなく，半定住 semi-sedentary 型乃至準定住 quasi-sedentary 型である。

　それに対してⅡ型は，一特定季節（冬，夏，または雨期）は恒久住居に住むが，他の季節は一時的住居（tents, wigwam, lean-to 等）に住みながら不特定の野営地を転々と泊りあるく方式であって，恒久住居居住の一時期以外は遊動生活を営むという点で半遊動 semi-nomadic 型である。

　以上に対し，残余のⅠ型（第1図，Ⅰ型）が遊動型である。これは恒久住居をもたず，1年を通じて一時的住居に住みながら不特定の野営地を転々と移動する方式であって，これが真正の遊動 nomadic 型である[2]。

　極東から北西海岸に至る北太平洋沿岸の狩猟採集民は一般に上記の意味（分類基準）で定住的である。この定住型が狩猟採集民の階層化の第一条件である。

## 2　階層化と生業分化

　北太平洋沿岸に定住型食物採集民 sedentary food-gatherers が分布することは先述した。彼等は非定住型食物採集民にくらべて格段に複雑な文化（生活様式）をもつために，最近の風潮では狩猟採集民 hunter-gatherers の分類枠から除外される傾向がある（代表例：Service, 1966）。その文化の複雑性を代表する特徴として有名なのが社会階層の存在である。例えば北米北西海岸インディアンの地域社会では，貴族 nobles, aristocrats, 平民 commoners, 奴隷 slaves からなる3階層が認められることは周知の事実である。但しこれらの階層が農耕・牧畜社会乃至文明社会の階級 class, caste と異る点は，それほど閉鎖的・排他的でなく，階層間の移動がある程度可能なことである。

　それよりもここで注目すべき点は，自由人 freemen の間での上・下両層 upper & lower strata の分化が起っている点である[3]。北米の狩猟採集民で奴隷とよばれるものは一般に戦い（raids 等）の捕虜であって，戦い（特に raids）のあるところには起り得る現象で，しかも現実に北米の狩猟採集民では各地に存在した。しかし自由人の階層化 stratification は北米では北西海岸インディアンに特有の現象とされる[4]。そこで何故北西海岸なのかという疑問が起るが，これには北西海岸の文化的特異性を考えてみなければならない。この地は北米文化領域の分類で特殊な一領域として扱われ，現今では北西海岸領域とよばれているが，ウイスラーの食物領域分類では内陸部（コロン

ビア-フレイザー河を含むプレイトー領域 Plateau Area) と併せてサケ領域 Salmon Area とよばれている (Cf. Kroeber, 1953：7)。これは鮭鱒類 Pacific salmon を主食とする領域の意味である。海岸部即ち北西海岸領域ではそれ以外にオヒョウ halibut, タラ cod 等の深海漁 deep sea fishing やクジラ等の海獣猟も行われ, 概して水産資源の開発が盛な点が特色である。今一つの特色は前述した恒久的木造住居を伴う定住性である。北西海岸に特徴的な階層化現象の要因を探る場合には, 何よりも先ず同領域の上記2大特色との照応関係 correspondence に注目すべきであろう。つまり彼等の階層性即ち自由人の間での上・下両層の分化は定住性と水産業の発達に関係があるのではないかという考え方である。

この問題——北西海岸原住民社会の階層化はつとに知られた事実にもかかわらずその要因の追究は進んでいなかった。それに対する最近の挑戦者がパリの生態学派に属する人類学者 A. Testart である (Testart, 1982)。彼はその要因を高度の食物貯蔵 intensive food storage を伴う, 定住経済 sedentary economy の存在に求めたが, 筆者はそれを原因よりもむしろ結果であるという視点に立って, それとは別の筆者の生態学的要因と階層化プロセス——社会経済的不平等性の所以についての見解を提出した (Watanabe, 1983)。それが筆者の「生業分化」論である[5]。

この理論は狩猟採集時代のアイヌの生態にもとづいている。筆者によるアイヌの生態系の分析から, 同一地域社会内部において, 男の生業形態に狩猟中心と漁撈中心の2種があることが

判った。前者は技術的―儀礼的に特別の訓練をうけ一定の資格をもつ職業的（熟練）狩猟者 professional (expert) hunters であり，後者はその資格をもたない者である。両者の決定的な差異は信仰・儀礼体系（カムイノミ）の内容の格差であって，前者がアイヌの最高神（パセ・カムイ）であるクマの族長（キメロックカムイ，メトットウシカムイ）を含む伝統的祭祀の全体系を継承しているのに対し，後者は万人共通の神々（火の神，水の神，木の神）を祀るにすぎず，前者のような最高神の祭祀パセオンカミ（複雑・高度な信仰・儀礼体系）を継承していないのが特徴である。前者即ち専門的（熟練）狩猟者の家族は，定期的なクマ猟に従事する他にシカ猟等他の狩猟にも積極的な狩猟中心家族（イラマンデ・ウタリ）を形成した。それに対し後者即ち非専門的（非熟練）狩猟者の家族はクマ猟に従事しないだけでなく，狩猟より漁撈に熱心な漁撈中心家族（チェプコイキ・ウタリ）を形成した[6]（Watanabe, 1972 (73)：47；1983：217）。

　以上のようにアイヌの地域社会には，男の生業差による家族の生計パターンの差別，狩猟中心家族群と漁撈中心家族群の別があった。この両群は，単なる経済的格差だけでなく，前述の宗教的格差によって，一種の貴賤感情を伴う上下の階層を構成した。つまり前者が，アイヌ地域社会最大の祭祀であり彼等の血縁集団（シネエカシ・イキル）の集団儀礼であるクマ祭の管理・運営権をもち，また知的・技術的伝統の保持を背景に政治的にも経済的にも主導的役割を演じ，これが階層原理の根幹となっていた。なおクマ猟とクマ祭がアイヌ文化の構造的中核を

縄文式階層化社会と土器の社会的機能

なしていたことは既に別稿で詳述したとおりである（渡辺, 1972b）。なおまたそのような自由人の階層だけでなく, 自主的な生活権をもたない非自由人, 即ち奴婢の類（ウッシゥ）も存在して, アイヌ地域社会の最下層として機能していたことも付言しなければならない。これは現地の地域社会に全く縁故のない外来者で, 何等かの事情で出生地から追われあるいは逃れてきた者達で, 酋長（コタンコロクル）の取調べを受け居住を許された者であって, 雑用的労働をしながら生活保護を受ける身分であった（詳細は Watanabe, 1972 : 14-15）。アイヌにはかつてウタレとよばれる奴隷（戦争の捕虜等）があったとされているが, 筆者の調査経験ではその形跡が認められなかった。以上のアイヌ社会の階層について重要な事実は前近代的農耕社会にみられた階級のように閉鎖的ではなかった点である (Watanabe, 1983:217)。この点は北米狩猟採集民社会に広く分布した所謂奴隷と同格である。

以上のようにアイヌの伝統的社会の階層化[7]は男性の生業分化による狩猟中心（狩猟系）家族群 hunting-oriented families) と漁撈中心（漁撈系）家族群 (fishing-oriented families) の分化にもとづいていることが判明した。この分化は, 鮭鱒を主とする漁撈による余剰生産とそれに支えられた狩猟の特殊化によるところが大きい[8]。いいかえるとこの階層化は, 豊富な水陸資源環境の多角的（効率的）開発のための社会的適応機構といえる（異るライフゾーンの「多角的開発」理論については, Watanabe, 1972(73) : 80; 渡辺, 1964c : 14-17 参照）。

アイヌの生態調査から判明したこの階層化原理が, 既知の事

実として周知の北西海岸インディアン社会の階層化にも通用することが解ってきた (Watanabe, 1983)。北西海岸の階層に関する従来の調査と研究は社会組織の方面に局限されていて，生態的―経済的データが極端に乏しく断片的である。しかしこれを分析・統合すると，北西海岸の社会的階層現象 social strata, stratification にも，上記のアイヌの場合と同様に狩猟の特殊化にもとづく生業分化が基本的に深くかかわっていることが読みとれる。北西海岸では，海獣猟特に捕鯨が特殊化を遂げ，上部階層（貴族）の専業として結びついているので，この点を次に説明する。この狩猟採集民社会の階層化と生業分化の関係はこれまで取りあげられたことのない盲点であって，その要点は既に報告したとおりである (Watanabe, 1983, 1988)。

### ヌートカ族

　北西海岸インディアンで捕鯨 whaling をしたのは，少くとも民族誌時点では，比較的南寄りのバンクーバー島（ヌートカ族）とその南隣のオリンピック半島（クイレウテ族 Quileute, クイノールト族 Quinault, クララム族 Klallam とおそらくチェマクム族 Chemakum）のみである (Drucker, 1935 : 34)。捕鯨カヌーの乗員は，ヌートカでは，舳先に立つ銛打ち harpooner 1人，艫に坐る舵手1人，両者の間に2人掛け3列の漕ぎ手 paddlers の8人であった。銛は柄が約3間，銛先は刃先が貝殻製，鏃は鹿角製で呪術的装飾つき，銛綱が約100間，アザラシ皮製の浮き4個つきであった (Drucker, 1951 : 50〜51)。首長 chief が銛打ち harpooner 兼乗員の組織者であり，主席猟者 head whaler であり，舟と装備（猟具）の持ち主であった。

25

捕鯨の手続き——技術と儀礼——は貴族の家系 noble lines（首長系家族 families of chiefs）に秘伝 family secrets として伝えられ実施されていた（Drucker, 1951：50；1955：35）。捕鯨カヌーの製作とその装備の準備に必要な富をもち，乗組員を集める権威をもつのは首長だけであった（Drucker, 1955：35）。首長 chief 自ら乗組みの捕鯨カヌーの他に同一装備のカヌー1艘乃至それ以上が，クジラ猟援助のために従った。後者の船長は首長の比較的若い身内 kinsmen であった。通常は以上のほかに2〜3艘の足の速いアザラシ猟用カヌーが従った。これは猟のニューズを村へ伝えるためである。この一隊が，日没 sunset 前に出航し猟場 whaling ground に着くと散開してクジラを探した（Durcker, 1951：51）。彼等の捕鯨の特徴は，威信上の価値が経済的重要性をはるかに上まわった点である（Drucker, 1951：49）。捕鯨とラッコ猟は彼等にとって高貴な職業だったのである（Drucker；1951：253）。ヌートカ族では上記の海獣猟が最高の業績と考えられていたから，陸獣猟者よりも海獣猟者が多く，漁撈に従事したのは下層民と奴隷だけで，上層民，即ち首長達とその縁者は捕鯨とラッコ猟に集中した（Gunther, 1927：215）。ヌートカ族の大抵の部族では，陸獣猟者は各村に1〜2人にすぎず，その他の男達は，サケ漁期に上流に行くとき，たまたま狩猟をする程度である（Gunther, 1927：214）。

### クイノールト族

北西海岸の捕鯨従事群としては最南端に位置する。集落の大部分は内陸河川沿いに分布し，捕鯨従事群は河口付近の集落に

限られた (Olson, 1936：12)。内陸村落では山猟に多大の時間を費やす狩猟中心家族と，大形獣猟の能力（"powers"）に恵まれない漁撈系家族の別があり，海岸村落では，夏（5〜8月）はクジラを求めて海上を遊弋し，一年の多くの月日を必要な道具の製作に費やす狩猟（捕鯨）中心家族に対して，一ケ月以上にわたる長期の貝掘り遠征行を歓迎する家族があった (Olson, 1936：24)。山猟でも海猟でも狩猟は技術だけでなく所定の儀礼（特に守護神 guardian spirit）の修得が義務（資格）づけられ，それが貴族 nobles の家系に父子相伝となっていた (Olson, 1936：94〜95, 143〜145)。捕鯨者は航洋カヌー（8人乗り）と，銛をはじめとする一切の猟具の他に，特定の超自然力（守り神）と必要な乗組員を確保する財力と組織力を持つことが要求された。そのため捕鯨者は僅少であって，富者・実力者即ち貴族 nobles に限られた (ibid：44)。

### クララム族

クララム族は上述のヌートカ及びクイノールトの諸族のように外洋に面せず，海峡 Strait of Juan de Fuca に面する一族で，捕鯨はするが前者のようにクジラを探して出猟するのでなく，クジラをみつけてから出猟するため，出猟儀礼を欠く等前者とは多少の差があるが，クジラ猟者が最大の尊敬を受けたことに変りはない。

彼等の村はそれぞれ自由民と奴隷から成り，自由民も貧富の格差によって2群に区別され，首長とその縁者からなる上部階層 the upper class と，解放された奴隷を含む平民からなる下部階層 the lower class を形成した。上部階層の資格基準は生

れ birth と財産 wealth であって,前者は奴隷の血をひいていないことによって,また後者は供宴 feasts による富の誇示 display に対する社会的評価によって決まった (Gunther, 1927：263)。

　上層民は猟漁採集ともにしたが,下層民は海山とも狩猟に従事しないのが特徴である (Gunther, 1927：260)。山猟者は各村とも一般に1人にすぎなかったが,毛皮の需要が大きいため裕福であった。また各村には捕鯨者が1人居て,常時出猟に備えていた (Gunther, 1927：204)。海獣肉と陸獣肉(主にエルクとシカ)はいずれも全村に分配されるが,食物として量的にはとるにたりない。狩猟の重要性はここでも富と威信の源泉という点にあり,それによって,この勇敢さと高度の技倆を要する生業が社会の上層部と結びついていることが解る。

### 北海道アイヌ

　アイヌの陸獣猟の特殊化による生業分化と階層の関係については既に前節で述べたので,ここでは上記の北西海岸群の海獣猟の特殊化による生業分化と階層の関係につづいて,それに対応するアイヌの沖合漁猟の特殊化と階層の関係を説明する。

　北海道の噴火湾(内浦湾)のアイヌは伝統的な捕鯨を実施していた(名取,1945：1〜16)。彼等の捕鯨はヌートカ族のように舟出して探して獲るのではなく,たまたま見つけた時に獲る方式である。舟は丸木舟に板を接ぎ合わせて舟縁を高くした海舟で,乗組みは舳の銛打ち(1人)と車櫂の漕ぎ手(2人)が普通であった。トリカブトの矢毒を塗った銛が打ちこまれたクジラにひかれながらその息が絶えるのを待ち,それを曳いて帰

る危険な狩猟であった。この捕鯨についての社会学的データが手元にはないのでその特殊化については確言できない。しかしその代りに捕鯨に匹敵する沖漁についての生態学的・社会学的データがあるのでそれについて説明する。

上記の噴火湾に隣接する胆振から日高にかけての海岸では捕鯨の代りにシリカップ漁が行われていた。これは矢毒は使わないが、回転式離頭銛 kite と海舟を使用する沖合漁 repa[9] である点、また極めて危険だが勇壮で威信にかかわる生業である点で捕鯨に匹敵した (Watanabe, 1972(73)：146-147；渡辺他, 1983：10, 1984：43～44)。

シリカップ sircap 即ちメカジキ Xiphias gladius Linné は、上顎が鋭い槍のように長く突出した大型回遊魚で、日本近海では8月に北緯45度付近から漁が始まり漁場が南下する。これは水面に浮上し背鰭を出して遊泳する習性があるので、本州三陸沖から伊豆諸島方面では現今でも突棒によって漁獲されている。それには魚の前方から魚の正面に向って舟を進め、一直線に魚の眼をねらって突くのが最も効果的とされている（松原・落合, 1965：845）。

アイヌの銛突漁もメカジキの習性を利用して上記の突きん棒漁と全く同じ漁法をとっているのが興味深い（漁法詳細は別稿参照。渡辺他, 1983：10—14）[10]。伝統的なシリカップ漁の舟は丸木舟の舟縁に刳り板を接ぎたした車櫂 oar 式の海舟で、彼等の舟としては最も大型（長さ17～18尺）だが、カツラ材で作り軽くて速かった。明治中葉頃もなおまだこの型の舟をみることができた（鵡川、チン・コタン、片山カシンデアシ老談話、渡

辺仁記録,1952年)。(アイヌの海舟の詳細は渡辺,1988参照)。乗員は銛打ちの1人以外は漕ぎ手が1人乃至2人だけである（渡辺他,1983:11;1984:43）。シリカップ漁場は沖合であって,メカジキの回遊海域の年変動についての彼等の経験にもとづいて,陸寄りの漁場 yanke sokki と沖寄りの漁場 repun sokki とが区別されていた。前者は奥山の頭がみえる距離で4〜5里位から沖の海域,後者は10里位から沖で,ここまでくると山の頭が遠く沈んで見えなくなるという。沖合のこの遠近両海域はそれぞれシャチ killer whale の兄神と弟神[11]の管轄と信じられていた（Watanabe 1972(73):146-147）。白老の情報でも,シリカップはエイハチ出し（山たて,水深100〜120尋海域）より陸寄りには近づかないという（渡辺他,1983:13）。

　メカジキ漁は魚が非常に敏感で逃げ易い（松原・落合,1965:845;渡辺他,1983:12-13）ので高度の漁撈技術が要る上に,天候・海況・魚況等の観測及び予測とアイヌの最高神 passe kamui（沖の神）を中心とする複雑な漁撈儀礼等の修得が必須であり,それには多年の修業を要し,しかもその上に困難と大きい危険を伴っていた（参照：片山カシンデアシ老談話,渡辺仁記録,1952;渡辺他,1983:11-17）。この高度の技術・儀礼体系は父子相伝の伝統として,チン・コタンでは明治中葉（話者の若い頃）にも未だ残存していたが,当時の実施者は狩猟系家族（クマの大王を祀り,クマ猟を伝える家系）7家族中の3家族（父系につながるチン古来の家系）にすぎなかった。これらのシリカップ漁家は沖漁場の神（先述の2神）（クマの大王とならぶアイヌの最高神 passe kamui）を祀ることで区別

される。これらの最高神を祀らない家族即ち非狩猟系家族（貧者 ipesak）もあったが，そのような人々は「甲斐ない者」「つまらない者」とみなされ，狩猟系家族に対して明らかに下部階層を形成していた。これは第3階層の下僕（召使）ussiu（先述）とは異なり，地域社会の自由民の間に，単なる貧富差でなく貴賤の差による階層的差別が存したことが明らかである。この事情は隣接の厚真川筋の土地割当て前のコタンでも認められた（厚真，トニカコタン，吉村ウシンタサン氏，吉村健太郎氏談話，渡辺仁記録，1952年12月）(Watanabe, 1972(73)：47)。

　アイヌのカジキ漁は生計維持を超える活動つまり社会的意義の大きい経済活動（食物獲得活動）であった。カジキの獲物は，クマと同様に「送り」儀礼が実施され，その肉は地域社会全戸に分配 ae-imek された。但しその分配は平等でなく，身分に応じて偉い人，位ある人には大片が，位のない者には小片が与えられた。その肉はクマ肉と同様に常食ではなく一種の贅沢品（貴重品）であった。伝統的なアイヌ社会では，猟してよく授かる人，立派な暮しをする人が偉い人，位ある人とみなされた（既出，片山カシンデアシ老談，1952年）。ここでも明らかに生業分化（沖漁の特殊化）が階層と結びついていることが解る。

　要するに北西海岸の貴族乃至上部階層（先述）がアイヌ社会の狩猟系家族群に当り，同地の平民（先述）がアイヌ社会の漁撈系家族群に相当する（Watanabe, 1983）。北西海岸あるいはサケ領域にも，アイヌの場合と同様に，狩猟至上主義（狩猟者優越感）があり，これが彼等の間での自由人の階層化を支える基本思想となっているようにみえる。北西海岸にもまた最下層

としての奴隷（先述）があるが，これは北米では一般に戦いの捕虜であって，入手方法は直接捕獲と交易の2方法があったが，いずれにしてもアイヌの奴婢（先述）とは起源がちがう。しかし両者とも，雑用乃至下働き用でありまた階層として閉鎖的でない点で機能的には差がない。アイヌでは上部階層である狩猟系家族が特殊化狩猟（クマ猟）の実施者であったが，北西海岸においても特殊化狩猟（捕鯨等）の実施者は上部階層即ち貴族であった（Drucker, 1951 : 244, 247, 248, 273 : Gunther, 1927 : 214 Oberg 1973 : 32)。彼等の特殊化狩猟 specialized hunting がそれに伴う儀礼の特殊化（Gunther, 1927 : 214-16）を伴っていたこと，特殊化狩猟者 specialized hunters が最大の尊敬を受けていたこと（Gunther, 1927 : 215）もアイヌの場合と同様である。

以上は，生業分化（狩猟の特殊化，狩猟系家族と漁撈系家族の分化）が，アイヌと北西海岸インディアンのいずれにおいても社会階層化の基本的要因となっている点（Watanabe, 1983）についての概説であるが，筆者のその後の調査でこの階層化原理が北太平洋沿岸の上記以外の階層化狩猟採集民にもあてはまることが判ってきた。そこで次にアリュート族とギリヤーク族についてその点を説明する。

### アリュート族

その社会は，近隣のトリンギット族 Tlingit（北西海岸）に似て身分差乃至階層差が認められ，高位の富者達 high-status wealthy people と平民と奴隷から成っていた。捕鯨は，その特殊権能 special rights and powers が父子相伝となっていて，僅少の高位家族に限られていた（Lantis, 1984 : 176-7）。アリュ

ートの捕鯨は単独用皮張り舟 kayak を使う点で，北太平洋沿岸の他の狩猟採集民の捕鯨（丸木舟または板舟使用）とは違う。またその点でエスキモーの捕鯨（大型皮張り舟 umiak 使用）とも異なる (ibid., : 169)。また武器が銛でなく大形石槍にトリカブトの毒を塗って使う点が独特である (Nelson & Graburn 1973 : 130)。但しトリカブトの毒はアイヌも捕鯨に使ったが，武器は銛であった（名取，1945 : 14 - 15)。筆頭狩猟者 top whaler が先鋒として独り乗りのカヤック single - hatched kayak で単独出猟し，毒槍を打ちこんで帰村すると独りで小屋に籠る。村の猟師達が手負いのクジラを監視しながらカヤック（複数）で追跡し，その息が絶えるのを待って協力して曳航・帰村する (Laughlin, 1980 : 41)。この方法は不確実であって，獲物の回収率が低かった (Laughlin, ibid : 41; Lantis, 1984 : 175)。彼等は基本的にエスキモー的な文化を持ちながら極地エスキモーより高度の社会を達成した (Lantis, 1984 : 168)。上述の経済的階層分化と狩猟（捕鯨）の特殊化はその指標といえる。

### ギリヤーク（ニブフ）族

彼等の捕鯨も食糧経済上は重要でなかったが，経済的貢献を遥かに超える社会的―儀礼的重要性があった。捕鯨には大型海舟 large sea-going boat と漕ぎ手（複数），舵手（1人），射手（1人）（弓矢または投槍，後に鉄砲）から成る乗組員が必須だが，それらを準備できるのは富者のみであった。そこで捕鯨は富者即ち限られた一部の人々による特殊化した活動となっていた (Black, 1973 : 19)。ギリヤークの富者は狩猟の成功者であ

って，それは超自然界との関係が良好な者に限られた。彼らの社会で富者が尊敬されたのは，富の蓄積が，その人の技倆や才能だけの結果ではなく，自然界の神々の恩寵の結果，即ち神々との社交能力——超自然界の制御能力の結果とみなされたからである。(Black, 1973 : 77)。

彼等の社会は革命の久しい前から富者 the rich と貧者 the poor に分れていて，前者は複数の妻と奴隷を持ち，交易を通じて大量の輸入貴重品を入手していたが，大衆は自給経済 subsistence economy にとどまっていた (Levin & Potapov, 1964 : 778)。以上のように，ここでも狩猟の特殊化が経済的階層化と関係していることが解る。

## 太平洋エスキモーとカリフォルニア・インディアン（ノムラキ族，ティパイ族）

チュガチグミュット Chugachigmiut, Chugach は太平洋岸に進出したエスキモーとして知られるが，彼等が極地エスキモーと根本的に違う点は，捕鯨が秘伝であり，その儀礼も捕鯨者 whale hunters だけの排他的な秘密儀礼となっている点である (Oswalt, 1967 : 206, 246)[12]。そのために，地域社会が捕鯨者 (hunters) と非捕鯨者 (non-hunters) に分れ，前者が富者の首長層 chiefs，後者が貧者の平民層として自由人の階層化を生じている。これは生業分化と階層化が一種の秘密結社 secret society を介している例であるが，これと同様の現象が北西海岸の南端に近接するカリフォルニアにも認められる。それがノムラキ族 Nomlaki である (Goldschmidt, 1951 ; 1978)。彼等の社会では成人男子の一部が成人式 initiation rite でえらばれて

秘密結社のメンバーになる。このメンバーが，特殊化した工芸・生業に従事する富者 (rich men) 層を形成し，社会のエリートとして普通人 ordinary people と区別された。狩猟も選択的教育が行われて特殊化し，狩猟系家族と非狩猟系家族の分化が起っていた (Goldschmidt, 1951：331, 317, 401, 405；1978：343, 347)。

北西海岸では非狩猟者，即ち特殊化した狩猟をしない自由人としての男の主要生業は漁撈であったが，カリフォルニアではそれが漁撈だけでなく小形陸棲動物猟を含む場合もある。その例はティパイ族 Tipai である。そこでは，最も見こみのある少年だけが選ばれて教育され大形獣猟者になり，高い尊敬を受けた。それに反し大形獣猟者を欠く家族では，唯一の狩猟獣は齧歯類 rodents と小鳥類であった (Goldschmidt, 1978；601)[13]。

階層化が必ずしも食物貯蔵経済と結びつかないことはアリュート族の例で明らかである。彼等は恒久的な村落（以前は多家族用大形竪穴住居）を営み，冬も凍結しない海に適応した猟漁採集生活をしてきたが，夏 (7—8月)には，世代を通じて毎年使用する漁撈キャンプ fish camp に散開し，そこでテントに住みながら，河川にのぼるサケを獲って乾燥貯蔵した。しかしその量は全冬期を支えるには充分でないという (B. I. A., 1968：5；Bank, 1971：62；渡辺，1981b：38-40)。それにもかかわらず，自由人の階層化が起っている。即ち高位の富者層 high-status wealthy people（首長供給層）と平民層 common people の分化 (Lantis, 1984：177) がそれであって，前者は捕鯨に従事,

後者は非捕鯨者層である（奴隷 slaves も存在）(ibid.: 176)。

以上で概観したように，北太平洋沿岸に分布した定住型狩猟採集民には社会の階層化が伴っていて，それが男の生業分化，即ち狩猟の特殊化に伴う狩猟者 hunters（大型獣狩猟専門〈熟練〉者）と非狩猟者 non-hunters（大形獣狩猟非専門〈非熟練〉者）の分化に関連していることが解る。非狩猟者は北太平洋岸一般では漁撈者 fishermen（漁撈中心生計者）であるが，カリフォルニアでは上述のティパイ族のように，小動物猟者乃至小動物猟―漁撈者である場合もある。要するに狩猟採集民の階層化社会とは男の職業（生業）が狩猟者と非狩猟者に分化した社会，男の非狩猟者が許容される狩猟採集社会にほかならない。この種の社会に対して爾余の狩猟採集社会は，男の非狩猟者を許容しない社会，つまり万人狩猟者制社会であって，現生狩猟採集民が社会生態学的に以上の2種――(1) 万人狩猟者制社会（平等社会 egalitarian society），(2) 非狩猟者（男子）許容社会（階層社会 stratified society）――に分類できることは，筆者が最近に中間報告したとおりである (Watanabe, 1988；渡辺, 1988c; Watanabe, 1989)[14]。

階層化した狩猟採集社会には上記のような生業の分化だけでなく，文化と社会の複雑化に伴って各種技術・工芸の特殊化もみとめられ，その現われが大形土木建築構造物，大形高度工芸品である。航洋交易の発達もそのような特殊化現象の一端である。階層化狩猟社会の交易の特色は奢侈品 luxuries 特に稀少品の輸入の発展である。

## 3 階層化と工芸・技術の高度化及び特殊化

### a 上部階層と装飾工芸

　先述したように，狩猟採集民社会の階層化は，基本的には「生業分化」にもとづいている。ここで生業分化とは，地域社会が狩猟中心の生業パターンを持つ男とその家族即ち狩猟系家族と，狩猟を中心としない生業パターンをもつ男とその家族即ち非狩猟系家族との2派に分れることである。カリフォルニアには男の生業パターンとして小動物猟中心型の分化を伴っている場合があるが，北西海岸から北では後者は漁撈系家族である。北方圏の狩猟採集民の男の主要生業は一般に北米でもシベリヤでも大形獣狩猟であって，北太平洋沿岸にみられる男の主生業としての小動物中心型及び漁撈中心型はいずれも歴史的（発生的）に新しく，伝統的な本来の大形獣狩猟中心型から適応放散的に変化したもののようにみえる。また彼等自身によって，漁撈は狩猟（大形獣）より容易な生業とみなされ，漁撈者は狩猟者から見下されたり，哀れまれた。反対に狩猟者は尊敬され，社会的地位も漁撈者より高かった。このような生業の差に対する社会の垂直的評価（身分の上下，貴賤の差別）が，両者の経済的格差（貧富差）と相俟って，階層の根本的理念を形成していたのである（Watanabe, 1983; Watanabe, 1989；渡辺 1988b）（第1表）[15]。

　北洋沿岸狩猟採集民の階層の最も顕著な指標は，漁撈系家族（貧者 the poor）と狩猟系家族（富者 the rich）との貧富の差

縄文式階層化社会と土器の社会的機能

| 分類名称 | 狩猟採集民 | |
|---|---|---|
| | 未分化型 | 分化型 |
| | 非狩猟者未分化型<br>狩猟採集民 | 非狩猟者分化型<br>狩猟採集民 |
| 男子職業 | 狩猟者に限る | 狩猟者<br>あるいは非狩猟者 |
| 職業評価 | 優者―劣者<br>(水平評価) | 貧富―貴賤<br>(垂直評価) |
| 社会体制 | 万人（全成人男子）<br>狩猟者制社会 | 非狩猟者（成人男子）<br>許容社会 |
| 実例 | 汎世界的一般<br>狩猟採集民 | 北太平洋沿岸<br>狩猟採集民 |

**第1表　狩猟採集民の社会生態学的分類**（渡辺 仁, 1989)

である。この経済的格差の因って来る所以は，狩猟系家族の経済的優位性である。漁撈系家族は漁撈・採集中心の生計システムを営むが，そのソフトウエアの中核は，狩猟系家族に依存する点で，後者への従属者followersの身分にあった。それに対して狩猟系家族は，狩猟をはじめ漁撈・採集を含む全生計システムの多角的経営者であるだけでなく，地域社会の指導者層として，地域社会の生計システムの主要（中核的）ソフトウエアの管理・運営を司っている。地域社会の首長と長老達がその代表である。水産資源の豊富性にもとづく魚介食経済――大形獣狩猟に依存しない食糧経済――の発展によって，大形獣狩猟は食糧経済上の重要性乃至必要（必須）性を失った。しかし狩猟系家族はこの狩猟伝統を保持するだけでなく，それを富 wealth と名声 prestige の獲得用手段として発展させ，特殊化させた。

その代表が陸獣ではクマ猟，海獣ではクジラ猟（捕鯨）である。このような特殊化した狩猟の産物が重要な交易物資となったことと，狩猟系家族（実際にはその代表である地域社会の首長）自身が通民族的交易の管理・運営兼実施者であったことが，北洋沿岸狩猟採集民における階層間貧富差の基本的要因といえる。

また，他方この富者—狩猟系の人々は，その身分維持のために名声 prestige の確保が必須であった。これには地域社会内部での名声の維持の必要性と，地域社会間での名声獲得競争の必要性とが相伴っている。この必要を充足するために階層化狩猟採集社会では，名声獲得用物品 prestige goods の需要が大きかった。このような機能をもつ物件は一般に奢侈品 luxuries ——あるいは非実用的貴重品 non-utilitarian valuables である。この需要は2方法——現地生産と輸入の発展によって充たされた。北太平洋岸極東部の階層化社会では文明国（中国，日本）に隣接のため輸入奢侈品への依存度が高い（ギリヤーク，アイヌ等）が，北米北西海岸では奢侈品の多くは現地産である。以上のような富者層の名声獲得維持のための物件の生産と輸入が，貧富差にかかわるいまひとつの基本的要因である。

このような名声獲得用物件の需要の増大とその生産の質的・量的発展を支えているのが技術と工芸の発達である。名声獲得競争 competition for prestige は具体的には名声獲得用物件の入手競争であって，これが技術と工芸の高度化と専門化（熟練者 experts 乃至職人 professionals）をささえるとともに，製品の品質レベルを向上させ，質的変異の幅（精粗差，優劣差）を増大する結果となった。富者は最高価値のものを持たなけれ

ばならず，また最高のものを持つのが富者である——これが階層化狩猟採集社会の基本理念でもある。そこで狩猟系の人々——富者達即ち上部階層はその身分を誇示し，その名声を獲得・維持する手段としてその社会で得られる最高レベルの物件——贅沢品・貴重品を追求する。そのために，階層化狩猟採集民には，非階層化グループにはみることのできない，技術的・工芸的にレベルの高い人工物件 artifacts がみられる。以上のような名声獲得用物件 prestige goods は，その機能を果たすためには公衆（関係社会の人々）に展示 display されなければならないので，儀式乃至饗宴に関係するものが多い。これには儀礼用具（楽器，仮面，酒器，礼服等の他に展示用の財宝を含む）と饗宴用具（容器，飲食器類）がある。儀礼の時に限らないもの（常時展示物）としては身分や系統の象徴あるいは徽章としての装身具，建造物（トーテム等）等がある。

　名声維持・獲得用物件は，社会の普通一般人には持てない物あるいは持つのが難しい物であって，各社会の規準からみた場合の貴重品 valuables 乃至贅沢品である。社会によってその種類や形状は様々だが，各地のこの種の物件にしばしばみられるのは大形精巧品（同種の他のものより際立って精巧なだけでなく，形が特別に大きいもの等）である。北洋沿岸の階層化狩猟採集社会にみえるその代表例を次に示す。

### 北西海岸方面

　北西海岸文化領域の南端に位置する北西カリフォルニア・インディアン（ユロク，カロク，フパ族）の大形黒耀石打製ブレードがその第一例である。彼等の社会の最高の貴重品としては

その他にも，稀な毛色（白色等）のシカ皮，鮮赤色のキツツキの頭皮等があり，富者（要人）のシンボルとなっていて，年2回春秋の祭の踊りで富者達によって競争的に観衆に誇示される。彼等の「宝物」とみなされる黒耀石ブレードの大きいものは長さ30インチに達するものがある (Kroeber, 1925：26 & pl. 2)。

　富者のシンボルとしての大形精巧品の第二の代表例は木製（木彫）食器である。北太平洋沿岸には，狩猟採集民として異例ともいうべき木造建築が発達し定住生活が営まれ，それに伴って家具・什器が発達した。それを代表する共通要素が木製（木彫り）食器類である。なかでも極東から北西海岸までデザインの共通性がみられるのは椀，皿，あるいは匙の類である。特に注目すべきは日用品以外の食器，つまり儀礼用ないし饗宴用の食器の発達である。北西海岸の刳り木の "feast dishes" がその代表といえる (渡辺, 1988a：318, 図12)。因に図示例 (ibid：図12) の北西海岸標本は全長1.2m，同じくギリヤーク標本は89cm (同図1, 2) と61cm (同図3)，同じくOrok標本は40cm，樺太アイヌ標本が52cm (同図, 2-3) と55cm (同図4) である。いずれも大形で，彫刻による複雑な文様で装飾されている。

　北西海岸では，どの家族も食器 serving trays として若干の刳り木皿 carved wooden dishes を持つが，貧者のは刳り方が粗い。精巧品はサメ皮で磨きあげられ，またその縁に貝殻やラッコの歯で象嵌したものもあった。個人用木皿は長さ1フート以下であるが，饗宴用の大形木皿は3～4フィートのものまであった (Underhill, 1953：91)。木皿をはじめ食器の彫刻装飾が

発達したのは北西海岸では北部地方であって、その豪華な大形 feast dishes は家族の身分と富を反映した (Stewart, 1977 : 158)。Nootka 族では普通の家族用木皿は 2〜3 人用であるが、首長達 chiefs 即ち富者等は 6 人以上用の大形 "feast dishes" を持っていた。これらが小形のものと違う点は彫刻による装飾を伴うことである。首長の中には特定の彫刻デザインの皿を使う権利をもつ者もあった (Drucker, 1951 : 90)。

### 北洋岸極東方面

アイヌの木皿も北西海岸やアムール下流（ギリヤーク）と同型式で、丸木舟 dug-out と同様の作りの舟形である（渡辺他，1987 : 54 及挿図）。この舟形容器（ニマ）は日常用には装飾がないが、クマ祭用のもの（長さ 1 尺 5 寸、幅 5〜6 寸）には文様彫刻があり、大切に保存使用された。これは故郷に送りかえす仔グマにもたせるアイヌからの贈り物（手みやげの食物）を入れる容器（カムイ・エプ・オレナカラ・ニマ）であって、容器の半分にオオウバユリ団子 (trep shito)，他の半分に干し鮭 (satchep) と煮たシカ肉を入れた。それは狩猟系家族即ち定期的クマ猟を行う家に限られる道具であるが、往古の十勝上流では、然別の首長（かしら）Ritenkouk と札内川の首長 Ture-chi の家に特に大きく立派な美しいクマ祭用ニマがあったと伝えられている（十勝芽室、故勝川ウシノ氏談，1954 年渡辺仁記録）。西鶴氏記載の樺太アイヌ標本（渡辺，1988a : 318，図12）等はその手のものと思われる。

アイヌやギリヤークには、上記のもの以外に、飼育中の仔グマに対する給餌用具（クマ用食器）がある。これも大形装飾食

器の部類に入る。これは柄付きの木鉢あるいは大形木匙ともいうべき形の木彫製品である。最近の古老の話によるとそれは北海道アイヌでは全長60 cm位（柄1/3前後）（渡辺他，1982：14, 76；1986：14）とも90 cm位（柄1/3）(1982：15）ともいわれるが，樺太アイヌでは全長3尺位でしかも大層立派な文様（彫刻）つきであったという (iso-oipe, kamui-oipe, クマ用食器）（北海道常呂在住，樺太アイヌ出身，故藤山ハル氏談，渡辺仁記録，1972年)。西鶴氏の記載になる「クマ祭用給餌具」（写真，西鶴1942：133）が上記藤山氏の指摘されたものに相当するが，その写真によると，全長の約2/5を占める柄が全面的に彫刻で飾られている。アイヌのクマ祭実施者即ちクマ猟者は先述したように技術的にも儀礼的にも特殊化した狩猟系の人々でアイヌ社会の上部階層者である (Watanabe, 1983)。Buschan の『図解世界民族学』第2巻に図示されている豪華な彫刻を伴うギリヤークの「クマ肉を盛る椀」（ビーハン，1944：65）は全長約70 cm（縮尺から復原）だがアイヌのクマ用給餌具とは逆に柄の方が長い。

　ギリヤーク（アムール下流及び樺太）の装飾芸術中最も発達したのは木器骨器の彫刻で，各種の日用品（木皿（渡辺1988a：図12）等の食器類をはじめ武器，衣服等）まで螺旋―リボン状図柄の彫刻でおおわれている。就中出来栄えがしばしば抜群なのはクマ用給餌具 bear dippers であって，その柄の彫刻は象徴的意味をもつ (Levin & Potapov. 1964：780)。

　北西海岸では貴重品の収蔵用に大形木箱類（長さ80 cm位のがある）が使われたが，ヌートカ族の例をみると，首長

chief の貴重品箱 chest（毛布，仮面，舞踏用笛等）は繊細なみぞ彫り fluting で飾られ，また僅かだが首長によっては，塗装した木箱（非現地製）をもつ者もあった（Drucker, 1951：89）。ギリヤークの住居でも，上記の北西海岸と同様に，個人の持ち物を容れる大形木製箱 chest が使われ，威信獲得用品の一種となっていたが，これにもしばしば精巧に彫刻されたものがある（Black, 1973：16, 28）。

　北洋沿岸狩猟採集民における木器類の発展は以上に述べたとおりであるが，それに関して唯一の例外がある。それはアリュート族である。北太平洋岸で彼等だけは木器の発達がみられない。非日用品乃至贅沢品としての大型木器としては，せいぜい板を接ぎ合わせた楯（cf. Lantis, 1984：173, Fig. 12）がある程度にすぎない。これは木材を流木に頼らざるを得ない事情による。しかし注目すべきはここでも木器工芸の高度化と特殊化が階層と連結することである。その代表が木製帽子である。この種の帽子 hat は西アラスカ western Alaska のエスキモーを通じて使用されるが，アリュート製は，前方に長く延びた鍔 long front と多色彩色ならびに高度装飾によって他から区別される（Lantis, 1984：172）。それはカヤック乗り猟者が着用する曲げ木製 bentwood の冠り物で，前部がつば状に長く突きだし後部に綴じ目がある。これには精粗の変異が大きく，最高品は，同心円状の縞文様と動物が多数の色で描かれ，尖った頂点またはその付近に海獣牙製の動物像がとりつけられている（cf. Lantis, 1984：172, Fig. 9, 下図）。使われる色には赤青黄緑黒等があり，装飾材料は上記の他にビーズ，羽毛，トドの髭，貝殻

## II 階層化狩猟採集社会：北洋沿岸民族例

（象嵌用）等がある。簡単なものは比較的小形で，装飾も単純（質素）であって，頂上が切りとられて尖っていない。

アリュートの男は誰でもこの帽子を持っていたが，全寸 full-size（頂部が断ち切られていない）で而も充分に装飾されたものを持つのは富裕な上部階層の男達に限られていた。このような帽子は奴隷1～3人分の価値があったという（Lantis, 1984：171-172）。ちなみに彼等の社会は身分の高い富裕民 high-status wealthy people と平民 common people 及び奴隷 slaves に分れていた（ibid,：177）。上述の帽子の逸品乃至優品ともいうべきものは富者の持ち物だったことが解る。

北太平洋沿岸極東部の階層化定住型狩猟採集民は一般に，交易を通じて周囲の文明社会から各種の物品を輸入したが，その特徴は富者層による奢侈品の導入である。この影響で威信獲得用品の外国（文明国）製品化が起った。例えばナナイ族 Nanay（アムール下流方面）では，大衆の容器類は伝統的な自製品（木製・樹皮製・角製）であったが，富者達の容器は古くは中国から，後にはロシアからの影響を受けた（Levin & Potapov, 1964：708）。ギリヤークでは，富者の花嫁代価 bride price には必ず大量の輸入品が含まれる習慣であった（ibid.：778）。アイヌでは，威信獲得用品の大部分が和人からの輸入品であって，それが彼等の「宝物」ikoro となっていた（Munro, 1962：60-62）。その主座を占めたのは和製の漆塗木製大形容器 shintoko と太刀 emushi であって，すべて彼等の最大の集団儀礼であるクマ祭に欠かせない重要な祭具であると同時に，その品質と数量がアイヌの富者 nishipa の富の尺度，高位者の象徴

となっていた。樺太アイヌでも同様で，そのような「宝物」が彼等の社会的地位の象徴であり，「偉い人物ほど宝物が多い」(大貫，1979：101)。「サカナを沢山とっても，シントコ等宝物を持たぬ家は貧乏で，これが沢山ある人がニシパ（富者）だ」(十勝，ニトマップ・コタン首長系，故勝川ウシノ氏談，1954年渡辺仁記録）という表現は，富者層即ち狩猟者層という現実を物語っている。

### b 製材，建設，木工

上記のような木器・木彫の発達で解るように，北太平洋岸の定住型狩猟採集民の間では恒久的木造建築，河川漁用各種木造施設（簗，足場等），各種丸木舟等，木材の利用が盛で，それに伴ってきこり（樵），製材，木工，土木，建設の諸業が発達した（渡辺，1988a：308-18, 321-322）。ここで特に注目すべきは技術の大形化（大形技術の発展）である。この現象は，前節で指摘した工芸の高度化・大形化に対応するものであって，いずれも定住生活の条件下に，階層化狩猟採集社会の原動力ともいうべき威信経済 prestige economy に関連するものである。その大形化高度技術の代表は伐木・製材 lumbering である。北西海岸の木の文化の発展――容器類は殆どすべて木製であって土器もない事実――の背景に森林環境があり，割り板製材に適したスギ類の分布があることは周知のとおりであるが，ここでは特に未開拓の分野である大型技術とその社会的機能という視点から問題にしたい。

ヌートカ族の例をみると，立木の伐木は，密林では倒し難く，また倒し易い水辺や森林の空き地のものは幹の下方に枝即ち節

II 階層化狩猟採集社会：北洋沿岸民族例

が多いので，厚板 plank やカヌー船体用原材を得るための通常の方法は伐り倒しでなく，立木のままで樹幹の側方から必要な材片 slab を割り取る方法である（第2図, a）。これは梯子を利用して，樹幹の上下に，望む材片の長さに応じた間隔で刻み目を抉りこみ，上段の刻み目の下面に下向きに楔を打ちこみ，生じた裂け目に横からも楔を打ちこんでそのまま放置し，割れ目が自然に延びて下端に達し材片が剝がれ落ちるのを待つ。この方法は時間がかかるが伐木法に較べて安全なのが利点とされる。なお多少の節目は避けられないが水辺の立木を切り倒すこともある（Drucker, 1951：179-180）（建築材の場合はそれほどの問題にならない）。北西海岸建築様式の特徴である厚板小屋 plank house に使う厚板（指3本厚）の製材も楔の打ちこみによる割裂法である（第2図, b）。原材の回転には棒（挺子）を

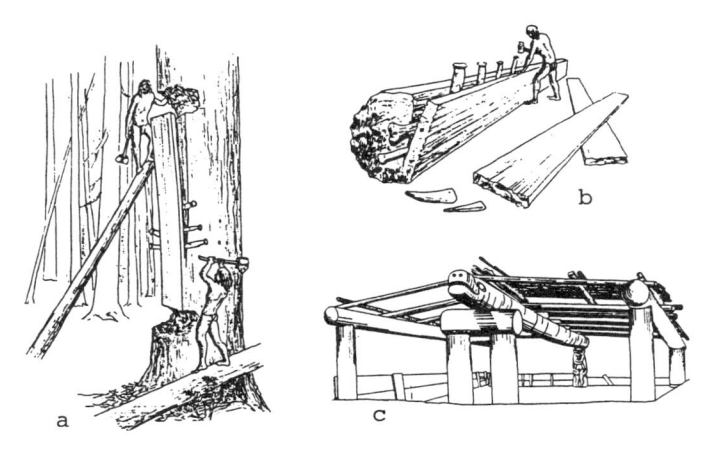

**第2図　北西海岸の製材技術**　a, b：製材方法（割裂）(Stewart, 1973), c：恒久住居の枠組 (Drucker, 1951)

使う (Drucker, 1951：80-1)。北西海岸では建築にも高度の技術が使われているが，大型土木工事もその一部である。一般に大形の多家族用集団住居で而も切妻屋根なので，太い棟木（ヌートカ族では径 3～4 フィート）とそれを支える太柱が使われ（第 2 図, c），その建設には挺子の原理を利用した大型技術が発達している（第 3 図, a, b）。このような大型の土木・建設技術はトーテム・ポールや鮭鱒漁用各種装置（堰堤，簗，網漁用足場等）（第 3 図, c）（渡辺, 1988a：図 13）にも応用されている。

以上のように北西海岸に発達した棟持柱——切妻式木造建築様式は，北太平洋岸の極東側の定住的狩猟採集民でも発達した（渡辺, 1984a：392-7; 1988a：308-15）。その代表がアムール下流群（ギリヤーク族，ウリチ族等）である（1988a；図 8, 図 9）。

木工・木彫関係の大型技術としては以上の他に舟作りがある。北太平洋沿岸狩猟採集民の特色の一つは外海 open sea への適応としての海洋開発の発展であって，その基礎となったのが海舟 sea-going boats である（渡辺 1988a：327-332）。これを駆使して外海を開発したのが地域社会の上部階層（狩猟者層）を形成した富者達であった。

彼等が発展させた外海開発には 2 方面（沖合狩猟と航洋交易）があるが，これについては既に前項（生業分化）で説明したので，ここではその手段としての海舟と階層性について概説するにとどめる。

彼等の舟は大別すると，河舟と海舟の 2 種があって，後者は一般に前者より大きく，構造が複雑といえる。彼等の海舟は，エスキモー系の人々（アリュート族及び太平洋エスキモー族）

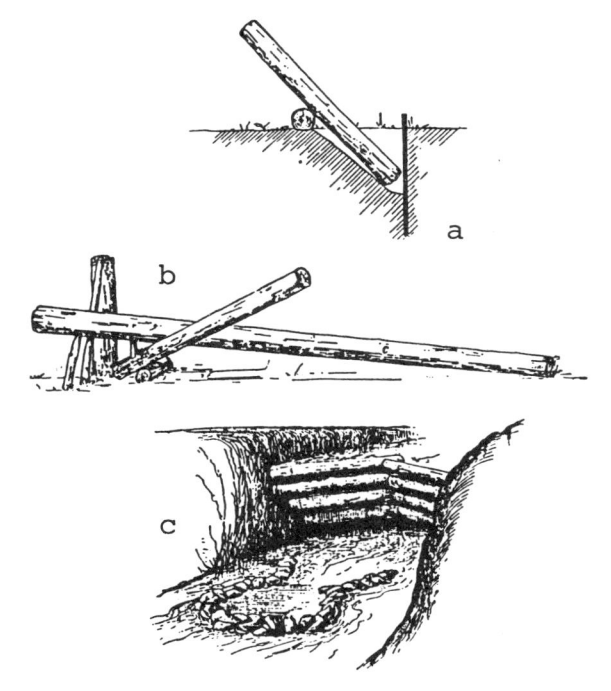

第3図 北西海岸の建設技術　a：柱の掘建て法，b：棟木の上棟法，c：漁撈用堰堤（Boas, 1966）．

の皮舟 skin boats を除くと，他は木製である。この木製海舟は，波浪対策として丸木舟の舷側に別の部材を接ぎたして補強したもの（例：北西海岸インディアン，アイヌ）と板を組み合わせた板舟（例：ギリヤーク族）の2型式に大別できる（この形態・構造については上記の渡辺，1988a を参照）。彼等の海舟の特徴は一般に装飾を伴うことである。これはこの舟の機能の特殊性と儀礼の重要性を示すものにほかならない。

縄文式階層化社会と土器の社会的機能

**ヌートカ族** 　北米北西海岸で捕鯨が最も盛んであり，また大形カヌーの製作者（エキスパート）としても有名で，その製品は他民族にまで輸出された。彼等の最大級航洋カヌー freight canoes は全長6〜7尋（最大例：8尋以上），各首長の必携型式カヌーとされ，儀礼その他公式行事用であった。これには貝殻象嵌による装飾が施された（Drucker, 1951：83）。それに対し北方型（トリンギット，ハイダ，チムシアン，クヮキウトル族）では，その船首部外側に高度の図案が描かれ，また昔は船首の突出部分に，家紋 family crest を表わす木彫像がとりつけられていた（Drucker, 1955：63）。家紋は家系の祖先に関係する動物乃至超自然的生物像を表わす家系のしるしである（Drucker, 1955：109）。

　大きさで第2位が捕鯨カヌーであって，これも既に述べたように（捕鯨の項），首長の所有物であるが，これには装飾はない（Drucker, 1951：84）。

**ギリヤーク族** 　ギリヤークの舟は大形（海舟）と小形（浅水用）に大別される。大形は海の猟漁用（捕鯨の項参照）であって，それを建造する経済的余裕を持つのは一部の人々，即ち富者のみであった。富者は狩猟の成功者であり，衆人の尊敬を受けた（Black, 1973：77）。大型舟の船首は宗教的意味をもつ鳥の彫像により，また船尾は彩色によって装飾されていた（Black, 1973：20）。

**アイヌ族** 　彼等の舟は川舟と海舟に大別できる。海舟は長さ17・8尺，乗員計2〜3人（北海道，鵡川，片山カシンデアシ氏談，渡辺仁記録，1952年）とも2間半（4.5 m）（樺太，

II 階層化狩猟採集社会：北洋沿岸民族例

西鶴, 1942：104）ともいわれる。この海舟は沖の漁猟 repa（捕鯨項参照）に必携であったが, これを持つのは「大きい仕事をする人」だけであり, これを「作る伎倆の人」は滅多に居なかったという。またこの海舟の使い手, つまり沖漁者（メカジキ銛突き漁者）（捕鯨の項参照）も限られ, 例えば鵡川チン・コタンでは, 危険且困難なこの海の狩猟ともいうべき沖漁の伝統を伝える家は, 明治中葉で全戸数約27・8戸（そのうちクマ猟小屋をもつ狩猟系家族7戸）中の3戸を数えるのみであった。いずれも同コタン古来の首長系統の狩猟中心家系の男達であった（鵡川, 片山カシンデアシ氏談話, 前出）。

　アイヌの海舟の装飾については, 筆者が北海道アイヌ古老から得た情報では明らかでなかったが, 千島アイヌの海舟には明かに装飾があり, どの島でも船首と舷側中央に彩色図案の装飾があった。ホロモシリ島の装飾にはシャチが描かれ, 占守島では化物「フィジール」に関係のある彫刻木面がとりつけられていた（鳥居, 1976：42；渡辺, 1988a：331, 図19）。シャチがアイヌの海の神である点からみても, 彼等の海舟の装飾も超自然的な意味をもつことは確かなようにみえる。旭川博物館所蔵の樺太アイヌの「丸木舟模型」(河野, 1979：177, 写真）も, 舷側に船首から船尾にかけて水平に走る接ぎ目がみえるので海舟と解るが, これにも船首と船尾に見事に描かれた模様装飾がみえる。そのデザインは基本的に千島のものと類似している。

　以上のように各社会の舟ともに用途と大きさに幅広い変異があるが, 最大級のものは海舟である。その海舟は一般に生存のための基本的活動でなく, 必需品よりも贅沢品の獲得, 食物よ

りも富と威信の獲得を主要誘因 major incentives とする特殊化した活動の手段となっている。捕鯨も航洋交易も然りである。従ってこの舟自体が一種の luxuries であり prestige good にほかならない。このような性質の舟を持つ社会は狩猟採集民では階層化社会以外には見当らない。そしてこのような大型の奢侈的木工品の所有者は、この場合もまた富者即ち社会の上部階層者（狩猟系家族）であることがわかる。

### c 奢侈品の航洋交易

北太平洋沿岸の階層化狩猟採集民に関する一大特徴は外海航海による奢侈品交易の発達である。何故航洋交易がそれ程重要かというと、それが単に富の源泉であるだけでなく、クマ猟やクジラ猟等と同じく、威信の源泉でもあったからである。それには交易という経済的行為の成功の前に航洋という技術的行為の達成が必須条件であって、そのため実施者（従事者）は、沖合猟漁 repa の場合と同様に、地域社会の首長乃至上部階層者（狩猟系家族）に限られた。航洋交易は一種の奢侈的行為である（先述「奢侈品輸入」の項参照）。このような活動に正規の仕事としての時間と労力を割くことができたのは、狩猟採集民では経済的ゆとり（交換可能な余剰）をもつ階層化社会のみである。その他の狩猟採集民にはその例をみることができない。次に北洋沿岸階層化狩猟採集民についてその実況を示す。

### 北西海岸インディアン

**トリンギット族** 最北端のトリンギット族 Tlingit についてみると、交易は彼等にとって重要な仕事であって、その実施者は住居を同じくする家集団 house group（母系 lineage) の長 yitsati であった。彼が奴隷まで含む家集団全員の援助で交易物資を蓄えて，陸路あるいは海路による各地への交易を実施した。特に顕著なのは北西海岸南部への航洋交易であって，その距離は大きく北方集落 (Sitka等) からハイダ族 Haida，チムシアン族 Tsimshian までは約300マイル，更にビクトリア及びピュジェット海峡 Puget Sound までの距離は1000マイルに達した。交易遠征は一般に西風が絶えない5月から7月にかけて行われたが，天候が危険の源であった。交易隊の出発と帰還には儀礼が伴った。トリンギットの使用した奴隷の多くと大型カヌーの殆どすべては，そのようにして南のハイダ族やチムシアン族から来たものであった。大型カヌーの原材となったアカスギ red cedar の大木は北緯54°40′以南にしか存しなかったのである (Oberg, 1973：105-109)。

**ヌートカ族**　ヌートカ族（バンクーバー島）は大型カヌーの建造・輸出の他に dentalium 貝（小形白色角状貝殻）の採取・輸出でも有名である。この貝殻は北西海岸領域の最南端（北カリフォルニア）の階層化狩猟採集民（ユロク，カロク等）では貨幣として，その他の北西海岸諸族では高価な身体装飾品として広く大平洋岸から内陸は大平原まで流通した物資の一つである[16]。この貝は太平洋岸に広く生息するが，インディアンに採取できるような浅い所に産する場所は乏しい。ヌートカ族はその貝を生息地から生き貝として採取した唯一の部族であった (Drucker 1951：111)。彼等はこの貝殻やカヌーその他木彫りの食器等の物資を持ってマカー族 Makah（ワシントンの北西，捕鯨で著名）まで南下し，そこで鯨油やオヒョウ

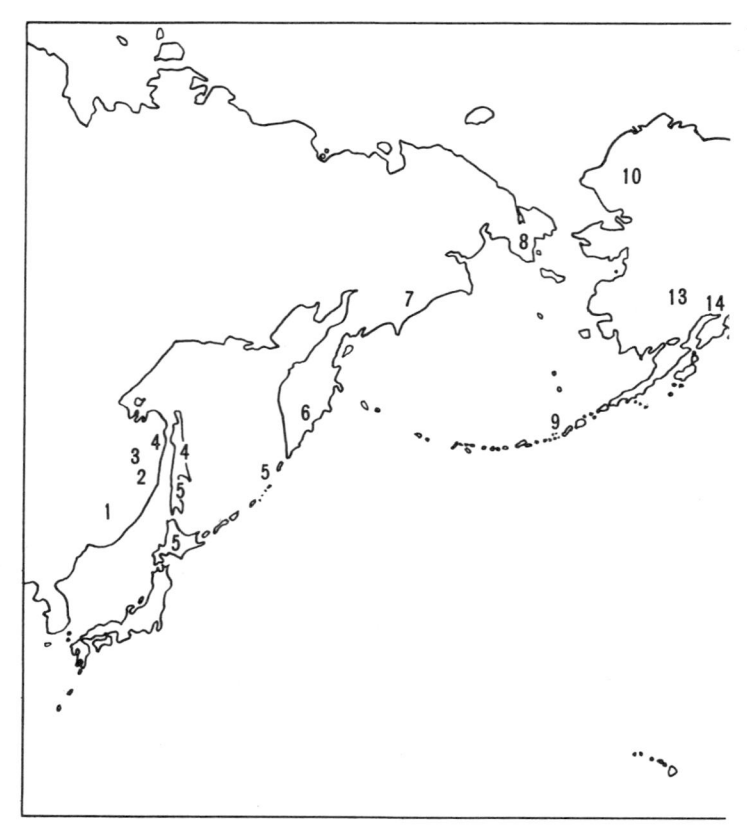

縄文式階層化社会と土器の社会的機能

| 引用民族の<br>地理的分布 | 1 Gold<br>2 Nanay<br>3 Ul'chi<br>4 Gilyak<br>5 Ainu<br>6 Kamchadal<br>7 Koryak<br>8 Chukchee | 9 Aleut<br>10 Nunamiut<br>11 Copper Eskimo<br>12 Kutchin<br>13 Ingalik<br>14 Tanaina<br>15 Chugach<br>16 Tlingit |
|---|---|---|

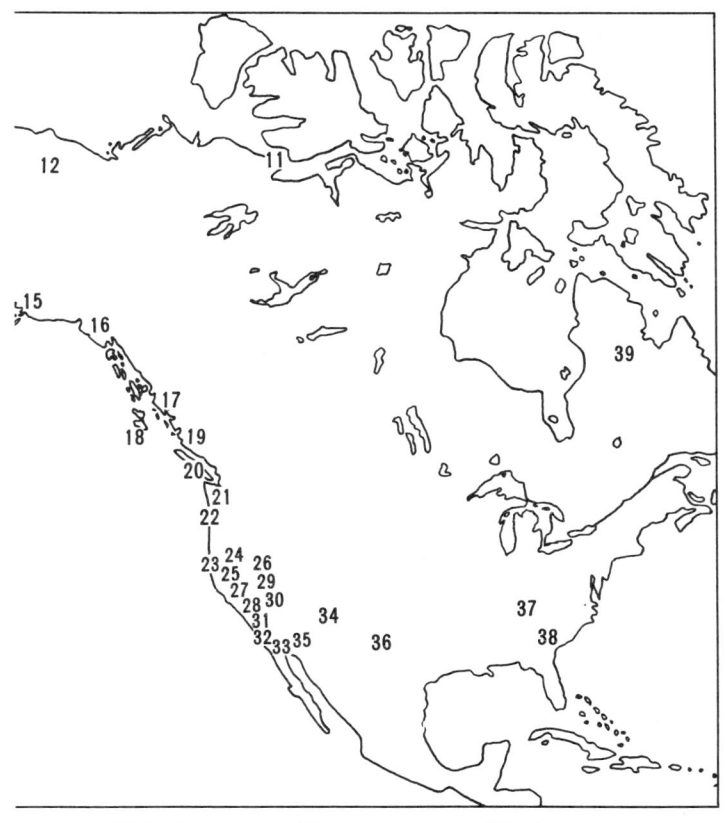

II 階層化狩猟採集社会：北洋沿岸民族例

| | | |
|---|---|---|
| 17 Tsimsian | 25 Hupa | 33 Tipai |
| 18 Haida | 26 Modoc | 34 Paiute |
| 19 Kwakiutl | 27 Pomo | 35 Maricopa |
| 20 Nootka | 28 Miwok | 36 Pueblo |
| 21 Klallam | 29 Patwin | 37 Cherokee |
| 22 Quinault | 30 Washo | 38 Creek |
| 23 Yurok | 31 Chumash | 39 Naskapi |
| 24 Karok | 32 Gabrielino | |

halibutの干物等と交換した。これらの物資の交易には海岸沿いに定常のルートが設定されていた（Underhill 1953：162）。

**アイヌ族**　アイヌは古くから周囲の異民族との交易を行っていた（北海道庁（編）1937;アイヌ文化保存協議会（編）1969）。当時の航洋交易については彼等の伝承にも形跡をみることができる。例えば噴火湾アイヌで捕鯨の経験をもつ古老（昭和13年当時86歳）の談話によると，松前以前には，交易の舟が本州と樺太から北海道に来ただけでなく，北海道アイヌも「越年中に獲った熊や鹿の皮や熊の胆などを舟に積み込んで，北海道の西海岸を下ったものは今の青森に着いた。東海岸を下ったものは南部の港へ舟をつけて商いをして来た様だ」（名取, 1945：14）。北海道アイヌがかつては自ら海舟（先述）を操って本州（南部藩）の和人と交易した事実は厚真アイヌ（胆振）の古老の伝承にもみえる（厚真トニカ，吉村健太郎氏談，渡辺仁記録, 1952年）。また和人以外の民族に対しても，和人との交易の初期に行われていた様な形で交易が行われていた。酋長は時々特別な船を艤して，貯えられた産物をのせて，遠隔の地まで交易に行った。かくして得たものを又次のものと交換して，一種の交換仲介者も出来ていた。例えば樺太アイヌが黒竜江下流に於て，山丹人へ毛皮を提供し，山丹人が満州人より得て来る支那製品（蝦夷錦，樺太玉）を得，これを宗谷にもたらして其地のアイヌが邦人より得た酒，煙草，鉄類等と交易した如きはその例である」（帝国学士院（編），1944：13-14）。以上のようにアイヌも隣接諸民族と航洋交易を実施したが，その目的は奢侈品の輸入であり，その実施者は地域社会の首長であった。

II 階層化狩猟採集社会：北洋沿岸民族例

**註**
1) Ⅳb型定住群としては，ギリヤーク族（アムール下流），樺太アイヌ族，インガリック族（ユーコン下流），タナイナ族（アラスカ，クック湾沿岸）をあげることができる。

　ギリヤーク族と樺太アイヌ族では，狩猟期（冬）に狩猟者の男達は，家族を冬集落に残し，山の猟小屋（半恒久的，毎年修理して使う）に移住して狩猟に従事した（Black, 1973：16, 24；樺太アイヌ出身，常呂来住，藤山ハル氏談話，渡辺仁記録，1972年9月）。インガリック族でも，狩猟期（冬）に，特に狩猟好きの男達が冬集落の人々と別れ，連れだって山の猟小屋（半恒久的）に移住するが，その時彼等は家族を同伴する（Osgood, 1958：42-43, 167, 169）。タナイナ族では夏集落での鮭鱒漁期が終ると冬集落に移るが，この初期が狩猟期で，狩猟者は一時的住居 temporary shelter に泊りながら猟場で過ごす。この際に地域差があって，猟場に近いキナイ Kenai 群と内陸群では狩猟者（男）だけが出猟するが，猟場が遠いスシトゥナ Susitna 群では家族同伴であった（Townsend, 1981：627）。

　Ⅳa型定住群の代表はヌートカ族（北西海岸）であるが，ここでも陸獣猟期はサケ漁後，即ち冬で，その時期は一般人にとって休閑・祭礼期に当るが，一部の男達（狩猟者）は陸獣猟に従事した（Drucker, 1951：37, 38）。彼等の山猟についてそれ以上の詳細は不明だが，それが家族同伴で一定の猟小屋（毎年修復）を中心に実施されたことは北西海岸共通といえる（Underhill, 1953：56-57）。ヌートカ族の南の北西海岸群であるクイノールト族の記載によると，一部の男達即ち少数の狩猟者によって行われた彼等の山猟は，サケ猟期にひきつづいて，彼等の集落がそれに沿って分布する河川（サケ川）の上流地帯で，家族同伴の狩猟者によって，猟小屋（半恒久的）中心に行われ，その期間は1〜2ヶ月であった（Olson, 1936：41）。

2) 既刊報告（Watanabe 1968; 1977）では遊動型を2分してⅠ〜Ⅱ型としたが，これはセマン族のように，長くても3〜4日を超えることは稀という短期滞在を一年中くりかえす人々（Ⅰ型）がある一方で，コッパー・エスキモーのように，夏は転々と短期滞在をくりかえしながら，冬は住居移転頻度が落ち，厳冬期の滞在は最も長く3ケ月前後

57

## 縄文式階層化社会と土器の社会的機能

に及ぶ人々（II型）もあることを考慮したからであった。なおまたこれについてはブッシュメン族等のように年中比較的移動頻度が低く，長期滞在をくりかえす人々もある。遊動型グループのこのような移動頻度と野営地の問題は，いずれ稿を改めて述べることにする。

3) 北西海岸の階層中で全般的に認められるのは奴隷だけであって，自由人の階層化は必ずしも全般的ではないといわれている。筆者はこれを生業分化の程度の変異による当然の地理的変異と考えている。自由人の階層化が起っている場合でも，社会によって程度の差が認められる。例えば地域社会の首長が狩猟以外の生業労働から解放されているかどうか，——真の nobility の存（Nootka 族，Tlingit 族），否（Ainu 族，Alsea 族，Quinault 族等）はその代表的現象といえる（Watanabe 1988a : 490）。後者の場合は，階層間の区別は明瞭でも，日常生活では全階層が等しく労働に従事し，本質的（根本的）にはデモクラティックである。このような比較的デモクラティックな構造は，村が小さいことと親族関係の絆が強いことによる（Olson, 1936 : 114）。

4) 厳密にいえば，その周辺隣接地域の一部には，階層化乃至階層化に向う移行的状況がみられる。これらは生態的に北西海岸的条件の存する所といえそうである。北西海岸内部でも，筆者の生業分化を基準にすると階層化の程度に多少の変異がある。

5) 狩猟採集民の階層化の条件として食物貯蔵と定住経済だけでは不充分なことを示す1例としてオウエンス・ヴァレー Owens Valley のパイユテ族 Paiute をあげることができる。

　この人々の主食はマツの実 pinenuts をはじめとする野生種子類 seeds であるが，当地では野生種子類の収穫がかなり確実 fairly reliable で，しかもすべての必需食資源が集落から 20 マイル以内に産するので，通常は集落から日帰りか2日の旅で採取が可能である。そしてそれら種子類の貯蔵によって越冬した。このような生態的条件から彼等の集落はかなり安定的 considerably stable で，大体年中居住される恒久村落 permanent villages を形成した。しかしそれにもかかわらず，彼等には全く階層化は起っていない（Steward, 1938 : 50-53, 233-234）。

　また定住は階層化の必須条件の一つといえるが，Testart の主張す

## II 階層化狩猟採集社会：北洋沿岸民族例

る貯蔵経済は必須条件とはいえない。その例証がアリュート族である（本書35頁参照）。この点に関して，アラスカ大学のオルソン教授の教示に感謝する。[*]

    * アラスカ大学の北西海岸（特にトリンギット族）関係専門家 W. M. Olson 教授は筆者宛の私信で，CA 誌上での A. Testart の狩猟採集民階層論について，"On the other end, you have Aleuts who had no real storage at all. So if Testart's theory of "storage" leading to inequality would apply, the Aleuts should have equality. In fact, they had slaves." (Prof. W. M. Olson's letter dated March 24, 1988) と指摘した。

要するに狩猟採集民の階層化の基本的必須要因は男の生業分化であって，これを可能にする生態条件が，年中いつでも誰でも容易に入手できる食物（種類は問わない）の存在である。彼等の階層化にとって問題なのは，その条件が充たされるかどうか（そのような食物があるかどうか）であって，貯蔵に依存するかどうかではない。その条件を貯蔵によって確保する場合（北西海岸）もあれば，それほど貯蔵に頼らないところ（アリューシャン列島）もあるが，これはそれぞれの現地の環境事情への適応結果にほかならない。

それに対して貯蔵経済を必須条件とするのが穀物中心の農耕社会である。穀物は収穫期が限られるからである。従って，職人その他のフルタイム専業者の出現による文明社会の階層化には，これまでの社会学理論で周知のように，食物（穀物）貯蔵経済が根本的必須ファクターとなっている。

以上のように，狩猟採集社会の階層化は文明社会の階層化とは条件が違う点に注意しなければならない。

6) これを略して，それぞれ狩猟系家族，漁撈系家族とよぶ。
7) アイヌ社会の階層。これまでアイヌ民族誌では，所謂奴隷の存在は指摘されていたが，自由人の階層は殆ど注意されてこなかった。しかし例えば早川氏の古老談話集には断片的ながらもそれに関係のある陳述が記録されている（早川，1970：60, 96）。それによると中名寄方面の部落（コタン）では「大抵の所に，三つの身分層が分かれていたと思う。それはこうだ。云々」(北風磯吉翁談) とあり，また十勝芽室方面でも同様の談話が記録されている。

8) そのような大形獣 hunting なしでも生活できるという経済的・生態的背景がなければ，hunter の特殊化——trained and qualified hunters と，untrained-unqualified hunters の分化——は起り難い。何故なら，多少とも大形獣 hunting が必須のところでは，男は万人が trained and qualified hunters でなければならず，また good hunters は prestige だけを見返りとして，不運な hunters の面倒をみなければならないからである（Watanabe, 1983 : 217 参照）。

狩猟系と漁撈系という生業分化が，実際上北米（農耕インディアンを除く）では，Salmon Area に限られていることが，その事情を物語っている。

9) repa（アイヌ語）。沖漁と訳されているが，漁といっても fishing 一般ではなく，キテ（回転式離頭銛）使用の活動に限られ，その対象はシリカップのほか，クジラ，マンボウ等の海獣と回遊性大形魚類をふくむ。したがって実際上は武器による海（沖合）の狩猟に相当する。

10) メカジキはカジキの中でも特に口吻が長く，上顎が下顎の4倍も長く槍のように突出している（白老町教育委員会（年号欠），6，切断され海浜に置かれた頭部写真）。

11) 噴火湾アイヌでは，沖の神 repun kamui（シャチ）に2柱，即ちシハチャンクルとモハチャンクルの2神があり，兄弟神である（名取 1945 : 25）とされている。また日高の静内アイヌでは，沖合海域を遠近2区分し，それぞれを守る神として，トマリ（沿岸海域，延縄漁場，Watanabe, 1972（73）: 147，地図）に接する沖合海域の神を「背鰭の短いシャチ神」，更にその沖合の海域の神を「背鰭の長いシャチ神」としている（渡辺他，1984 : 48）。カシンデアシ氏は2柱の沖の神を日本語で「サメの王」と語っているが，アイヌ一般で沖の神が日本語の「シャチ」killer whale をさすことは周知の事実であり，また上述の両隣地方からの情報からみても，同氏の「サメ」が「シャチ」であることは確実といえる。同氏によると神は「荒い神だからなだめるために祀る」と語っているのも，それを裏付けている。

12) 特殊化した技術とそれに伴う儀礼が，単なる家伝でなく他人にかくす秘伝的な傾向は Nootka にも形跡がある（Drucker, 1951 : 273）が，アイヌではそれは家伝的ではあったが秘伝的ではなかったといえる。

## II 階層化狩猟採集社会：北洋沿岸民族例

13) ティパイ族の主食は植物性（acorn as staple）で，動物は二義的食物であった（小動物特に rodents が重要，その他に魚）。ただし acorn 採取は男女の協同作業であって，北方系狩猟採集民一般と同様に，依然として男が主食供給者たる点に変りはない。この点が植物主食型南方（熱帯系）狩猟採集民と違う。

14) 現今の人類学で Hunter-Gatherers といえば，それは band type 即ち nomadic なグループを意味し，定住的なグループは Hunter-Gatherer-Fisherman または Sedentary Fishermen と呼ばれ，前者と区別されている。しかしこの2分法 dichotomy には種々の不都合がある。何故なら問題の両カテゴリーは，住居の安定度 (Watanabe, 1968; 本書II-(1))と漁撈の重要性（渡辺, 1978）のいずれからみても，変異のスペクトルの両極端を占めるものであって，実際にはその両者の間に分類のギャップがあり，そこに含まれるべき多数の中間型グループが切り捨てられているからである。また後者 (H.-G.-F.) は band level を超えるものとして原始的農耕民とともに chiefdom 乃至 tribe のカテゴリーに一括分類されているが，実は農耕民とは同列視できない構造的差異（例：community member の安定度）があるようにみえる。以上の視点から筆者は社会生態学的基準にもとづく，より包括的な新分類システムを提案した。それがここ（本書）に示した分類システムである。

15) 知識と技能の個人差は狩猟採集民一般に認められるが，これは質的差異というよりむしろ量的差異（程度の差異）といえる。それが定住的階層化社会では，生業分化によってその差が一段と増幅され，質的差異（垂直的即ち階層的格差）にまで発達し，知識と技能の特殊化へと導いたと考えられる。

16) 身体装飾用として広く流通した交易品にガラス製ビーズ glass beads があるが，これはデンタリウム貝のような希少品・高級品ではなく，むしろ並みの品として扱われた。例えばヌートカ族の女性は成人式後髪飾り hair ornaments を着けるが，それはその女の家族の階層によって立派さがちがう。高位の首長 high-rank chief の長女の場合はヤギの毛糸に通したデンタリヤ貝の長いペンダントであるが，平民 commoners の娘の場合はイラクサかスギ皮製の普通の糸にとおした交易品のビーズであった (Drucker, 1951: 139)。ガラス・ビーズ

は非階層化狩猟採集民にも広く利用された。

(19頁の補註)
　冬家—夏家間の距離にはかなりの変異があり (Watanabe, 1966：723)，最短の場合は両者が同一地点（同集落）に在る (ibid.：723; Nelson, 1899：PL. 82)。

# III 階層化狩猟採集社会:構造モデル

　以上に述べた事実を綜合すると,北太平洋沿岸狩猟採集民の地域社会に関して,第4図に示したような諸関係のネットワークを抽出することができる。これが彼等の社会に共通する社会構造図式であって,考古学的に手掛かりの得られそうな構造要素を追求した結果,第4図に示したような北洋沿岸型モデル(三角形構造モデル)が得られた。次にこの構造の各部について図の番号順に解説を加えることにする。各部の解説は前述の説明の要約にとどめ,詳細については前述概当項の説明にゆずる。

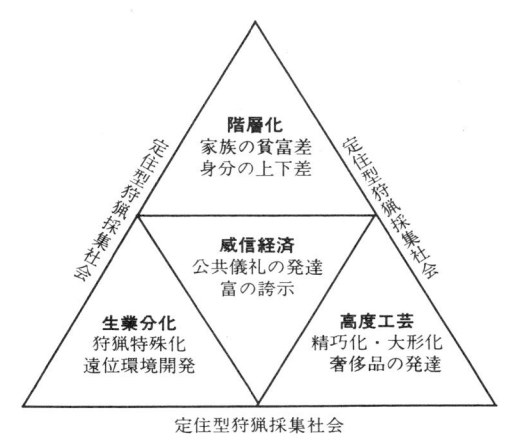

```
              階層化
           家族の貧富差
           身分の上下差

    定住型狩猟採集社会      定住型狩猟採集社会

              威信経済
           公共儀礼の発達
              富の誇示

      生業分化          高度工芸
     狩猟特殊化        精巧化・大形化
    遠位環境開発        奢侈品の発達

              定住型狩猟採集社会
```

**第4図　階層化狩猟採集社会の社会構造図式**
(北洋沿岸型構造モデル)

## 1 生業分化

　北洋沿岸狩猟採集民は非狩猟者許容社会である点で，他の一般狩猟採集民と根本的に異るものとして区別することができる。これは彼等の社会の特徴として注目されてきた階層化現象を説明する根本要因として筆者が指摘してきた点である(Watanabe, 1983; 1988a ; 渡辺，1988c)。一般狩猟採集民はそれと違って，万人狩猟者制社会であって，男は大形獣狩猟者たるべく義務づけられ，正規の社会人としてはそれ以外の撰択はあり得ない。それに対して北太平洋沿岸狩猟採集民では，大形獣の狩猟が成人男子全員の義務となっていない。つまりそこでは成人男子が非大形獣狩猟者として生計をたてる途が開かれていたのである。これは動物性食品を大形獣猟に頼らなくても，遡河産卵性魚類をはじめとする各種水産物と齧歯類その他の陸棲小動物類で生活することができ，またそれらを年中しかも比較的容易に獲得できるという生態的条件が存在したからである。これには天然資源（環境）と技術（人間）の両要因が関係する[1]。そこで当地の地域社会には，大形獣猟の伝統を守る狩猟系家族 hunting oriented families と大形獣猟に従事しない漁撈系家族 fishing oriented families とが併存した。これが生業分化の現象である。

## 2 階層化

　男子の生業分化によって生じた，生業形態の異なる 2 種の家族——狩猟系家族と漁撈系家族——は地域社会内部で上下の階

## III 階層化狩猟採集社会：構造モデル

層を形成した。これが階層化 social stratification である。この階層区分の共通基準は富の性質と身分の格差である。

北太平洋沿岸の生業分化社会では一般に狩猟系家族が上部階層を，漁撈系家族が下部階層を形成する。以上は自由人の階層であるが，これ以外に社会の最下層として一般に所謂奴隷がある。これは文明社会の奴隷と違って，非閉鎖的階層であって，一般的にむしろ下婢・下僕の類といえる。

狩猟系家族を最上位とする格付けは，基本的には狩猟至上主義ともいうべき狩猟社会のイデオロギーにもとづいているが，具体的には高い威信を伴う高貴な仕事（特殊化狩猟，集団儀礼，遠距離交易等）に由来する身分の格差と，そのような仕事から由来する富の格差による。

彼等の狩猟や交易は，日用必需品よりも富と威信のための活動として特殊化されているのが特色である（捕鯨，クマ猟，Dentarium 貝殻交易等）。

自由人の上部階層が上述の狩猟系の人々即ち富者であるのに対して，下部階層をなすのが貧者としての漁撈系の人々である。しかし貧者といっても，階層未分化の北方系狩猟採集民と違って，飢えているわけではない。これは北西海岸（Underhill, 1953：158）は勿論，アリュート族（Laughlin, 1980：45）にまで通用する。彼等は上層者にくらべて衣食住ともに貧しく，上層者のような富を持たないのが特色である。それに対して上部階層者（富者）は下部階層者（貧者）の持たないもの——財宝乃至権利[2]を持つ。そこで両者の富の間には程度（量）の差を超えた質的な格差がある。

65

## 3 技術・工芸の高度化

その富者の富 wealth のうち眼にみえるのが財宝である。富者の財宝は，高い身分のシンボルであると同時に威信（名声）prestige を確保しあるいは高めるための手段，即ち威信獲得用品 prestige goods であって，それは一般に奢侈品 luxuries の類である（儀式・供宴用品，家具，身装品等）。彼等の奢侈品と実用品との間には大略次のような差異がある。

奢侈品：精巧品　輸入品　特別品
実用品：粗製品　現地製　普通品

そこでこの種の社会の工芸品は，種類が多様なだけでなく，技巧と出来栄えの精粗差・優劣差の幅が極めて大きいのが特徴である。

富者即ち上層者は，その威信を確保しあるいは高めるために，そのような奢侈品の獲得が，必須でありまた多少とも競争的に行われた。このような競争的需要が奢侈的工芸品の現地製造と輸入即ち通民族的交易乃至遠距離交易を発達させた。

彼等の奢侈的工芸品は，(1)精巧あるいは複雑な装飾を伴うもの，(2)大型で豪華なもの，(3)素材が稀少なもの，に大別できる。これで解るように，階層化狩猟採集民の工芸は精緻化・大型化と，稀少価値の追求が特色である。また木工と建築・土木技術で代表されるように技術も大型化を示している。このような技術・工芸の高度化——精緻化・大型化——は，経済的余裕即ち生活必需物資の獲得以外の活動に割くことのできる時間と労力のゆとりが充分にある社会，狩猟採集民社会では生業分

化にもとづく階層化社会のみに可能で実在する現象であって，階層未分化即ち生業未分化の一般的狩猟採集社会には認められない。

## 4 威信経済

威信経済 prestige economy とは威信（名声）の獲得を主な誘因 incentive とする物質的欲求充足行動である。一般的狩猟採集民の経済は，生存の維持，そのための生活必需品の獲得を基本的誘因とするが，階層化狩猟採集民ではそのような生存維持経済 subsistence economy のレベルを超えて，余剰生産にもとづく威信経済が発展した[3]。その生産面を代表するのが北西海岸では捕鯨，アイヌ族やギリヤーク族ではクマ猟であり，その消費面を代表するのが北西海岸ではポトラッチ potlatch (Oberg, 1973：116-128)であり，アイヌ族やギリヤーク族ではクマ祭り（渡辺，1964a；Black, 1973）である。このように威信経済には高度に組織化された浪費的儀礼を伴っている。そしてこの儀礼システムの管理・運営者が地域社会の上部階層者（狩猟系家族）であって，儀礼の場が彼等の財宝——威信獲得用品を誇示する場となっている。それ故，階層化社会では，どこでもその社会の工芸品の最高品は儀礼用品か儀礼関係品となっているのが通例である。狩猟採集民に限らず未開社会ではどこでも，最高の芸術的価値をもつ物品は儀礼関係品といえるが，就中階層化狩猟採集民では，定住性と威信経済によって，特に工芸が発展したといえる。

威信経済に伴う儀礼は，ポトラッチもクマ祭もいずれも莫大

な消費を伴うが，漁撈中心の食物経済による余剰生産によってそれがまかなわれている。クマ祭もポトラッチと同じく，盛大であるほど，また回数が多いほど，人々から尊敬を受け名声が高まることになる（渡辺, 1964a; 西鶴 1942 : 135）。この誘因によって更にクマ猟を行いクマ祭を行うことになる。かくしてクマ祭やポトラッチは，その人々の社会経済の原動力ともいうべき機能をはたしている。以上のように，浪費的儀礼を原動力とする威信経済が，生産分化と階層化ならびに技術・工芸の高度化を支えていることが解る。

階層化狩猟採集社会における奢侈品 luxuries の発展——物質文化の発展は，一方では上述のように，威信獲得用品 prestige goods への需要とそれを促進する威信経済によるが，それ以外にもその発展に関する不可欠の基本的要因がある。それが定住生活である。この条件なしに北洋沿岸型高度狩猟採集文化は存在し得ない。

## 5 水産経済依存型定住生活

北太平洋沿岸の狩猟採集民は定住生活を営む点で特異である。この定住パターンには，住居が季節的に移転するかどうか，また季節的移転の場合転住地（転住集落）が単数か複数かによって若干のサブタイプがあるが，いずれにせよ年中恒久住居に住むという点で定住的 sedentary といえる（Watanabe, 1986 : 235-238）。

この定住生活は，環境条件に対する適応の結果であって，その根本要因は主要食物資源の獲得場所が年によって変動するこ

III 階層化狩猟採集社会：構造モデル

となく一定していることによる[4]。

定住生活は階層化狩猟採集社会にとって必要条件ではあるが充分条件ではない。彼等の定住生活は，水産物依存型食物経済に基づく定住であることが不可欠充分条件である。彼等の階層化社会は，そのような水産経済依存型定住生活によって，はじめて可能であった。何故ならその社会構造は，生業分化（漁撈系家族の分化）と富の分化（特に工芸品の質的量的発展）の両者をバックボーンとしているからである。

北太平洋沿岸猟漁民を通じて共通する食物資源の主なものは鮭鱒を中心とする海産物（貝類，海草類を含む）であるが，地域によってはアザラシの如き海獣やシカの如き陸獣も重要性をもつ。冷温帯から寒帯にかけての猟漁採集民の主食は動物性（陸獣，海獣，魚（介）類）であるが，北太平洋沿岸では特に魚介類の比重が大きく，地域によってはそれが圧倒的で「魚喰い」ichthyophagous とさえ記載されている（例えばギリヤーク族等）。これほど魚食性が強い——換言すると魚介類への食性の特殊化が進んだ地域は，現生狩猟採集民では北太平洋沿岸以外にみあたらない（渡辺，1978；渡辺，1988b：333-352）。

北洋沿岸一帯の水産物の豊富性と一年を通じての入手の容易性が大形獣猟に依存しない生計様式を可能にし，これが地域社会の構成家族に生計様式の撰択を許容した。その結果この地帯では，同一地域社会内に生計様式の異る2種の家族——狩猟系家族（男が大形獣狩猟・漁撈の双方に関与）と漁撈系家族（男は漁撈者で非（大形獣）猟者）の2群が生じている。生業分化がそれである（詳細は先述）。

69

## 総　括

（1）　階層化と富の分化（経済的分化）の関係は，少くとも北西海岸に関して今までにも論じられてきたが，富の分化がいかにして起るのか，それがいかにして階層形成につながるのか——このようなプロセスの問題はこれまで殆ど不問乃至不明のままにされてきた。

（2）　それに対して筆者は上記両者を結びつける要因として「生業分化」を指摘した。男の生業の分化によって，狩猟者（正規の狩猟伝統継承者）と非狩猟者（無資格者）の区別が生じ，狩猟が富と威信の源泉となったことによって狩猟者系家族と非狩猟者系家族の間に貴賤差（上下階層差）と富の分化（貧富差）を生じた。このように生業分化（I）と階層化（II）と富の分化——貧富差——技術・工芸の高度化（III）の間には直接且つ密接な関係がある。

（3）　この3者——構造要素（I）〜（III）——はさらに中心的要素即ち威信経済（IV）によって統合されている。これが北洋岸狩猟採集社会の三角形構造モデルである（第4図）。なおこの構造は水産経済依存型定住生活（V）の上に成立し維持されている。つまりそれが階層化狩猟採集社会を支える基本的生態的条件といえる。

（4）　この構造モデルは，考古学への適用を考慮して，物質的側面との接点の抽出につとめたつもりである。このモデルをガイドラインとして以下に縄文社会の検証を試みたい。

## 註

1) 狩猟採集民レベルの技術の場合，一般的に漁撈が狩猟よりも容易なことは漁撈システムのハードウエアとソフトウエアへの可分性が狩猟のそれより大きいことによる。詳細は渡辺，1988c：6—7参照。
2) 猟漁採取（資源開発）の場所の使用権 usufruct，祭祀場，儀式用具等物件の管理権 custodianship 等をふくむ。
3) このような余剰物資の乏しい一般（非階層化）狩猟採集民の社会を支配するのは，所謂平等主義 egalitarianism とそれにもとづく分配制であって，能力の優劣はあっても職業の格差（技術・儀礼の差，活動領域と知識の差等を伴う）はなく，したがって身分の上下・貴賤もなく，経済的格差（貧富差）もないから，そのような社会に威信経済は必要もなく成り立たない。
4) 獲得場所が一定とは，遊動式猟漁具による猟漁場が一定の場合（サケの産卵場の場合等）と設置式猟漁具による猟漁場が一定の場合（築漁場，仕掛弓猟場の場合等）の双方をふくむ。

# IV 縄文式階層化社会

## 1 生業分化(狩猟の特殊化)

　縄文社会には，男の職業が誰でも無差別・同等に狩猟者であった（万人狩猟者制）とは見なし難い点がある。それを代表するのがクマ猟とカジキ漁である。

### a クマ猟(大形肉食獣猟)

　縄文期遺跡では，殆ど全国的に各地からクマ（ツキノワグマ）の出土が報告されている（酒詰，1961：228-229, 234；金子，1983：92-93；宮尾・西沢，1985：35）。その出土例数（頻度）からみると，そのクマ猟が偶発的あるいは出会えば猟るという程度の消極的な狩猟（大形獣狩猟の最原初的パターン——実例セマン族，渡辺，1978：118）ではなく，積極的・本格的狩猟行動の結果であるようにみえる。つまり既知遺跡からの出土状況からみると，狩猟形跡が山間地だけでなく海岸部乃至貝塚遺跡まで及んでいること，また犬歯（牙）の加工品の需要がそれ以上かなり広汎に認められること等から，クマ猟は本格的な確立された伝統として広く分布し受けつがれていたことが暗示される。特に山間地ではかなり集中的（intensive）に行われた形跡がある。長野県栃原岩陰遺跡（宮尾・西沢，1985）と新潟県室谷洞穴遺跡（金子，1983）はその代表である。クマの出土例が，山間地遺跡の中でも特に多い例として挙げられている上記の室谷

洞穴では，ツキノワグマがカモシカと並ぶ主体獣とされている（金子，1983：92）。ツキノワグマとカモシカを主体とする狩猟パターンは朝日連峰の懐に位置する新潟県三面の猟師（マタギ）の狩猟パターン（三面，伊藤達二郎老，小池健吉老，両氏談，筆者記録，1964）と同じである。

　槍乃至弓矢によるクマ猟は北方狩猟採集民の間でも最も危険且つ困難な狩猟とされる。従ってクマ猟者は最高の伝統的技術・儀礼を身につけた第1級の猟師であって，それ故に成功者は高い尊敬を受けた。つまり大形肉食獣への挑戦であるクマ猟は，北方の狩猟民の間で一様に他の獣類の狩猟とは質的に違った別格の狩猟として扱われている。例えば北米北西海岸では，クマ猟者は専門化し，その技術・儀礼は秘伝として伝えられた（Drucker, 1955：142）。クマ皮の衣服は富者と捕鯨者の専用であった（Underhill, 1953：118）。ギリヤーク族では，クマは狩猟の重要な対象で，しかもその狩猟は生計用よりも主として宗教・儀礼的理由から行われた。何故ならクマは山と森の主だからである。また最も熟達した猟者達は槍でクマ猟を行った（Black, 1973：25, 49）。彼等のクマ猟期は秋から冬にかけてであって，秋はサケを獲りに河川に来るクマを弓矢か鉄砲で獲り，冬は穴で冬眠するクマを槍で獲った（Levin and Potapov, 1964：770）。アイヌ族においても，クマ猟はクマ祭と一体となって，彼等の伝統的文化・社会の中核を形成し，男子の最高の職業とみなされた（渡辺，1964a，1972b）。

　室谷洞穴の縄文狩猟者達もまた当時の社会として最高度の専門的狩猟システムを身につけた第1級の狩猟者であったことは

間違いなかろう。それに北方民は生態的にも生理的にも動物食が主食として重要であって，男がその主要供給者として捕獲に専念する (渡辺, 1978 : 134-135; 1988b)。その場合北方民の狩猟は計画的であって，生産効率から目標を定め，その動物種の生態に応じた時期と場所を選んで行動している。そこでクマのような大形肉食獣は一般の北方系狩猟民では季節的狩猟の表向き (計画的) 対象にはなっていない。彼等は獲ることはあってもそれは偶発的ともいうべき行動である。それと対照的なのが北洋岸の階層化狩猟民であって，彼等はクマを季節的狩猟計画の正規の対象の一つとしているが，彼等の場合もクマ猟の基本的動機は食物ではない。彼等があえてクマ猟を正規の正業の一部とするのは，それが威信経済を中核とする階層制社会の維持に必須の役割を持つからにほかならない。

室谷洞穴の縄文狩猟者達が，クマのように危険でしかも食物生産効率のよくない獲物に集中できた背景には，経済的余裕の存在が暗示される。彼等が，北方の一般的即ち非階層化狩猟採集民のように，自らの食物の獲得に手一杯の人々であったとしたら，クマのように危険でしかも分散的な獲物を敢て探し求めるような暇も労力もなかったはずである。現生北方民の間でさえも最も高度な専門的狩猟 specialized hunting とされるクマ猟が，縄文人の間で社会に根づいた伝統的行動となっていたことは，狩猟の特殊化 (専門化) specialization が起っていたこと，即ち狩猟系家族と非狩猟系家族の分化した地域社会 community があったことのあかしともいえる。但しこの分化は，狩猟の特殊化だけでなく，それを許容する条件として，狩猟以

外で生計をたてる非狩猟型生計パターンが可能かどうかにかかっているが，縄文人の場合は，次項で説明するように，その環境条件も充たされていたとみることができる。非狩猟型家族とは具体的には漁撈系家族即ち男が漁撈中心で自主的な大形獣猟を行わない家族[1]である。植物は狩猟系と漁撈系も問わず，女・子供の分担であるが，小動物は女・子供の他に男も獲る。またこれは大形獣と違って老人にも獲れる点が生態的利点である。

### b 環境条件

縄文人の漁撈技術の発展は貝塚遺跡の分布とその遺物の状況をみれば明らかである（渡辺(誠), 1973a; 金子・忍沢 1986; 西本 1984)。それをみると，彼等の開発した環境と資源の多様性，それに対応する漁具の多様性と特殊化が解り，またそれによって彼等の漁撈システムが，狩猟採集民としていかに複雑で高度なものであったかが推察できる。また少くとも彼等貝塚人は殆ど四季を問わない水産物(魚介)利用システムを確立していたようにみえる(小池, 1980；樋泉, 1989；西本, 1984；1985)。以上は貝塚人即ち海岸部住民の実態であるが，北方系狩猟採集民についての筆者の知見によれば，同一民族の場合，河川下流部（海岸部）と上流部（内陸部）との間で，技術体系としての漁撈のレベルがそれほど違うということはない。例えばアイヌの実態でもそうである（渡辺, 1954)。アイヌに限らず殆どの地域の狩猟採集民においても，河川流域居住の場合は，同一水系の上流―下流間（内陸―海岸間）で，交易と訪問を通じて絶えまない物資と情報の交流が存在している（渡辺仁「文化領域と生態領域：内陸と海岸の分化」

国立民博，北方狩猟採集民研究会例会発表，1982年6月）。以上の事情からみて，縄文人の場合も同様に，少くとも同一地域内では，貝塚人（海岸部）と非貝塚人（内陸部）の間に漁撈システムのレベルの上で大差があったとはみえない。つまり内水面漁撈も貝塚周辺漁撈と同様（平行的）に発達し，時間的・空間的に効果的な多角的開発が実施されていたと解することができる。

縄文人の食物資源の種類について，遺跡出土の標本の不足分は現生種の分布から推定できる。内陸資源としては，大形獣以外にいかなる動物があるか——大形獣を獲らないで生きてゆけるかどうかを確かめる一助として，きわめてありきたりの小動物類を列挙してみると次の通りである[2]。

**魚類** サケ・マス類ではサケ（アキアジ）とサクラマス（遺跡出土状況については松井，1985a：表3参照）（日本の現生種分布についてはWatanabe, 1986：Fig. 8参照）をはじめとして，陸封型のヤマベ（ヤマメ），アマゴ，イワナ等があり，またサケ・マス類の近縁で比較的低地性のアユがある。他にも極めて一般的なものとして，コイ類（コイ，フナ，ウグイ，タナゴ，ドジョウ），ナマズ，ウナギ等を挙げることができる。サケとサクラマス以外は概して小形であるが，これらは網や筌・簗その他設置漁具等を使用することによって容易且つ効果的に獲ることができる。その程度の漁具・漁法は，貝塚人の海漁の技術レベルの実態から推して，内陸縄文人にも充分期待し得るものである。因に内陸部貝塚の一例として貝鳥貝塚（岩手県）を挙げると，「本貝塚での主体的な魚類はフナで，それにウナギが加えられて，漁撈の主要な対象となっていた。これは

IV 縄文式階層化社会

後期以降晩期に至るまで変っていない。」(草間・金子，1971：211)，これは内陸部で，このような小魚類がいかに重要な役割を果たしたかを示す重要なデータといえる。また「このフナの漁獲は殆んど周年にわたって行うことができたと思うのであるが，……産卵期をひかえて……浅場へ移動してくるフナは，おそらく手づかみでも捕れたものと思う。……本貝塚で釣針の少いのは，あまり必要としなかったからと思う。……フナやウナギは泥底の河川（本流よりむしろそのたまり）沼沢に多い。……泥底をすみかとする魚には筌「ウケ」・「ドウ」を使用することも効果的であり，また「篠漬け」「しいっぱ」という笹の葉の束を沈めて，そこにつく小さいウナギ，エビを捕るやり方も原始的な漁法として興味深い」（同上：211）としているが，これは淡水小魚類がいかにとり易いかを如実に示している。筆者自身もラオス（インドシナ）調査（1975）の折に，メコン河支流の農村の婦女子が「たも網」一つでいとも容易にその日の糧を獲る様子を実見し，また家々の軒端に置かれた竹製筌の類をみて，淡水小魚類の日常生活上の重要性を痛感した。因に彼等の間では，女性（主婦と年長未婚子女等）は，農作業の合間に親子や隣人と連れだって，その日のおかずとり——野生植物採取，カエル・タニシ・サワガニ・小魚等の捕獲——をする。また男は農作業のかたわら，竹製罠を仕掛けて野ネズミ等の小動物を獲る。

大形獣狩猟民即ち万人狩猟制社会（非階層化狩猟採集社会）では，男は壮年の間，つまり体力のピーク期には遠出をして大形獣猟に専念するが，未成年時代と老年になって狩猟の第一線

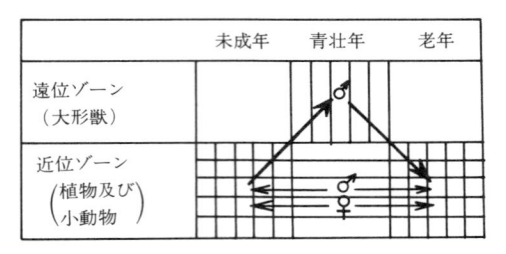

縄文式階層化社会と土器の社会的機能

|  | 未成年 | 青壮年 | 老年 |
|---|---|---|---|
| 遠位ゾーン<br>（大形獣） | | ♂ | |
| 近位ゾーン<br>（植物及び<br>小動物） | | ☿<br>♀ | |

**第5図 生計活動のライフサイクル** 階層化狩猟採集社会の場合．男子の生業分化（大型獣猟者／非狩猟者）をしめす（非階層化社会の場合については付論2の第6図を比較参照）．

から退いた後は，女・子供と同様に，住居（集落）の近傍で小動物猟や植物採取に従事する。つまり開発環境ゾーンがライフ・サイクルに応じて変化する（渡辺，1981d）（付論2の第6図参照）。

それに対して大形獣が男子全成人の義務となっていない狩猟採集社会（非狩猟者許容社会）があって，このタイプの社会では，壮年の男でも，自由意志によって，大形獣狩猟には従事せず，容易で確実な小動物の猟漁に専従することが認められる。つまりこの社会では，万人狩猟者制社会とはちがって，男は大形獣狩猟者となるか，非大形獣狩猟者（女・子供・老人と同様の小動物猟漁者）となるか，好みと能力に応じて生き方（生業）を撰択することができる。これが信仰・儀礼の分化と相伴って，階層を形成する。

陸産食用小動物で一般的なものを挙げると(1)ノウサギ，(2)リス，(3)ハタネズミ（以上齧歯類），(4)カエル，(5)ヘビ，(6)カメ，(7)イヌ等がある。(1)(2)は特に北方系狩猟採

## IV 縄文式階層化社会

集民に重要であり，(3)(4)(5)はアジア——特に東南アジア系狩猟採集民（及び農耕民）の動物性食品として現今も重要な役割を果たしている（Watanabe, 1969; 渡辺，1978; 118-119）（(1)(3)(5)については酒詰，1961，(6)については金子，1983参照）。貝鳥貝塚等東北地方の縄文貝塚では，ノウサギ，タヌキ，ムササビ等の小獣類が，比較的一般的な種類とされている（草間・金子，1971：214）が，これは小獣類が大形獣と相互補充関係にあって，きわめて重要な役割をはたしたことを示している。これまでの先史食物論議では，我が国だけでなく欧米等でも，大形獣 hunter 論ばかりで小動物が無視されてきたが，小動物はヒト化以来現代まで狩猟採集経済上みのがせない重要性がある（詳細別稿，Watanabe, 1985; 渡辺，1985b）。縄文人の食性についてもこの視点からの究明が必須である。何故なら既に述べてきたように，生業分化が問題となるからである。

以上の他に食餌 diet 全体としては植物も問題である。縄文人の食用植物資源も現代の本州山村の植物利用状況（関，1988：表7）からみると，種類に富み，採取可能時季も各種類については短いが分散的で，全体としてほぼ一年に亘る連続的利用の可能性を示唆している。冬期は現代日本でもアイヌでも植物採取はせず，専ら貯蔵品に頼るのが普通であるが，採取可能なものがないわけではない。北方民は各種樹皮（内皮）（渡辺，1972c：52-53; Watanabe, 1985：12）を救荒食または越冬食の一部として，またシダ類の根を救荒食とした（Watanabe, 1969：243）。これらは冬期でも採取できる植物食品である。

以上のように内水面も含めて縄文人の内陸資源は，大形獣を

除外してもなお極めて多種多様であって、しかも河川を中心にコンパクトに分布するので、それを中心とする一年を通じての多角的開発[3]が可能であることを示唆している。その地形とライフ・ゾーンの配列も北海道アイヌのそれと基本的に違わない（渡辺，1977：第2，5，6，7図）。要するに縄文人の居住地には、いつでも誰でも容易に手に入る各種の食物があったことは確かである。これは北洋岸の階層化狩猟採集民で明らかなように生業分化の基本的条件である。この環境条件を具えた縄文社会には生業分化の下地が充分にあったことが解る。（資源量は不明だが人口は差当り問わないのでここでは触れない）。

### c カジキ銛突漁

カジキはカジキ科の大型回遊魚で、カジキマグロなどとよばれるが、サバ科のマグロとは全く別種で、「口吻が槍の如く突出し、大なるものは体長1丈以上に達する」（山口，1964：159）。縄文人がこのカジキを漁獲したことは明らかである。彼等の貝塚からその骨格遺残が出土するからである。酒詰氏の報告によると、カジキ類出土遺跡数は、マカジキ（関東1）、メカジキ（関東1）、バショウカジキ（関東1）、カジキ類（種不明）（東北1，関東3）となっている。これは1961年刊のデータであるから、現今の既知遺跡数はこれを上回るものと思われる。いずれにせよ彼等がカジキ類を獲ったということは社会学的にはマグロ漁等以上に重要な事実といわねばならない。それは縄文人にとって陸のクマ猟に匹敵する社会的意味と価値のある仕事であったと考えられるからである。それについての結論を要約すると次のとおりである。

Ⅳ 縄文式階層化社会

(1) 縄文人のカジキ漁は, カジキの習性に見合って突ん棒式の銛漁であった。

(2) それは単なる生計上の経済的行動ではなく, 明かに威信を原動力とする経済活動であった。

(3) その高度に特殊化した技術的伝統を創り支えたのは階層化した地域社会の上部層即ち狩猟系の人々であったにちがいない。

以上の結論の根拠と理由は次のとおりである。

**(1)** カジキ類は本邦で獲れる外洋性大形回游魚の代表であって, マカジキ, メカジキ等がある。その漁法は現代産業としては突棒・延縄・定置網があるが, 網漁[4]はバショウカジキのように接岸性の強いものに対して沿岸で定置網の形で使われるだけであって, 一般の漁法は近代漁業でも突棒（銛突）と延縄に限られている（松原・落合, 1965：828-45）。カジキの延縄漁も比較的新しいと考えられる。それはカジキより小型で危険性も少ないマグロ類の延縄でさえも, 江戸後期に安房に始まり, その中心から西南方面と東北方面に伝播したものと考えられていて, 伊豆では開始が幕末, 土佐では伊豆から伝承とされている（山口, 1964：176）。

マグロ漁については, 古くから突棒の他に釣り漁も行われたことが確かで, 『古事記』にシビ突きが記され, 『万葉集』にシビ突きとシビ釣りが詠まれていることから, 古代の我が国ではマグロは突くか釣るかしたようだと漁業史家はみている（山口, 同上書：156)[5]。

81

縄文式階層化社会と土器の社会的機能

　それに対してカジキは，江戸時代に於ても銛で漁獲されている[6]。「カジキは特に飛躍する性質があるので，網や釣では漁獲に困難だったからである」（山口，1964：177）。

　カジキが釣漁に不適な理由の一つはその「鉤はずし」行動（上記の飛躍習性）である。即ち鉤にかかったカジキが全力をだして突っ走り，水面に跳びあがり体を横にして水面に落下して鉤をはずそうとする習性である（内田，1968：129，図3）。また体が巨大（最大長バショウカジキ3m,マカジキ4m,300kg,メカジキ4.5m,1200ポンド）（松原・落合，1964：830-832）な上に，口吻が剣のように鋭く突出していて，これで小船を突き通し，船内の漁夫を殺すことさえある（内田，1968：129）から，原始的な舟による原始的な釣り漁は不適あるいは困難なだけでなく不慮の危険さえ伴う。

　その一方でカジキには銛漁に適した習性がある。それは背鰭を海面上に出して泳ぐ習性である（内田，1968：129）。どの漁法でも成功の第一要因は目指す魚との出会いである。網漁も釣漁も，先ずその確率の点で大きなリスクがあるが，銛漁は目標を眼でとらえる点で確実である。以上のような事情から，カジキ類は，江戸時代でさえも網や釣でなく，銛で突いて獲ったのである（山口，1964：177）。北海道アイヌも先述の通りカジキ漁を行ったが，その方法は網や釣でなく専ら銛突きであった（詳細はWatanabe, 1972 (1973)：146-147; 渡辺他1983：10-17）。

　縄文人の漁具・漁法は，遺物の性状からみて，狩猟採集民としては格段に発達したものと解することができるが，江戸時代和人や近代アイヌより以上に発達していたとは解し難い。そこ

で上記の事実から，縄文人のカジキ漁は江戸時代和人並びにアイヌと同様に，銛突きであったと推定できる。

(2) 縄文人のカジキ漁が丸木舟による銛突き漁であったことは上述の通りであるが，これがいかに危険に充ちた冒険的作業であったか——これはアイヌの同種カジキ漁をみれば解る。そこで問題は，縄文人が，そのような危険と困難を冒してまで獲物を求め獲ったのは何故か——その誘因は何かということである。しかも更に問題なのは求める獲物は必需の食物ではないという点である。食べなくても済む食物（魚類資源）を獲るのに生命をも賭けるのは何故か——それほどまでのカジキ漁には一体いかなる価値があったのであろうか。これもアイヌのカジキ漁からみて，単なる生計活動 subsistence activity ではなく，一種の威信獲得活動 prestige-seeking activity であったことが解る。いいかえると縄文人のカジキ漁は彼等の威信経済の一つのシンボルといえる。

この帰結の根拠となる上述の危険性と非経済性について以下に説明する。

カジキ漁の危険性。丸木舟程度の手漕ぎ小舟によるカジキ漁には多大の危険が伴っている。先ず突棒漁（和式）を見ると，その要領は，カジキが極めて敏感な魚なので，その正面にまわりこんで眼をねらって突くこととされている（松原・落合，1965：845）。アイヌの銛突漁でも同様で，カジキは前方が見えないので，先回りして頭の方から近づき，鋭い角（吻）が舟に突きささらないように，直前で右に進路をそらしながら，銛をカジキの腹部に射ちこむ（渡辺他，1983：13-15）。アイヌも言っ

ているように，カジキは吻が槍乃至剣のように鋭く突き出していて，これで小舟を突き通し，船内の漁夫を殺すことがある（内田，1968：129）（白老町教育委，年号欠：6，メカジキの頭部写真）から，丸木舟のような小舟で挑戦するのは決死的ともいえる。また，銛が命中すると，「鈎はずし」（海面跳躍）行動はないが，その代りに魚が海中深く遁走するので銛縄を操り出す（山口，1961：178）。しかし銛縄が一杯になると舟ごと海上をひきずられることになる。アイヌは銛の刺さったカジキが暴れることを，クマ祭で曳きまわされるクマが花矢で射られて暴れまわる動作を表わすのと同じ言葉で「シノッテ」（遊ばせる）と呼んでいる（渡辺他，1985：19）。やがて獲物が弱るのを待って引き揚げるが，アイヌによると，それまでに1〜2時間もかかることがあり，獲物に引かれて舟が転覆しないように装備を舟の反対側に寄せかけて錘にした（渡辺他，1983：15）。

　以上のような銛投げと獲物の回収作業の危険性の他に，丸木舟による外海出漁の危険性が大きい。竜骨 keel もなく舷外浮舟 outrigger もついていない丸木舟がいかに荒天と高波に弱いか，またそれによる転覆を防ぐためにいかに技倆を要するかは，北西海岸トリンギット族の記述で明かである。また丸木舟はバランスが悪いので，小型カヌーの場合は脚をなげ出すか膝をつく必要があり，大型カヌーの場合でも，船内で動きまわるには大きい用心が要る。それ故彼等は悪天の時外海に出る危険を冒したがらない（Krause, 1956：118）。

　アイヌのカジキ漁でも天候が重視され，「（出漁の）前晩は不眠で天候，殊に風を観た。命がけだ」といっている（片山カシ

ンデアシ老談話，渡辺仁記録，1952年12月）。カジキの漁場は外海で，丸木舟漁業では最も遠い漁場である。北海道太平洋岸アイヌの場合，海漁場としての海域を遠近2海域に区分し，遠い海域が沖漁 repa 用で，これがカジキ漁場であった。それは陸地からの距離が4～5里（鵡川地方，Watanabe, 1972 (73)：46-47) 乃至3～4里（静内地方，渡辺他，1984：43)，あるいは水深100～120尋から沖合に当る。本州方面の和船時代のカジキ漁場がどの程度の沖合であったかは手元の資料では不明だが，江戸時代のマグロ漁場についてみると，現代より遥かに岸に近く，遠くても10里程度，2～3里から5～6里の外海沖合が一般的で，特に近い場合は湾内（石巻）とか水深15～20尋，20町以内（肥前）等の例もある（山口，1964：164～177)。同時代のカジキ漁場（突棒）もそれより近かったとは考え難い。上記の数値はアイヌのカジキ漁場の数値と大差ないようにみえる。明治以後のマグロ漁場の遠隔化につれて遭難漁船が益々多くなったので，漁船の改良と大型化が進んだとされている（山口，1964：84)。これは小型漁船，特に丸木舟程度の不安定な小舟による外海出漁の危険性の高さを暗示するものといえよう。

(3) カジキ漁の非経済性

丸木舟によるカジキ漁は以上のような危険性の大きい冒険的な漁業であるだけでなく，生産性が低い点が問題である。つまり時間と労力がかかるが獲物は不確実でしかも量産は不可能ということである。時間と労力がかかる点は，先ず漁場が遠いことである。アイヌの各種漁法と漁場分布（Watanabe, 1972 (73)：145-146) をみても解るように，カジキ漁場は彼等の各種

漁場の中で最も遠く外側にある。また漁具の確保と維持も重要である。例えば銛縄だけでも 100 尋以上が必要である。アイヌによれば長さは海底にとどくくらい必要であって，（すべて植物繊維から手製した銛縄）30 尋のものを3〜5本つなぐという（渡辺他，1983：15）。

次に漁果であるが，アイヌでは，名人でさえ年に4〜5本獲れば大漁（渡辺他，1983：17）とか，毎日出漁したからといって獲物がある訳ではなく，2〜3日に1頭平均でとれればよい方（渡辺他，1983：12）等といわれている。アイヌのクマ猟 (Watanabe, 1972：37)，北西海岸インディアンのクジラ猟 (Drucker, 1951：49) の猟果も同様で，経済的重要性よりも威信上の価値 prestige value が大きい。

以上のように，時間と労力に対する漁獲量の関係からみると，縄文人のカジキ漁は，アイヌのそれと同様に，非経済的な生産活動であり，経済性よりも社会的意義の大きい行動とみなすことができる。またその行動につきまとう危険性を計算に入れると，彼等のカジキ漁の獲物は，アイヌの場合と同様に，極めて高価で特別な貴重品乃至贅沢品であったことになる．このような，実用性（経済性）よりも社会的意義の大きい，冒険的で勇壮 spectacular な，武器による大形動物の捕獲という行動は，北洋沿岸狩猟採集民では，アイヌのクマ猟とカジキ漁，あるいは北西海岸インディアンのクジラ猟で代表されるように，経済的余裕（余剰生産）の産物であると同時に威信経済の基盤となっている。この事実からみると，縄文人のカジキ漁もそれと基本的に同様の機能を果したものとみなされる。

Ⅳ 縄文式階層化社会

**(4) カジキ漁の特殊化と階層性**

カジキ漁が高度の綜合的技術システムであることはアイヌを見れば解る。それは単なる銛突きではなく，上記の事実から，明らかなように，気象・海象観測術（風浪・潮流を含む）をはじめ，漁撈術（魚類生態を含む），航海術（操船，位置測定等を含む）等から成る複雑な知的・技能的総合システムであって，彼等の地域社会でこれを実施した人々は成人男子の一部に限られていた。アイヌ古老によると，それは「山猟より恐ろしいから，余程の度胸あり腕（技倆）ある達者な者でないとやれない」という（片山カシンデアシ老談，渡辺仁記録，1952年）。またそれは「難かしい漁なので修業を要する」（渡辺他，1983：12）ともいわれる。鵡川チン・コタンでは，カジキ漁の伝統を伝え守った最後の家は3家族（三上ヌサンリル，三上レンガコロ，新井田ヤェレックル）であったが，いずれも同コタン古来の系統に属する同祖の父系親族 shine ekashiikir であって，クマ猟に特殊化した狩猟系家族（地域社会上部層）である（片山カシンデアシ氏談，同上）。北太平洋沿岸狩猟採集民に発達した前記のような複雑高度な特殊生業（クマ猟，カジキ漁，クジラ猟）は，すべて地域社会内の特定家系を通じて父子（乃至近親）相伝的に，あるいは秘密結社を通じて，選択的に特定家族に伝え維持されていた。そのような地域社会の高度伝統を管理・運営したのが各社会の上層を形成した富裕層―狩猟系家族である。

縄文人の社会に，先述したクマ猟と並んで，カジキ漁のような困難で勇壮な大形動物捕獲活動の伝統が存することは，上記

のような北洋岸狩猟採集民に示されるような大形動物捕獲の特殊化——即ち大形獣猟者と非狩猟者の分化とそれに基づく自由人の階層化を示唆する。何故なら後者（階層化）は前者（生業分化——男の職業分化）の必然的結果だからである。つまり狩猟者の家族（狩猟系家族）と非狩猟者の家族（非狩猟系家族——北洋岸では一般に漁撈系家族）とでは職業が違うだけでなく，経済的格差（貧富の差）が生じる。それは狩猟系家族が非狩猟系家族の持たない物——持ち得ないもの（基本的には大形動物——毛皮その他原料）を獲得する能力をもつからである。以上のような家族間の職業（生業）差とそれに伴う儀礼的・経済的格差が，単なる技能の優劣差を超えた，身分の上下差（貴賤差）を生みだすことになる。このような身分差は特に集団儀礼の場で明かになるが，日常生活の場では，社会によって必ずしも目立たない（第Ⅱ章註③参照）。これがⅡ章で詳述した北洋沿岸階層化狩猟採集民の構造的原理であるが，クマ猟とカジキ漁の存在によって大形動物獲得活動の特殊化が示唆される縄文社会にも，それと同様の構造的原理が働いたとみることができる。

### d　遠位環境開発と狩猟者層（上部階層）

以上は縄文社会のクマ猟とカジキ漁を代表とする大形動物捕獲活動についての概観であるが，これらの活動は個別ではなく，更に彼等の生活構造乃至生態系の一部として構造的な枠組の中で解釈し理解されなければならない。何故ならこのような活動は，北洋沿岸狩猟採集民では航洋交易等とともに，遠隔地開発活動としてすべて地域社会の上層者（狩猟系家族）の仕事となっていたからである。それに較べて漁撈（小形動物捕獲）中心

IV 縄文式階層化社会

の非狩猟系家族即ち平民乃至下層民の行動域は狭く，生活本拠home baseの周りに限られていた。この事情は北西海岸でもアイヌでも同様である (cf. Watanabe, 1983)。

以上のように，生業分化——狩猟系家族（大形～小形動物獲得）対非狩猟系家族（小形動物獲得）の分化が行動域の分化をもたらしている点，即ち同じ地域社会のメンバーでも家族によって（大形動物獲得を業とするかしないかによって）行動域の広狭格差が生じる点が重要である。

縄文人の環境開発実態を概観すると，その活動が彼等の環境のほぼ全面にわたっている様子である。先ず彼等の開発した食糧資源をみると，その種類の多様性だけでなく，その分布（生息地）の多様性が著しいことが解る（安楽，1985：372-398；金子，1983；19；河口，1985；43-50；栗野・永浜，1985：31-34；後藤，1985：23-30；酒詰，1961；岡，1988：松井，1985：56-62；1985a：39-67；宮尾，1985：35-38；渡辺(誠)，1973a)。次には縄文人の遺跡即ち活動痕跡の空間的分布の様相をみると，彼等がその環境を局部的でなく広く全面的に開発した形跡がみえる。例えば千曲川上流（長野県佐久郡）の縄文遺跡分布（八幡，1928）をみると，沖積低地を貫流する河川水域両岸の丘陵台地に集中し，居住の中心がその付近にあり，活動舞台がその水域を中心としたことを示唆している。また支流の沢や源流流域にも，散在的ではあるが，住居を示唆する遺跡地と石器のみを出土する遺跡がある。これら両者は沢沿いで数が少なく，後者は必ずしも流れに沿わず尾根や山腹にもあり数は前者に比してむしろ多い。これは生活本拠を示唆する河岸密集帯に対して，狩猟活動を主とす

る生態ゾーンであった可能性を示している。また沢沿いの住居はその根拠地としての小屋場の可能性がある。その辺りはまた，マスの遡上帯では産卵期の沢漁場の可能性も含まれる（渡辺，1964c：第8図）。この例は時期が特定されていないのが欠点だが，それにしても彼等の活動範囲が，河川を中心としてその両岸及び源流域の山地まで流域全般に及んだ形跡を示唆するに足るものといえよう。

　縄文人が彼等の環境をいかに全面的に開発したか，またいかに遠距離（乃至遠隔地）開発型であったかは，海域開発活動をみれば明らかである。各地の縄文式貝塚遺跡の出土遺物は，彼等が海域の各部分を，内湾や内海から外海まで，また海浜から沿岸（浅海），さらに沖合（深海）まで，各地の環境条件に応じて広汎に開発したことを示している（文献省略，前記文献参照）。特に中期以降の外洋性漁業（沖合漁）の発展（渡辺（誠），1973a：204-205）の事実は注目に値する。就中沖漁即ち遠位海域の開発活動が活発であったことは特筆に値する。

　以上のように縄文人の環境開発は，開発資源の多様性と分布（生息地）の多様性からみて，ほぼ全面的といえる。しかし全縄文人（成人）のすべてが等しくそれらの種類や分布地のすべてを開発したとは考えられない。開発資源の種類や分布ゾーンが，男女の性別や，年寄りか若者か年齢別によって異なることはいうまでもないが，縄文人の場合は，北西海岸やアイヌの場合のように，能力差（生業差乃至身分差）による開発ゾーンの格差が推定される。その根拠は，彼等の生活本拠──河川沿いの恒久的 home base──から遠い山地や外洋等の遠位ゾーン

## IV 縄文式階層化社会

の開発である。

そこで縄文人の環境開発パターンを，アイヌの生態と考古学的証拠にもとづいて復原しモデル化すると第6図及び第7図のようになる[7]（アイヌの生活環境の空間構造と開発活動の関係については Watanabe, 1972 (73); 渡辺，1964c; 1977; Watanabe, 1983 等参照のこと）。

縄文人のそのような遠位ゾーン開発活動の主なものはクマ猟，カジキ・マグロ漁，航洋交易であるが，これらの活動はいずれも複雑・高度の特殊化した活動であって，縄文人一般即ち普通人の追従を許さず，一括して一部の能力者の所業であったとみなさざるを得ない。それは，北洋沿岸一帯の狩猟採集民にみられるように，地域社会の高度伝統の保持者でありその指導者であった狩猟系男子層の所業とみられる。

縄文人の遠位環境帯の開発活動には近位帯の開発には欠ける特殊性がある。彼等の沖合漁を例にとると，それが沿岸漁（近位環境帯）と区別され注目される理由は3点ある。第1は，前述のカジキ漁のように，経済性よりも威信的価値が大きく重要とみられること，第2はマグロ漁のように，威信よりも経済的に重要ではあるが，奢侈的食品の追究活動であること[8]，第3は，他の漁撈活動にはない危険に満ちているだけに特殊且つ高度の綜合的技術，技倆が要求されることである。その他の遠位ゾーン開発活動――クマ猟や航洋交易等も以上と同類の活動といえる。

以上の特性を要約すると，彼等の遠位環境開発活動は威信的，奢侈的，冒険的活動といえる。狩猟採集民のこのような活動は

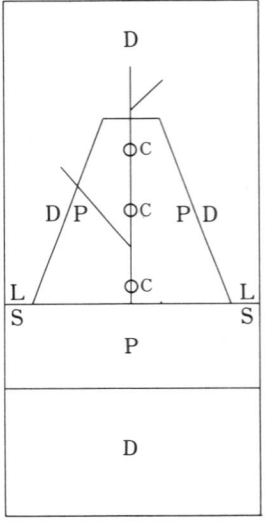

縄文式階層化社会と土器の社会的機能

**第6図 生活環境の空間構造：
生活圏の分類**（註7参照）

L 陸　　地
S 海　　洋
C 生活本拠
P 近位帯
D 遠位帯
Y 河　　川

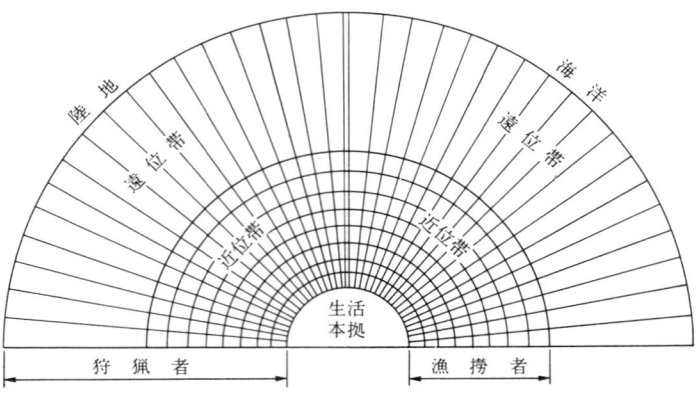

**第7図　生活環境の空間構造と
　　　　開発者の関係**

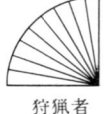

狩猟者
開発域

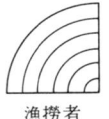

漁撈者
開発域

IV 縄文式階層化社会

ある程度の交換可能な食物余剰の生産(経済的余裕)なしには難しい。従って一般的狩猟採集民には類例をみない。いいかえると、彼等の遠位ゾーン開発活動は、Jacobs & Stern の原始経済分類システムのⅠb型経済 (Jacobs & Stern, 1948：126) の産物と解することができよう。彼等のそのような経済的基盤は、恐らくアイヌ (Watanabe, 1968：72; 渡辺, 1977：398-399) の場合と同様に、生活本拠をめぐる近位ゾーンの豊かな天然資源によって支えられたとみられる。その潜在的生産性を高度に開発・利用して、交換可能な余剰を生産し得た人々は、狩猟系家族―地域社会の生計システムの総体(猟・漁・採集)の伝統を維持した人々であって、その男達が、単なる近位ゾーンの開発にとどまらず、遠位ゾーンの開発活動に時間と労力を投入し、その発展に貢献したものと思われる。非狩猟系家族の男達は地域社会の狩猟伝統を身につけていない人々で、彼等は一般狩猟採集民社会の女性や子供等と同様に、魚捕り、小獣猟等近位ゾーンに限られた生計活動に従事したものと推定される(但し狩猟系の男子でも、加齢によって大形獣猟から引退すると、近位ゾーンに限られた開発者になる点に注意。渡辺, 1981a, d)。要するに地域社会の伝統の総体を支える人々とその一部を支える人々との2群への両極化、つまり地域社会の生計システムのソフトウエアの管理・運営者達とハードウエアの担当者達との2クラスへの階層化といえる。以上のように、生業の異なる男子の狩猟者群と非狩猟者群の間には、伝統と知識・経験に質的・量的格差があり、それによって前者は指導的役割を演じ、後者は被指導者―追従者層を形成した。また後者が毎日の生活

に手一杯であるのに対し，前者には経済的余裕があり，その技術的ノウハウと余暇と労力を彼等は遠位環境の開発をはじめ高度技術の実施に傾注した。これが彼等の富の源泉となって，後者との間に経済的格差即ち貧富差を生む結果となった。男の生業分化を伴う狩猟採集社会では，北洋沿岸でみるかぎり，狩猟者達がどこでも非狩猟者達より富裕であるのが通則である。この点は先に詳述した。縄文土器工芸の発展はその貧富差の一つのあらわれにほかならない。次にこれとの関連で，縄文社会における工芸の発達について述べる。

## 2　奢侈工芸：特殊化と高度化

技術乃至工芸の進歩の指標ともいうべき現象の一つが特殊化 specialization である。それも単なる特殊化（専門化）だけでなく，高度の特殊化（専門の高度化）という現象がある。縄文社会の技術・工芸には明らかにこのような特殊（専門）化——高度化の傾向がみえる。これは狩猟採集民には異例ともいうべき現象である。具体的にいえば，実用を離れた奢侈品乃至装飾品の類で，特に精巧なもの，装飾的なもの，大形のもの等普通でない特別のものが作られる状態がその証拠あるいは顕われといえる。縄文工芸の高度性はまたそのような製品の遠距離（地域間）流通（交易）の事実によっても示される。これは工芸の特殊化を示唆するだけでなく，非必需品経済——奢侈品の需要・供給システム——の発達をも暗示するものである。このような現象は一般狩猟採集民にはみることができない。つまりそれは先述（第Ⅲ章参照）したように，階層化狩猟採集社会特有

IV　縄文式階層化社会

の構造的現象である。

### a　土器工芸

　縄文式土器は縄文社会の工芸の特殊化を示す代表例といえる。問題の手掛かりは，伴出遺物群 assemblage 内部における縄文土器の装飾の高度変異性である。彼等の土器には無文と有文の差だけでなく，有文でも土器個体間に装飾（造形）の程度と性状について極めて大きい開き（工芸的水準の格差）があり，高度装飾土器の中には逸品あるいは優品 excellent articles, rare or unique articles, masterpieces とよばれるものから，異常発達現象 hypertrophy ともいうべき製品（勝坂式の例）まで含まれている。この点について縄文土器の専門研究者等は次のような見解を述べている。「世界の先史土器に比較して，縄文に次いで縄文土器を特徴づけるものは口縁の突起であろう，……中期に至ると小突起は少く，大型のものが主となり……甚だ雄大な，世界に類の少い口縁装飾を形成している」，「雄大な装飾把手と立体的文様とを駆使して，先史芸術が行きつく一つの頂点を形成したといえる中期の土器も，やがて平面的な後期の土器へと変化していったのであるが，その後期における装飾文様の最も特徴的な手法は擦消縄文であった。……時代と地方とを問わずに愛用された擦消縄文の発明こそは，縄文土器の製作者達が長い期間に亘って蓄積してきた技術の結晶であり，土器によって綴られた原始工芸発達史のなかの革新的な一つの出来事であった。縄文式後期の土器はかつて薄手式とよばれていたものがこれに当る，……器形の種類が著しく増加し，……粗製土器と精製土器とがはっきりした概念を与えられて分離する。

……各種の器形と装飾文様に盛られた斬新的なデザインは後期縄文式人が極めて独創的なアイデアの持主であったことを教えてくれる」（山内・甲野・江坂，1964：156, 167）。

以上のような縄文土器工芸の高度の発達は，最早単なる芸術学や型式学の問題ではなくて，社会生態学的問題としてとらえることができる。即ち工芸品 artistic crafts の精粗の差，普通品と特別品の格差がこれほど大きい社会，またこれほど大型で高度に装飾的乃至造形的な工芸品が盛行する社会は，狩猟採集民としては一般的でなく，特別条件の社会に限られる。第一条件は定住性，第2条件は経済的格差即ち貧富差の存在であって，この両条件を充たすのが階層化狩猟採集社会である（先述第III章構造モデル参照）。階層化社会では，上層者即ち狩猟系の人々が富者（富裕層）であり，富者は最高の装飾品，最良の工芸品の持ち主であるというのが通則である（先述第III章構造モデル参照）。階層化社会の上層者（大形獣狩猟者層）は上述のような特殊製品（「逸品」）を自ら製作するか，他人から入手することのできる経済的余裕（財力）をもつ人々である。そのような社会では，富者（上層者）は必ずしも自ら工芸品を作る必要はない。従って土器の場合でも，製作者よりも使用者——そのような物品を求め必要とした人々が問題であり，そのような製品の活発な需要・供給を支えた経済体制が問題である。それには単なる個人の富だけでなく，社会経済的な余裕が必要である。つまり社会が全体として余裕がなければならない。北方系狩猟採集民では階層化社会でなくても一般に，地域社会の首長が一般人に比較して富者である（比較的多くの必需品即ち食物と毛

IV 縄文式階層化社会

皮等を持つという意味で)(渡辺, 1984b:33-36; Watanabe, 1983:218)。しかしそれは飢える人々, 不運な人々を救うための必需物資, 1種の社会保険であって, その意味で彼等には, 一般人 commoners (followers) (平民) はもとより首長 chiefs, leaders にも経済的な余裕はない。そこには奢侈品の製作や獲物に費す充分の時間と労力もなく, またそのような物品と交換可能な余剰物資もない。これが一般的な非階層化狩猟採集民の共通情況である。それに対して階層化社会には経済的余裕——即ち交換可能な余剰物資がある。この経済的余裕——余剰生産は, 水産資源をはじめとする入手容易な資源の豊富さによるものであって, 貧しい者はあるが飢える者はないから, 力量ある者はその余力を, 飢えるものの救済の代りに余剰生産と伝統的文化(狩猟採集文化)の高度化に傾注することができた。また一方このような資源環境は大形獣猟を放棄した安易な生活様式を許容することになり, 狩猟即ち大形獣猟を全男子の義務としない社会, 即ち非狩猟者許容社会を出現させた(渡辺, 1988b: Watanabe, 1988)。地域社会内部での成人男子のこのような2極化の結果が富者(狩猟者)と貧者(非狩猟者)の分化であって, これが階層を形成した(富者と大形獣狩猟者の関係——富者と貧者の階層化原理については本書35-36頁参照)(渡辺, 1988b)。縄文土器の特殊化, 即ち一般的な粗製の普及品と数少い高級な装飾土器との両極分化は, そのような階層化社会の産物であり, 上部階層者の経済的ゆとりの産物にほかならない。

縄文土器の工芸的高度性は, 単なる装飾性乃至造形性ではな

く「焼きもの」である点である。土器作りは，粘土採掘，粘土調整，成形，乾燥，焼きあげの工程を含む複雑な物理―化学的プロセスであって，その意味で木・骨角・石等の工芸品とは根本的に異なる点が重要である (Scott, 1954; Hodges, 1964)。縄文人が土器工芸に異様なほどの情熱をかけたのは，威信経済による競争的需要の存在はいうまでもないが，それだけでなく，そのような需要を充たすにふさわしい対象があったからである。土器工芸は単なる素材工芸（木彫・骨彫の如き）とちがって錬金術に匹敵するほどの複雑・高度の物理・化学的工芸である。彼等は生業分化によって生じた社会経済的エネルギーの余剰をこのハイテクノロジーに傾注した。その結果が「世界に冠たる」とさえいわれる縄文土器工芸の発達であった。これは工芸性に対する競争的需要の強大さをも暗示している。

　縄文社会の工芸は，技芸の面だけでなく，産業としての面でも，一般狩猟採集民のレベルを超えた高度性を示している。それは製品の遠距離流通である。例えば，硬玉（翡翠）のように産地の限られた稀少材料の製品（大珠，玦状耳飾等）が縄文時代（主に中期以降）の日本各地に分布する事実は周知のとおりである（参考：賀川, 1974; 175-176; 渡辺（誠），1974）。また伊豆諸島産とされるオオツタノハ貝の貝輪が関東から東北にかけて分布する事実も注目に値する（林, 1986：103）。黒曜石等実用品とちがって，以上のような非実用的装飾品乃至奢侈品の遠距離流通網が設定されていたこと――特にオオツタノハ貝の場合のように航洋交易さえも行われていたことは，奢侈的・装飾的・非実用的工芸品の社会的重要性をあらわすものであって，

このような活動即ち遠位環境開発活動に従事したのは，既に述べたとおり（第Ⅳ章，（1）(d)），高度伝統をもち経済的余裕のある狩猟者層——地域社会の首長を中心とする富者達——を措いて他にはなかったと推定される。彼等の航洋交易等遠距離開発活動が縄文人の工芸と経済の発展を支える重要要因の一つとなっていたと考えられる[9]。

**b 身体装飾品工芸**

縄文社会には非実用的工芸 nonutilitarian craft 即ち装飾用品・儀礼関係品等が発達している。上記の高度装飾土器類もその一種といえるが，その他にも身体装飾品類（耳飾，垂飾，腕輪，飾り櫛等）（樋口，1939/1940；金子・忍沢，1986，Ⅰ：234-320；Ⅱ：260-334；渡辺（誠），1973b；1974b）と信仰・儀礼関係品類（土偶，土面，土版，石棒等）がある。特に前者は土器と並んで，縄文人の奢侈的工芸品の代表といえる。

縄文社会における奢侈的工芸品の発達に関して，特に社会機能的見地から注目すべきは，稀少価値のある異地性奢侈品 allochthonous luxuries の交易制（輸入制）が広範囲にわたって確立されている事実である。その代表が硬玉製品とオオツタノハ貝製品である。

硬玉製大珠は，寺村光晴氏のデータ（1965年現在）（渡辺（誠），1974a：134）によると，その分布は東北から九州まで全国に及んでいるが，全国の出土遺跡数（中期以降）92に対し出土例数111であるから，いかに稀少であるかが解る。また原石の稀少性だけでなく，加工の困難性に基づく高度の加工技術を伴う労働による付加価値を考慮すると，その装身具的価値，

つまり縄文社会のステイタス・シンボル——威信獲得用品 prestige goods としての価値は, 身装品中では並ぶものがなかったのではないかと思われる。強いて匹敵するものを挙げれば次に述べるオオツタノハ貝がある。

オオツタノハ貝は南海産の大形カサガイの一種で, 縄文人の貝輪として利用されたことは周知のとおりである。この貝は大形で白地に淡紅色がみえ,「他のカサガイに比べてずっと美しい」(草間・金子, 1971：165) といわれるが, その原産地が海の彼方であるために危険と高度技術を伴う航洋交易 (先述の遠位環境開発活動参照) が流通過程に含まれ, またそれだけでなく, 材料の性質から破損し易いから, 奢侈的価値即ち贅沢品としての価値は硬玉製品に劣らず並はずれて大きかったと考えられる[10]。この貝の原産地は, 八丈島以南, 奄美・沖縄などの南海 (今橋, 1980：130), あるいは奄美諸島以南 (草間・金子, 1971：165) とも伊豆諸島 (今橋, 1980：130; 金子・忍沢, 1986：280) ともいわれているが, いずれにしても遠距離航海の所産であることは間違いない。

この貝の貝輪もまた数少い珍品 (今橋, 1980：129, 130) とされているが, 分布は関東を中心に東北及び東海地方に及んでいて, 時代は関東では早・前期からあるが中・後期が中心で, 東海では晩期からとなっている (金子・忍沢, 1986：280)。東北は仙台湾岸では後期末からだが, 分布最北端の三陸海岸域 (貝鳥) では晩期からである (金子・忍沢, 1986：277-278; 林, 1986：101, 103)。

この種の貝輪がいかに稀少であるかは, 例えば貝鳥貝塚 (岩

IV 縄文式階層化社会

手,縄文時代後・晩期)をみれば解る。貝輪出土例数計96の中,オオツタノハ製は僅か2例であって,オオツタノハ製の所属層位(X期:後期末～晩期)の貝輪総数からみると56例中2例である(草間・金子, 1971 : 56, 計測表)。

以上の硬玉製品, オオツタノハ貝製品から解ることは, 彼等の身装品には, 上記のような意味での付加価値が極めて低いものから極めて高いものまで, あるいは素材が異地性のため入手し難いものから現地性で入手し易いものまであって, 変異の幅が極めて大きいことである。いいかえると同じ社会の装身具でありながら,その品質が一様でなく,並みはずれて高級なもの即ち所謂逸品とよぶべきものがある。この種のものは数が少いから所有者(使用者)は限られたにちがいない。またオオツタノハ貝輪は,関東地方では,5点以上まとまって出土した遺跡(貝塚)が3例知られており,そのうち古作貝塚(千葉県)では9個一括して蓋付き土器に納められていたという(今橋, 1980 : 130, 138)。これはそのような逸品が個人の手に集中している事実を示し,地域社会の家族の間での富の偏在を示唆するものといえる。山鹿貝塚(福岡県)出土第3号人骨(成人女性)では左に15個,右に11個の貝輪の着装が認められたという(渡辺(誠), 1974b : 131)。これも貧富の差を示す一つの指標のようにみえる。狩猟採集社会の富者とはより良い物をより多く持つ人であって,北方系の一般狩猟民では毛皮が主要な財貨である(参考例:Ray, 1963 : 17)。それに対して,階層化狩猟採集民になると,そのような現地性産品以外に異地性(輸入)奢侈品が重要財貨乃至家宝となる。例えばインガリック族(アラ

スカのサケ漁インディアン）では，確実な量の食物，毛皮，木材を持つ者，それ以外に何でも美事な彫刻や優れた技巧できわだつ物（美術工芸的逸品）を持つ者が富者である（Snow, 1981 : 609）。彼等は身装品として dentalium 貝殻（北西海岸産）を輸入する。また赤色顔料 red ochre（赤土）は現地産で，万人が多少とも持っているが，深赤色の最上品を多量に持つのが富者とみなされる。それはまた交易価値を有する（Osgood, 1941 : 189,436）。また階層化狩猟民であるアリュート族（アリュシャン列島）の上層階層即ち富者達の富は，エスキモー一般の富である毛皮と食物以外に，dentalium 貝殻，琥珀，奴隷という輸入奢侈品を含んでいる（Lantis, 1984 : 177）。以上の民族誌的通例からみて，上記の縄文式身装品の逸品類は富者層即ち狩猟系家族のコントロールの下にあったと解することができよう[11]。ここで取りあげた硬玉製品とオオツタノハ製品について重要なのは，付加価値の高い稀少奢侈品の輸入制（流通制）であって，これが縄文社会で常習化 habituated, regularized されているのは貧富階層化社会の証拠といえる。

　以上の例（硬玉，オオツタノハ貝）は地域間交易を伴う身装品類の代表であるが，それ以外にも周知のように，各種身装品（櫛飾，耳飾，垂飾，腕飾等）が作られ使われていて，種類の分化（多極化）による特殊化だけでなく，同一種類の品の中での造り乃至出来栄え craftsmanship, workmanship の精粗・優劣の差による特殊化も極めて著しい。しかも後者の場合，それら精巧品乃至優秀品の工芸的レベルが高いだけでなく，個々の作品のデザインが，それぞれの地域社会の伝統を守りながらも

IV 縄文式階層化社会

個性的である。これもまた製作者の特殊化——個別化を示唆する特徴といえよう。

また前述の硬玉製やオオツタノハ製等の稀少品はいうまでもないが，その他の素材（歯牙，骨角，木材）の身装品でも，精巧品乃至優秀品は並みの品に比べて乏しいのが普通にみえる。これは上述のように製作者が限られていた証拠であると同時に，その使用者も限られたことを示唆している。そのような高度（特殊）工芸品を身につけた人々は，それらを入手するに足る経済的余裕——交換可能な余剰を持つ人々即ち富裕家族に限られたとみることができる。

縄文人の身装品は種類が多いが，いずれも製作者は男性と推定される。その根拠は，素材が骨角や石であって，骨角器や石器の製作が現生狩猟民では男の仕事となっている事実である。また就中彼等の彫刻 carving, incising, sculpturing（刃物を使う仕事）は通常男の仕事 (Jacobs & Stern, 1948：249) であって，北太平洋沿岸帯では特にその傾向が顕著である点もその推定を裏づける。

また奢侈的（装飾品）工芸品の高度の発達とそれによる品質格差の極大化が，身装品類だけでなく，土器（容器）や土偶（信仰関係品）等工芸品一般にまで及んでいる事実は，後述する大形技術（製材・建設等）や先述の遠位環境開発活動（クマ猟，カジキ・マグロ漁，航洋交易）の特殊化の事実とならんで，特殊化（専門化 specialist 化，expert 化）が，常勤 full-time ではないにせよ，縄文人の生産活動の主要分野を通じてみられる構造的現象であることを物語っている。

縄文式階層化社会と土器の社会的機能

### c 大型技術：製材と建設

　縄文人が木材の利用に馴染んでいたことは竪穴住居の柱や丸木舟の出土例をみれば明らかであるが，技術的・経済的見地から特に重要なのは彼等がどの程度の材木を扱っていたか——伐木を含む製材技術と材木を扱う建設技術の水準である。何故ならそれが経済・社会体制に関係するからである。

　このような視点から注目すべきものが最近石川県の縄文遺跡から発掘されて有名になった環状巨木柱列である。これは径1mに近い巨木を縦に2分した断面半月形の柱（根部残存）が円形に立ち並んだ建造物である。類似の構造が同県内の真脇遺跡（能都町）とチカモリ遺跡（金沢市）で相ついで発掘された。両者とも次の共通（類似）点を示している。(1)柱（根）の配列プランが真円形であること（能都町教委1986：図1（真脇），図6（チカモリ）），(2)各柱は縦割り略半截のクリ材であること，(3)縦半分割り木材の外側（断面円弧状）を中心（内側）に向けて配列されていることである（能都町教委，1986：23-29；金沢市教委，1986：29-30）。以上の環状巨木柱列の時代は，真脇では縄文晩期（第Ⅴ層以上，第Ⅱ層中心）（能都町教委，1986：23），チカモリでも同じく晩期とされている（金沢市教委，1986：17）。

　列柱環の直径は，真脇では7.5m（A環，柱数：現存6本，推定総数10本），B環が6.2m（柱数総数10本），最小は5.3m（C環未完掘，推定）（柱数，既発掘分3本）（能都町教委，1986：23），チカモリでも，図示例（能都町教委，1986：図6，縮尺から測定）では，真脇と大差なく，径約6.5m（柱数：現

## IV 縄文式階層化社会

存9本,欠失1本計10本)であって,両遺跡を通じ各環は径6m前後,柱数は10本程度である。問題は半截の柱自体であるが,残存する根元部分でその最大径(弓形断面の弦長)は,真脇のA環で最も大きく90cm強(最大98.6cm)[12],B環とC環では40〜50cmである(能都町教委,1986：23,及び表2)。チカモリでも半截木柱根の最大径は80cm以上4例,70〜80cm(11例),60〜70cm(7例),50〜60cm(23例),40〜50cm(30例)を算する(残り170余例は40cm以下)(金沢市教委,1986：30)。

　以上のように縄文人が巨木を柱とする大型建物を建てたことは一驚に値するが,それよりも問題なのは,そのような大形(大径)木材をどのように伐り出して製材したのか,またそのような大形木材をどのようにして現場に運び建てたのか——その製材技術と建設技術が重大問題を投げかける。どんな社会でも大型技術は経済を通して社会との構造的関係をもつからである。

　真脇—チカモリの縄文人のように太くて重い柱を使う木造建築物の伝統をもつ人々を狩猟採集民の間で探すとすれば,それは北洋沿岸の定住式階層化狩猟採集民以外にない(渡辺,1981)。その代表が北西海岸とアムール河下流域に発達した棟持柱式建築である(渡辺,1984a)。北西海岸インディアンについてみると,その住居は一般に大形(小形でも一辺10m程度)の木造柱組構造で,主柱の規模が,トリンギット族で高さ(地上部)3m,厚さ(厚板即ち割り板製)20cm,幅70〜80cm(Krause, 1956：86),クヮキウトル族Kwakiutlで2本の大柱の

長さ15〜20フィート，径2フィート (Goddard, 1924：25)，ヌートカ族で高さ10〜12フィート，棟木の径3〜4フィート (Drucker, 1951：69) である。真脇とチカモリの「巨大木柱(根)」は，これら北西海岸の太柱に匹敵乃至凌駕するものといえる。北西海岸例でみると，このような大形木材の製材（伐木―割裂）は楔と梃子を利用する一種の大形機械的技術（第2図 a，b参照）であり，またそのような大形木材を扱う建設工事も同様に楔と梃子の原理を駆使する大形技術である。縄文人の「環状巨木柱列」の建設は以上のような意味で，狩猟採集民としては最高水準の大形技術に属したとみなすことができる。それは当然，実施者――製材・建設担当者が限られた一部の人々，即ち非常勤だが技能が特殊化した専門者 specialists 乃至熟達者達 experts であったことを意味する。北西海岸ではこのような特殊技術は，狩猟系の人々即ち富者（貴族）の親子あるいは親族等の間で伝えられ実施されて，家系化し階層化していた。縄文社会では，このような高度大型技術の社会的意義が北西海岸以上に重大だったのではないかと思われる。先述の階層化狩猟採集社会の構造モデルで示されるように，このような製材・建設技術の大型化もまた，工芸の発達，遠隔地開発等と同様に経済的余裕（余剰生産）の産物であり，また階層化社会の威信経済の中で育まれた一種の異常発達 hypertrophy であって，工芸品の豪華化・精緻化と対照的な特徴的様相といえる。真脇―チカモリの大型製材・建設技術は男の職業分化をはじめ技術の高度化・特殊化を伴う階層化社会の代表的シンボルといえよう。

## IV 縄文式階層化社会

　これまでのところ真脇―チカモリ式の環状巨木柱列（半截材の柱根が残存）の例は他にみあたらないようだが，これほどの高度大型技術がそれら2遺跡で代表されるような小地域の発明でしかもその地に限られた伝統であるとは考えられない。それは北西海岸をみても解るように，単なる若干の個人や若干の地域社会の範囲で生みだし伝統として維持できるような単純小型の文化要素ではないからである。各地の類似遺構として土坑群の環状配列が指摘され，これらは木柱（根）の残存は認められないが，真脇―チカモリ型巨木柱列の遺構の可能性があると考えられている（能都町教委，1986：29-30）。この見解は上述の民族誌的視点からも裏付けられる。ここで一大疑問として残るのは発掘された柱穴の形である。北西海岸では主柱の大柱を立てるとき，柱穴の一側面に底から地表への傾斜路 ramp をつくり，柱の下端を柱穴に斜に底まで入れ，下端（底部）を支点として，傾斜路と反対の方向に柱を起して立てる方法をとる（第3図a）。英国新石器時代の環状巨木柱列 "Woodhenge", 後述）（Bradford, 1954：Fig, 202）（第7図, g）の場合も，北西海岸と同様の ramp 方式が採用され，その痕跡が認められる（Cottrell, 1960：494）[13]。真脇・チカモリ両遺跡には，今までの発掘結果をみる限り，ramp つき柱穴はみあたらないが，その代りに，柱穴が楕円形で柱がその「弧状面」を中心側の壁に寄せて立てられている点が目立った特徴であるという記述（能都町教委，1986：23及び図1）がある。これは上記の ramp 方式の変形か，あるいは ramp の上部が崩壊・欠失して残った柱穴下部である可能性がある。今後の課題として精査・再検討が必

要である。

　今ひとつ重要な問題はその用途——何のためか——の疑問である。諸説錯綜する中に, それが所謂環状列石乃至ストーンサークルの木製版ではないかという見解（金沢市教委, 1986：30）があるが, これは真剣に検討する余地がある。何故なら, ストーンサークルの本場として知られる英国でも, それと並んで前述の環状木柱列 "woodhenges" がみられ, また環状列石と環状木柱列とが同心円状に組み合わせられた例（"concentric timber and stone circles"（Bradford, 1954：314-315）), つまり両者の移行形乃至中間型までがあるからである。これらの諸例からみると, 真脇及びチカモリの縄文式環状列柱と縄文式環状列石の関係も否定し難く, むしろそれはあり得ることとして, 今後は両者混合型（移行乃至中間型）の存在等にも注意しなければならない。要するに縄文式環状柱列（ウッドサークル）は直径こそ比較的小さいが, 柱の太さからみて英国新石器時代のウッドヘンジ（環状柱列）（註13参照）に匹敵する重厚型建造物であって, 製材プロセスまで含めると, 縄文式環状列石（ストーンサークル）より大型且つ高度の建設技術とさえいえよう。なおヨーロッパでは, 環状列石も環状列木も, ともに時代は新石器時代後期 Late　Neolithic から青銅器時代前期 Early　Bronze にかけてであって, 農耕化以後の社会である。この点からみても, 縄文人の環状列木や環状列石は異例といえる。この意味で縄文人のそのような大型技術と大型非実用施設は, 彼等の社会が狩猟採集民としては特殊な階層化社会であったことを暗示するものといえよう[14]。

## 3 儀礼の高度化

### a 信仰・儀礼体系の複雑性

　縄文人の宗教的あるいは呪術的活動の証拠と考えられる遺物・遺構として，周知のとおり次のようなものがある（大型ストーンサークル等については次項bで述べる）。
（1）　土偶，土面，石棒等
（2）　墓あるいは死者埋葬様式の多様性

　これらの遺物・遺構の各種類の内容が，いかに変化に富み複雑多岐にわたっているかは，これまでに発表された概説書や分類・記載的論文で明らかであって，この事実は縄文社会の信仰・儀礼体系が単純ではないことを示している。各種遺物・遺構の内容の多様性に注目し，これを全体的に概観すると次のとおりである。特に注目すべきは様式が単純なものから複雑なものまで変異の幅が大きいことであって，ここでもそれが階層化の視点から問題になる。

**土偶**　　土偶とは縄文人の土製の人形である。狩猟採集民の人形は子供の玩具か，さもなければ信仰・儀礼関係である。縄文の土偶がそのいずれに当るかは確たる証拠がないが，その形相が一般に異様乃至奇怪に作られているところから玩具とは考え難い。このデフォルメは単なる技の素朴さ等によるものでなく意図的なデザインによるものにちがいない。まだ資料不足であるが，現生狩猟採集民の玩具人形にはこれほど奇異な顔つきのものはなさそうである[15]。またその用途については，これまで一般には生殖や豊饒に関する信仰儀礼用品とされてき

たことは周知である。一般にそれが女性を表わしているからである。これに関するものとして，シベリヤの民族誌例をあげておきたい。木彫が発達したギリヤーク族（アムール河下流）では，妊婦の産小屋にその夫が安産を促進する木彫り人形を置く。これは出産中の女性をかたどった一種の護符である（Black, 1973：59〜60 & Fig. 24)。土偶が日本民俗のヒトガタのように，災厄の祓いや送り[16]に関係があるとすると，シャーマンやメディシンマンが介在する可能性がある。彼等は特殊技能者で必ずしも各集落にいるとは限らない。土偶の多い地域でも，それが出ない集落があるとか，出土例数が集落のサイズ（人口）とは比例しないこと，また集中的出土が起る所は普通の集落ではなく地域社会の儀礼場であること等が指摘（Nagamine, 1983：262）されているが，これらは上記の諸事項（産小屋とシャーマン）とも考えあわせる必要があろう。産小屋もシャーマンも北方系狩猟採集民と密接不離の関係があるからである（渡辺，1984a：409-410，産小屋の項)。

　これまでの諸研究で既に指摘されているように，縄文土偶がその性徴からみて女性と関係が深いことは否定できない事実といえよう。しかし土偶とか女性とかにこだわりすぎると視界が狭まる危険性がある。これまでの研究は狭い特定用途（あれかこれか）の論議に終始してきた感があるが，これから必要なことは，土偶を縄文人の信仰・儀礼体系の中に置いて視ることである。これを具体化するには，先ず狩猟採集民の信仰・儀礼体系を念頭において，彼等縄文人の信仰・儀礼体系のアウトライン（枠組）を理解しなければならない。狩猟採集民の信仰・儀

IV 縄文式階層化社会

礼は，社会（地域共同体）の福祉に関するものと個人の福祉に関するものとに2大別できる。前者は地域社会の集団儀礼 communal rituals で代表され，その首長と長老がとりしきるのに対し，後者は特に北方ではシャーマンの本領である。縄文土偶の発達は前記後者—個人の福祉に関する信仰・儀礼—の発達を暗示するかのようにみえる。これは縄文社会の集団儀礼の発達の事実（後述）と対応 correspondence する印象のようにみえる。この対応からみて，両者は構造的に関連する現象ではないかと考えられる。土偶も，次項で述べる墓も，このような点から，個人福祉関係あるいはライフサイクル関係の信仰・儀礼システムという枠組を念頭に検討し，社会福祉関係の信仰・儀礼体系（集団儀礼システム）の発達との対応関係を考える必要がある。それが構造的理解への第一歩といえよう。

以上のように土偶は，用途はとにかくとして，信仰・儀礼の関係品であることは恐らく間違いないであろう。そこで問題はその多様性である。縄文の土偶が形態の変異に富み，なかには高度の装飾に富むものがあることは既に指摘されているところである（野口, 1958; 甲野, 1964; Nagamine, 1983：256; 斎藤, 1982：80〜81）。所謂遮光器形や木菟形等は土偶の工芸的発達の極点を示すようにみえる。また大きさの変異も大きく，小は輝で1桁代（2.9 cm 等）から大は50 cm（推定）に達するものがあるという（上野, 1974：166-167）。また頭部だけで25 cm の人頭大のもの（盛岡市萪内遺跡）が，既知の発見例としては最大であるという（斎藤, 1982：80）。ここにも肥大即ち異常発達現象 hypertrophy がみられる。

### 縄文式階層化社会と土器の社会的機能

**石棒**　　石棒も用途の明確でない道具の一種だが、通常は信仰・儀礼の関係品とみなされていることは周知である。頭部に装飾乃至加工のあるものとないものがあるが、形態的変異はそれほど大きくはなさそうである。この場合は形よりもむしろ大きさの変異が著しく、それ故に問題である。20～40 cm 程度の細い小形のものが普通とされるが、大形は径 10 cm 以上、長いものは 2 m 近いものまであるという（斎藤、1982：79; 上野、1974：168）。例えば諏訪地方のコレクションの報告に見えるような小形のもの（大矢、1977：第6図、9の完形品、全長約 20 cm）は、粉砕用の乳棒 pestle との区別が難しい（渡辺、1970）。カリフォルニア・インディアンの乳棒には長さ 38 cm （径約 6 cm）（Barrette & Gifford, 1933：Pl.32, 5）のものまである。しかし 50 cm 以上ともなれば実用道具とは考えられない。非実用品 nonutilitation artifacts は装飾用品と宗教関係品に大別できるが、大形石棒は装飾品というより宗教関係品ということになる。

　石棒もまた土偶と同様に、出土の場所や状況が様々な事実が注目されている（上野、1974：169）。サイズの変異の大きいことと併せて問題である。石棒には明らかな巨大化 hypertrophy がみとめられる。巨大石棒や巨大土偶は、土器口縁部突起の発達や大型（重量）建造物（「ストーンサークル」及び「ウッドサークル」等）の発展の流れの中で構造的な関連性をもつと考えることができる。巨大化現象（物質文化要素の異常発達）は階層社会の威信経済 prestige economy と密接な関係がある。

Ⅳ　縄文式階層化社会

**墓あるいは死者埋葬様式の多様性**
　埋葬施設からみると，墓穴を掘らないものから，墓穴を掘る場合でも，簡単な土坑墓から複雑な石棺墓（自然石で囲ったもの）まであり，また更に複雑化した配石遺構と一体化したものもある。被葬者の姿勢や着装品・副葬品類もまちまちで変化に富む。

　縄文人の墓として最も簡素なのは，屋内葬や洞穴葬のように墓穴も掘らずに安置する方式であろう。一方最も複雑な様式として各種の配石墓（斎藤，1982：72-75）が認められる。この両者の格差は大きい。これが一体何を意味するかが社会的に大きな問題といえる。土坑墓と石棺墓の間の格差でさえも「縄文時代の墓というと，とかく簡素な土壙のみしか考えられなかった傾向の中にあって，当時の墓制のかなり発達した様相を語るものとして重要である」（斎藤，1982：72）と指摘されているが，配石墓にいたってはその格差は更に大きくなる。これが時代差や地域差でないとすると，年齢差乃至性差（斎藤，1982：77）であろうか。既存の考古学的証拠をみると，それだけでは割り切れそうにないところがここで大きい問題としてクローズアップされてくる。

　階層化狩猟採集社会では埋葬様式にも階層差（身分差）がある。例えばヌートカ族では棺を樹上に安置するが，死者の生前の社会的位階によってその高さが違う。位階のない者は棺に入れず，古毛布に包んで地上に置き，その上を石・棒切れで覆う（Gunther, 1927：255）。トリンギット族では，墓地は各集落の住居の背後に氏族単位でまとまってあるが，重要人物は火葬した灰を，その人の家の前に立つトーテム・ポールの中に納める[17]

(Oberg, 1973:57)。ハイダ族では首長が死ぬと埋葬柱 mortuary pole が建てられ,その遺体が柱の裏側の龕に入れるか,その頂上の箱に納められた (Drucker, 1955:160)。北西海岸では一般に服喪様式も身分によって違う。死者が首長(重要人物)の場合は集団全員が髪を短く切るが,非重要人物 man of little consequence の場合これを行うのは身近な家族だけである (Drucker, 1955:160)。シャーマンの遺体は海を見渡す地点に設けた小形墓家 grave-house に納めた (Drucker, 1955:160)。

　縄文時代の所謂「環状列石」遺跡には各種の組石遺構(斎藤,1974:158-159)が認められていて,土壙の有無即ち墓かどうかが今なお大きな問題となっている(上野,1984;1986)。就中興味深いのは,例えば大湯町万座及び野中堂の環状列石の双方の外帯と内帯の間で,中心から西北の方向に孤立する所謂「日時計」とされる組石遺構である。これについて発掘調査担当の後藤守一博士は,もしそれが墓標であるとすると,「この二つの所謂日時計遺跡は特殊の地位の人のものだということになるのかもしれない」との疑問を投げかけている(後藤,1948:78-79)。また北海道各地の環状列石を調査した駒井和愛博士は,「たとえ北海道の環状列石をのこしたものが,鮭を取り,熊を捕えていたような漁撈,狩猟の生活を主として営んだとしても,その墳墓の群のうちに大小があるのは,いくらか貧富の差のあったことを知らせてくれるものである」(駒井,1959:80)と述べ,また音江の環状列石墓については,「当時このような環状列石墓に葬られたのは,相当の身分のものであったろう……しかも概ね翡翠の首飾玉が出土することは見遁せないことであ

る」(同上：32-33) として，墓の規模の大小（積石数，墓壙の大きさ）と副葬品中特に翡翠飾り玉の出土状況に注目した。その飾り玉はすべて淡緑乃至緑色の硬玉で，北海道には産出せず，本州（糸魚川地方）産のものと認められている（同上；78）。因みに翡翠は，音江では発掘調査された環状列石墓10基中5基から19個，積石墓3基中3基から38個出土しているが，墓によって出土数に大きな偏りがあるのが問題である（23個出土1基（第11号墓），10個出土1基（第5号墓），9個出土1基（第12号墓），6個出土1基（第13号墓），2個出土1基（第9号墓），1個出土2基（第3，10号墓）(同上，143，数表から）。複数個体の合葬がないものと仮定すると，この音江では，舶載の稀少奢侈品が墓制と結びついて明らかな個人差を示していることになる。いずれにしても音江人の社会では航洋交易を通じてもたらされた稀少装飾品が既に確固とした社会的位置を占め，貧富差―階層差の指標となっていたことがわかる。

　当面の課題としては，縄文人の墓の多様性に鑑みて，それを体系的に再分類し，単純なものから複雑なものまで，形態―構造の変異を明らかにすることである。そして次に，それが果して時代差を示す進化的序列なのか，または同一社会内部での階層的（構造的）序列なのかを明らかにすることである。そのためには先ず墓の地上部の形態・構造（墓標の有無と形状）と地下部の形態・構造（墓坑の有無と形状）を区別し，両分類基準を組み合わせた分類をする必要がある。その場合，地上部と地下部の形態・構造の分類基準を単純さあるいは複雑さの度合いに応じて整理して組み合わせると，分類対象（墓）の形態・構

造だけでなく，その単純性乃至複雑性をも併せて分類・比較することができる（第2表参照，表中の数字は単純 (1)～複雑 (6) の順位（序列）を示す）。第2表の分類システムには無墓坑式

| 地上部＼地下部 | 土坑墓 | 石棺墓 |
|---|---|---|
| 無墓標墓 | 1 | 2 |
| 配石墓 方形乃至環状 | 3 | 4 |
| 配石墓 放射状 | 5 | 6 |

第2表　縄文人の墓の体系的分類

（屋内または洞穴）は含まれていないが，そのような最も単純なものを分類序列の一端に加えると，その他端に当る放射状配石式土坑墓（分類範疇乃至等級5，実例：野中堂内帯，第3号址）との格差は重大といわねばならない。縄文社会の墓制は地域差と時代差を除いてもなお相当な複雑性（多様性）を示し，環状列石墓を伴う社会については，上述のように，貧富差・階層差が指摘されている[18]。この点について今後さらに検討を進めなければならないが，その要点は，各社会が上記のような体系的分類枠（第2表）のどのタイプ（またはグレイド grade）の墓を伴っているか——墓制の分化（複雑化）度を比較分析し，それがいかなる進化的（歴史的）意味あるいは機能的（社会的）意味をもつかを確かめることである。ここで参考すべき民族誌的事実がある。それは北洋沿岸狩猟採集民の階層化社会では，個人の墓に貧富差・階層差はあるが，それは若干の精粗差乃至単純・複雑差或は場所の差にすぎず，カリフォルニアのダンス・ハウスや北西海岸の共同住宅のような大規模建造物を創る技術と動員力がありながら，何等みるべき大規模の墓は建造していない点である。要するに彼等は個人の墓の規模を大きくすることには殆ど関心がなかった。いいかえると，動員力

Ⅳ 縄文式階層化社会

power of mobilization の大きさに個人の威信をかけるような考え方（価値観）は，農耕化（新石器時代）以後の社会のものといえる。北洋沿岸にみる階層化狩猟採集民の上層者（富者）の威信は，専ら最高の美術品・奢侈品類の獲得にかかっているのが特徴的様相である。縄文人の社会はそのような特徴的様相を示しているといえよう。

　これまでの考古学の墓制研究の主な難点の一つは，地上部と地下部が切り離して扱われ，両者の関係が把握されなかったことで，そのため上述したような包括的・体系的な分類ができなかったことである。それと今一つは，墓としての環状列石墓（即ち第2表の分類カテゴリーとしての配石墓）と大形の環状列石（ストーンサークル）（環の構成要素として環状列石墓も含まれる）との区別を欠き，術語としても両者が混同されていることである。個別の墓を形成するせいぜい数メートル径の石の環と，配石墓が集り並んで形成する径数十メートルにも及ぶ環とは意味も機能も根本的に異なるようにみえる。そこで本論文では両者を切り離し，後者は集団の儀礼場として次項で説明することとする。

### b 大型環状建造物（円形囲い地）：集団儀礼の発達

　縄文人の遺跡で石を環状に並べた配石遺構は一括して環状列石，ストーンサークル，環状配石遺構等とよばれ，また分類されているが，それには直径が1桁台即ち数メートルのものと2桁台即ち数十メートルのものと大別して2類があることが解る。前者即ち小形のものは環状配石遺構の基本単位ともいうべきもので，これには土坑を伴う例が多く，その故に土坑が伴う場合

は勿論，それが明らかに認められない場合をも含めて墓とみなされる風潮があり，それらを一括して環状列石墓ともよばれている。これらの小形環状配石遺構は比較的数多く知られているが，計測値を一覧すると大きくても径5乃至6mで，一般には径1～2mにすぎない（駒井，1959：91数表）。それに対して後者即ち大形環状配石遺構は直径が1桁大きく，既知例に関する限り最小（忍路地鎮山）でも長径10m（短径8m，楕円形）で，忍路三笠山では長径約30m，94ft（短径約22m，69ft）の楕円形である（駒井，1959：71，74）。更にそれより直径の大きいものとしては秋田県大湯の例がある。同地万座の例は最大径45～46m，同地野中堂のものは最大径約42m（短径40m）で，いずれも内・外2帯から成る同心円構造を示している（後藤，1953：77）。最大の既知例は軽井沢町茂沢で，南西部の一部しか残っていなかったが，その円弧からの推定によると径50mに達する大型の環状列石である（上野，1983：20）。

　以上で解るように，小型と大型の間には歴然としたギャップがあり，規模（サイズ）の点で明確に区別できる。また大型環状列石は，その環の一部として小型環状列石（地下に土坑を伴って墓とみられる場合がある）を含むことがある（代表例：大湯）が，必ずしもそれを含まなくてもよい（代表例：忍路，三笠山）。

　筆者はこのような大型環状列石を，前記のような小型環状列石とは分類上区別して取り扱いたい。それは両者が機能的に異るものであると考えざるを得ないからである。現今の考古学界では，小型も大型も一括して環状列石とする点では大して異論

## IV 縄文式階層化社会

はなさそうであるが，その用途については墓とする説と必ずしも総てが墓ではなく祭祀用ではないかとする説があって定説的なものがないとされる（上野，1986）。筆者は民族誌的事例とそれらから抽出できる一般的原理乃至通則から，先に分類した大型環状列石は集団儀礼用の露天式円形囲い場 open-air circular enclosure（集団用儀式場）と解したい。

　未開社会では，墓地と祭祀儀礼場は必ずしも相容れないものではない。例えば，北西海岸インディアン（トリンギット族，ハイダ族）では，前項で述べたように，重要人物は死ぬと門前のトーテムポールに納められた。トーテムポールは鉄器導入でサイズが大形化するまでは屋内にあったものであって，従って現今でもそれは神聖な儀式場を兼ねている家屋の一部と考えられている（Oberg, 1973：53）。また南米ブラジルのインディアンでは環状集落の円形広場が儀式場でありまた死者の墓場を兼ねている。例えばティンビラ族 Timbira（東部ブラジル高地，焼畑農耕インディアン）の環状集落は，径約 300 m（典型例）の広場のまわりにつけられた道路に沿って並ぶ矩形草葺き小屋に住む。その広場の中心部が径約 50 m の中心広場 central plaza 即ち儀礼センターとなっていて，各戸が小径で求心的にこの中心広場と結ばれている。埋葬は母系制で，男は死ぬと母の家の後ろに埋葬され，従って個人の墓の環が住居の環の外側をとりまく形になっている（Izikowitz, 1954：199; 渡辺, 1986：505）。トゥルマイ族 Trumai（アマゾン支流，農耕インディアン）は楕円形の大形草葺小屋からなる環状集落に住み，その中央広場（径約 70 m の village plaza）は村人の祭礼，競技，集

合等社会生活の中心であって，特に中心部は成人男子の集会場とシャーマンの儀礼場を兼ねる神聖な男の円形場 Men's Circle として女人禁制である。その中心には集会用の腰掛けと炉がある。死者はハンモックに包んで，伸展葬の形で広場に埋葬される。祭祀用広場は墓地を兼ねている (Murphy and Quain, 1966：20-21,90)。

　以上のように民族誌例によると，神々の祭りの場が死者の埋葬地であっても決しておかしいことはない。狩猟採集民は，死や死体を恐れる。しかし一方で彼等は祖先を崇め，その援助を求める心情も強い。この傾向は特に成員が安定的で血縁集団組織を伴うような社会の特徴といえる。北太平洋沿岸群や豪州原住民等がその実例といえる。

　このような視点から，縄文人の所謂「環状列石」の大型のもの即ち先に分類・定義した大型環状列石（少くとも径 10 m 前後あるいはそれ以上）は，墓地と神祭りの場を兼ねた，両者兼用の集団儀礼場のこともあり，神まつり専用の集団儀礼場のこともある，露天の儀式用囲い場 open-air ceremonial enclosure にほかならないという解釈が成りたつ[19]。

　上述のように，墓地と祭祀場は独立別個でなければならないということはないにしても，果してそのような大型の露天の儀式場，しかも円型に囲った儀式場が狩猟採集民社会にあり得るだろうかという疑問が起る。そこで先ずその可能性を具体例で確かめてみると，次のとおりである。

　狩猟採集民の儀式あるいは儀礼として一般に最も重要なのは地域社会レベルの儀礼である。彼等の生活は野生食物（天然資

源）にかかっているから，いかに自然環境に対処するか——環境対処優先主義は当然であって，これが所謂アニミズム的信仰・儀礼である。そこでコミュニティー・レベルの儀礼の中心は，生産関係であり，それにかかわるカレンダー関係儀礼と成人式儀礼 initiation ceremonies ということになる。このような集団儀礼のために狩猟採集民は，地域集団単位の儀礼の場 ceremonial ground をもっているが，それには（Ⅰ）屋内と（Ⅱ）屋外の2様式がある。屋内型儀式場（Ⅰ）は北方群の特色で，これには所謂ダンス・ハウス dance houes として住居とは別にある場合即ち独立型（A）と住居が集団儀礼の場を兼ねる場合即ち兼用型（B）とがある。

屋内型儀式場（Ⅰ）の独立型（A）には，建物が恒久的（1）の場合と一時的（2）の場合がある。

恒久家屋式独立型儀式場Ⅰ-A-(1) としては狩猟採集民では次のようなものがある。いずれも北米の例である（第3表及び第9図）。

アラスカにも同タイプ（Ⅰ-A-(1)）が発達している。ここでは竪穴式であるが，四角形家屋で，井桁工法 cribwork による天井と煙出し孔を伴う。アラスカ・エスキモーの男性集会所 men's club（あるいはダンス・ハウス），即ち kashim, karigi, kashgee (Oswalt, 1967 : 87) とインガリック族（ユーコン中流インディアン）の男子集会所 kashim がそれである。アラスカ例はいずれも冬村にある（渡辺, 1981b : 77-80; 第65, 66, 77図）。

一時的家屋式独立型儀式場Ⅰ-A-(2) としてはセントラル・

| 北米南部インディアン(玉蜀黍栽培・狩猟採集) | | | | |
|---|---|---|---|---|
| クリーク族 | タウン・ハウス | 円形地上式 | | 渡辺1981b:13 |
| チェロキー族 | タウン・ハウス | 円形地上式 | (径)30～50フィート | 渡辺1981b:14 |
| **北米南西部インディアン(玉蜀黍栽培・農耕)** | | | | |
| プエブロ族 | キバ kiva | 円形竪穴式 | 小形18～25フィート (径) 大型47～78フィート (径) | 渡辺1981b:48～49 |
| **北米南西部インディアン(玉蜀黍栽培・狩猟採集)** | | | | |
| マリコパ族 | ミーティング・ハウス | 円形地上式 | (径)30～35フィート | 渡辺1981b:15 |
| **中央カリフォルニア・インディアン(狩猟採集)** | | | | |
| ミウォーク族 | ダンス・ハウス | 円形竪穴式 | (径)40～50フィート | 渡辺1981b:56 |
| パトウィン族 | ダンス・ハウス | 円形竪穴式 | | 渡辺1981b:60 |
| ポモ族 | ダンス・ハウス | 円形竪穴式 | (径)40～69フィート | 渡辺1981b:60 |
| **北米亜極地帯インディアン(アサバスカ語系)(狩猟採集)** | | | | |
| タナイナ族 | | 円形地上式 | (径)20～30フィート | Osgood 1937:66 |

第3表 集団儀礼場 (恒久家屋式独立型)

エスキモーと平原インディアンを挙げることができる。セントラル・エスキモーは冬は雪小屋ですごし，ダンス・ハウスも大型雪小屋 snow hut である（第8図, d）。平原インディアンは野牛の群を追う遊動生活者で，住居も儀礼場も円錘形テント tipi である。儀礼用テントは住居用より大きく，集団儀礼（春，夏）の時建設される（第8図, a）。

次は屋内型儀式場（I）で住居と兼用の場合，即ち住居兼用型（B）である。これにも建物が恒久的(1)の場合と一時的(2)の場合がある。

恒久的住居兼用型屋内儀礼場 I‐B‐(1)は北太平洋沿岸社会に特徴的といえる。その代表が北西海岸（第8図, e）とアイヌ（第8図, f）である。この地帯には棟持柱をもつ切妻型の本格的木造家屋（地上型）が発達し，北西海岸では特に大型である。アイヌでは入母屋風の本格的柱組家屋が発達した（渡辺，

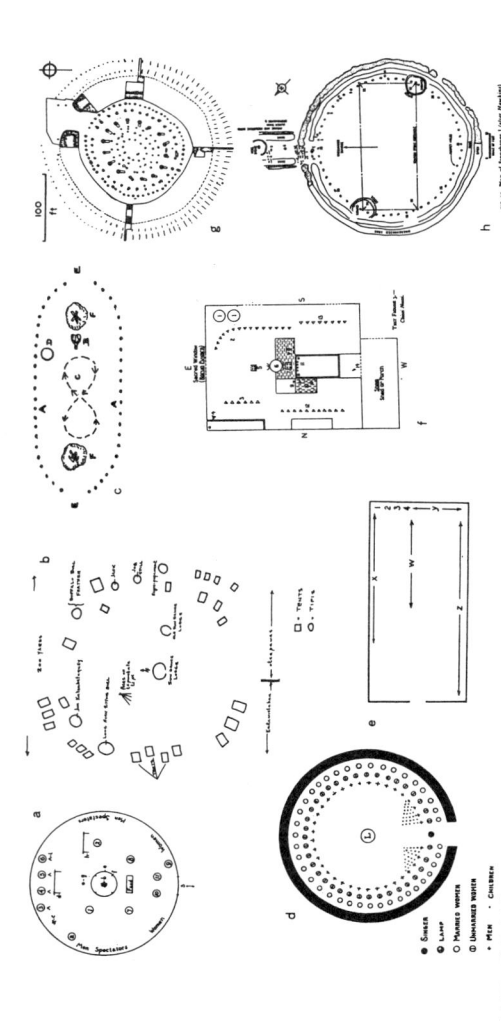

**第8図** 狩猟採集民の集団儀礼場（屋内型 a～f）（平面図）時代儀礼用施設（g～h）と英国先史

a. 平原クリー族（北米,平原領域）の集団儀礼専用テント Sun Dance Lodge (Mandelbaum, 1940)
b. 平原クリー族の部族キャンプ．Sun Dance Lodge の位置を示す (Mandelbaum, 1940)
c. ナスカピ族（カナダ森林帯）の2家族用テント兼儀礼場．山捕リクマ儀礼を示す (Speck, 1935)
d. セントラル・エスキモー（カナダ）の dance house（大形雪小屋）(Boas, 1888)
e. ヌートカ族（北米, 北西海岸）の厚板小屋 plank house, 集団住居兼儀礼場, ポトラッチ儀礼の席を示す (Drucker, 1951)
f. アイヌ族（北海道）の草葺き家屋, 住居兼儀礼場. 家屋新築儀礼の坐席を示す (Munro, 1962)
g. 英国 Wiltshire の環状列柱 Woodhenge（新石器時代）(Bradford, 1954)
h. 英国 Salisbury のストーンヘンジⅠ（新石器時代）, ストーンサークルの代表. 環壕の内側に環状列六群（56穴）を伴い, うち若干は火葬埋葬穴 (Clark, 1970; Whitehouse, 1983)

123

1984a)。以上いずれも平面型は矩形(四角形)である。

一時的住居兼用型屋内儀礼場 I-B-(2) の例としてはナスカピ族(カナダ森林インディアン)をあげることができる(第8図, c)。これは山捕りのクマに対する供宴とダンスの儀式が,2家族居住のテントで挙行される模様を示している。その平面図は楕円形を呈する (Speck, 1935:103-104)。

以上現生狩猟採集民の屋内型集団儀礼場を分類的に概観したが,これも整理すると次のとおりである。

集団儀礼場:
　(I) 屋内型 Indoor Type
　　　(A) 独立家屋型:1) 恒久家屋式独立型儀礼場
　　　　　　　　　　　2) 一時的家屋式独立型儀礼場
　　　(B) 兼用家屋型:1) 恒久的家屋式住居兼用型儀礼場
　　　　　　　　　　　2) 一時的家屋式住居兼用型儀礼場

以上の屋内型は南方系(低緯度帯)の遊動的住民には無関係であって,北方群の特徴といえる。

縄文人の「住居址」とよばれ記されているものの中には,一般住居址とは様子の違った特異の大型家屋乃至施設が,東北地方から九州まで,散発的ながら各地に存在したことが知られ,「検討を要する遺構」と指摘されている(賀川, 1974:98)。この類のうち特に径10m内外あるいはそれ以上の大型円型竪穴式施設は,その形とサイズからみて,上記の恒久的家屋式独立型儀式場(例:カリフォルニア・インディアンのダンス・ハウス第9図, D-F.)の部類ではないかとも考えられる。大型円形地上型施設の場合は,住居址として,次項の「環状構築物(列石,

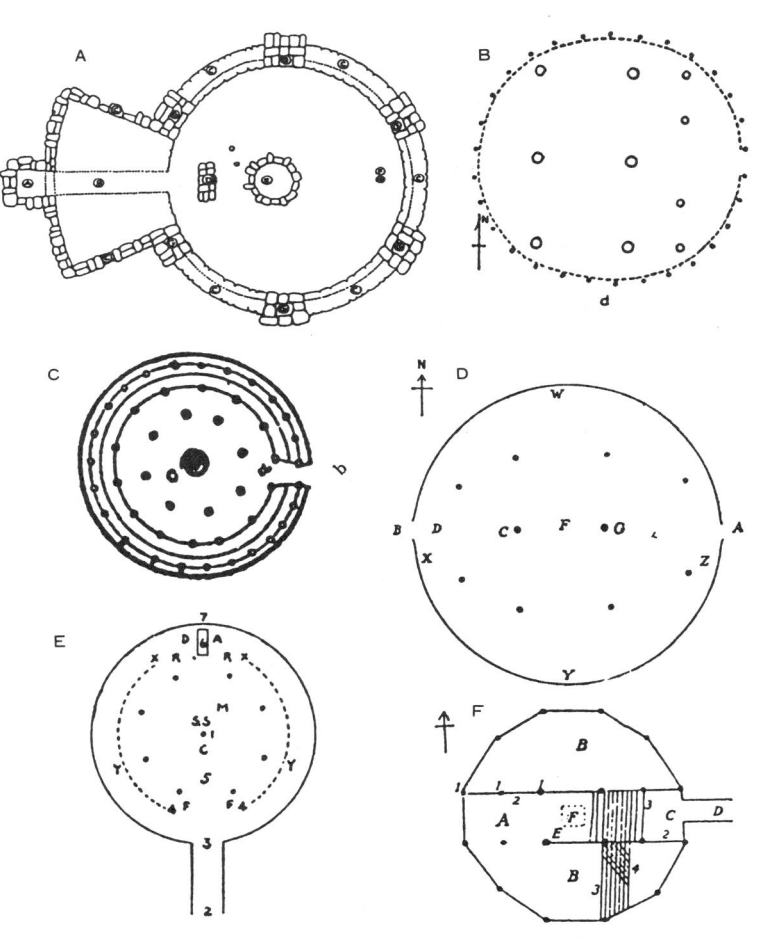

**第9図 狩猟採集民の集団儀礼場**（恒久家屋式独立型）（平面図）
　A．プエブロ族（北米，南西部）の kiva (Martin et al., 1947)
　B．マリコパ族（北米，南西部）の meeting place (Spier, 1933)
　C．クリーク族（北米，南東部）の town house (Swanton, 1946)
　D．パトゥイン族（カリフォルニア）の dance house (Kroeber, 1925)
　E．ポモ族（カリフォルニア）の dance house (Kroeber, 1925).
　F．ミウォーク族（カリフォルニア）の dance house (Kroeber, 1925)

列柱，土籬）」と区別できるかどうかが問題になる。

　以上は北方（高緯度）系狩猟採集民を特徴づける屋内型の儀礼場であるが，南方系（低緯度系）狩猟採集民の集団儀礼の場は屋外式即ち露天型 open-air で，その場所が境界される場合は，円形囲い地 circular enclosure の形をとるのが普通にみえる。アフリカのブッシュマン族の集団儀礼場（第10図，A）は，住居キャンプから東方に離れたブッシュの中の茨垣 thorn fence で囲まれた円形地で，ここで少年達の成人式 initiation ceremonies が行われる。クイーンズランド原住民の集団儀礼場も，キャンプから離れた露天の半円形囲い地であるが，ここでは囲い（桓）の形が円弧状から馬蹄形まで変異がみられる（第10図，C，D）。いずれも成人式の儀式用であるが，囲いが，馬蹄形の例（第10図，D）では長さ30フィート以上の灌木桓 bush-fence（中央で高く端が低い。高さ12フィートも稀ではない）であるが，弧状の例（第10図，C）では灌木桓の高さが$3^{1}/_{2}$〜4フィート，長さは30フィート位である。このような囲いの中で，部族の長老達が成人式を挙行する（Roth, 1897：170, 173）。中部オーストラリヤ原住民の露天集団儀礼場（第10図，E）は，住居キャンプから離れて見えない場所にある。その儀式場 ceremonial ground には，長さ40〜50フィート，幅5フィートの通路が東西方向に作られ，その土が両側に積まれて道と同じ長さの低い土堤がつくられる。その東端から約50フィートの所に樹枝が弧状に積まれて男の溜り場となり，C地点が女達の溜り場となる。男女全員が集ったところで成人式が挙行

IV 縄文式階層化社会

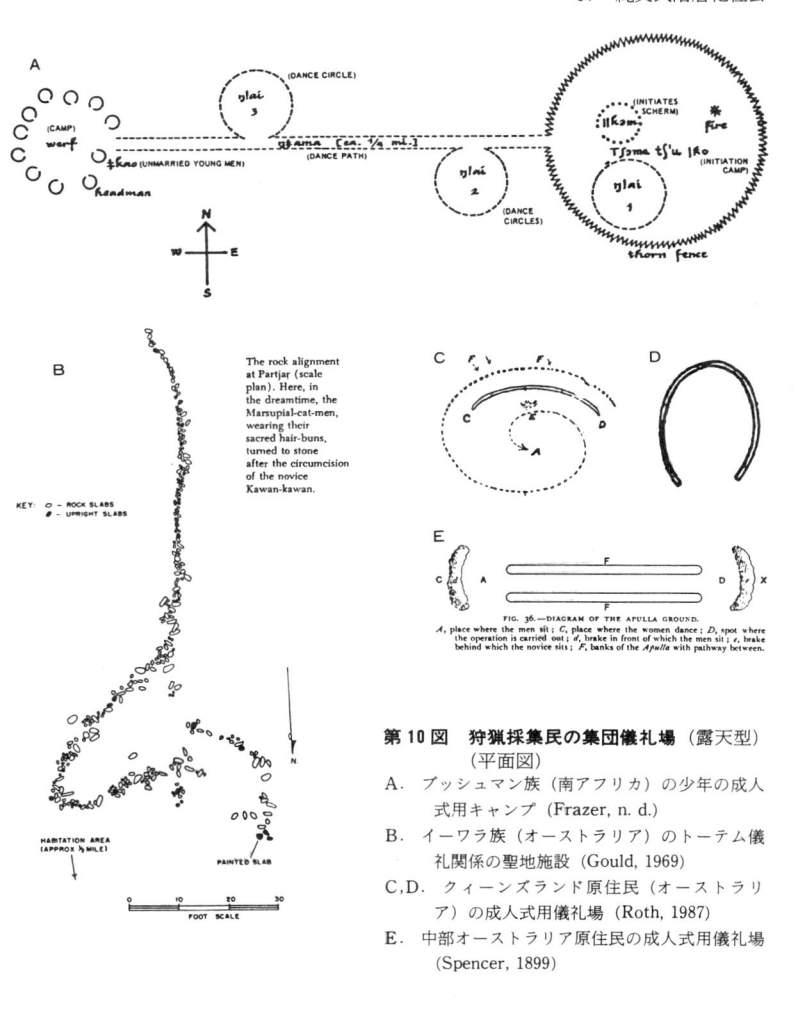

**第10図 狩猟採集民の集団儀礼場（露天型）（平面図）**

A. ブッシュマン族（南アフリカ）の少年の成人式用キャンプ（Frazer, n. d.）
B. イーワラ族（オーストラリア）のトーテム儀礼関係の聖地施設（Gould, 1969）
C,D. クィーンズランド原住民（オーストラリア）の成人式用儀礼場（Roth, 1987）
E. 中部オーストラリア原住民の成人式用儀礼場（Spencer, 1899）

127

される (Spencer, 1899：219〜220, Fig. 36)。西部オーストラリヤの砂漠の原住民（イーワラ族 Yiwara）からは環状列石式の集団儀礼施設が報告されている（第10図，B）。それはトーテム神話の聖地の一例であって，列石の中には地上高12〜30インチの立石（黒色印）が不規則間隔で混り立ち並んでいる。最北端の大立石（高さ16インチ）は割礼をうけた神話の主のペニスを表わし赤色彩色はその血をあらわしている (Gould, 1969：143-145)。南東部オーストラリヤでは男子成人式用の式場は，集落（キャンプ）付近の平坦地をえらび，草木をはらった径30〜40フィートの円形地 circular space であった。整地のときに削った土は，整えた土地の周りに低い環状土盛り low, circular mound を作るのに用いられた。岩石の豊富な所では，この囲いが石で作られた (Massola, 1971：82, 90)。ヴィクトリヤ州に残る一例の写真をみると，同心円状の二重配石環の一部がみえている。各環は小礫の1列鎖状配石でできている (ibid; 90)。

　集団儀式用の露天の円形囲い地 open-air circular enclosures は，北米インディアンにおいても，カリフォルニア南部の住民の間で各地にみることができる。ただいずれも平面図が利用できないのが残念だ。フアネノ族 Juaneño の主要儀礼は，成人式 initiation ceremony と追悼記念式 mourning ceremony（亡き首長等重要人物）である。これらの儀式は神聖な囲い地 a sacred enclosure で行われた。この祭祀場 wankech は柴垣の囲い地で屋根はなく，その中に更に内囲い smaller inclosure があって，この中または近くには，コンドルの諸部分や数多く

## IV 縄文式階層化社会

の矢等を充たしたコヨーテの毛皮が置かれ,これが祭壇とされた。この式場は神聖で,未成年者は外囲い outer enclosure の中へも入ることが許されなかった (Kroeber, 1925：639, 642)。

ガブリエリノ族 Gabrielino (ルノセノ族の東隣) では,宗教的集会は露天の儀式用円形囲い地 (yoba) open air ceremonial enclosure (ルイセノ語 wankech, wamkish, ディエグエノ語 himak) で挙行された。それは杭と編んだ柳の枝で円形に作られていて,各儀式毎に清められた。各村にこの yaba が1カ所あった (Kroeber, 1925：628)。あるデータによると,この神聖な囲い地は,径50フィート,杭の高さ3フィートだが,別の記録では,径がそれより小さいが高さは外から見えないほど高かった。この例では囲いは草莚 tule mat でできていて,内囲いがあり,その中にコヨーテ皮に包まれた神への捧げ物が置かれた。そこで男子成人式をはじめ死者追悼式が行われた (Johnston, 1962：47)。彼等の北隣りのセラノ族 Serrano では,男子成人式の対象は名家 prominent families の子息か,極めて有望な少年に限られた (Johnston, ibid：61)。

チュマシュ族 Chumash (セラノ族の東隣) の儀式用囲い地 ceremonial enclosure は,草莚 tule mats で囲われた円形構築物であって,成人式用であった (Landberg, 1965：26)。その囲いをとりまいて多数の石塊が埋めこまれ,3手尺 three palms (単位(palm)＝3〜4インチ(手幅)または7〜10インチ(手首-指先長)) の高さだけ地上に突出していた。囲いの中には,太いマストのような材木 timbers (poles 杭) が数多く立てられていた。この囲いの中をめぐって儀礼ダンスが行われた

(Grant, 1978 : 513)。

　狩猟採集民の集団（乃至公共）用儀礼場は，上述のように，（Ⅰ）屋内型と（Ⅱ）屋外（露天）型に2大別できる。屋外（露天）型はさらに，その形状によって2大別できる。それは眼にみえる仕切り（境界）（例えば桓等）があるもの（A）とそれがないもの（B）の区別である。

　このⅡ（A）は上述の「囲い地」enclosures の類がそれに当る。

　そのⅡ（B）は，これから略述するが，囲いのない神社 shrines（神体等の崇拝対象を伴う）や祭壇 altars（供物等を置いて神霊に祈る場所）がそれに当る。狩猟採集民の場合，それらは単純な場合1本の棒や1個の石という場合も稀ではない。北米インディアンの神社の最も普通の形は小石の環か一個の石等である。ワルピ族 Walpi のそれは石の小山 small pile である。また棒 prayer sticks 以外何もないような場合も多い（Hodge, 1910 : 558)[20]。例えばカロク族 Karok（北西海岸領域南端に属するカリフォルニア・インディアン）の初サケ儀礼用の祭壇 altar は，特定地点の空き地に立つ高さ1フィートの岩にすぎない。その傍の焚き火で煮た初サケを食する儀式がそこで行われた。これがカリフォルニア・インディアンについて既知の唯一の祭壇の実例とされている（Kroeber, 1925 : 105)。チュマシュ族（先述，南カリフォルニア・インディアン）の神社 shrine は，羽毛の房をつけた棒か，彩色した石である。これを，開けた場所（海岸では海からみえる場所）にたて，守護神 guardian spirits への供物を捧げて，猟漁採集の成功を祈願す

る。また毎年冬至には前年の棒を燃して新しいのを立て，供え物をして，冬至から2日間，その周りで舞踏した（Landberg, 1965：27-28）。

そこで以上のように，狩猟採集民の公共儀式場を概観すると，屋内型（Ⅰ）では，その建物が四角型（短型）の場合は，本格的木造家屋が発達した北太平洋沿岸とアラスカに限られ，その他ではすべて円型（楕円型を含む）である。屋外（露天）型（Ⅱ）ではすべて円形（弧状，馬蹄型を含む）である。彼等の集団儀礼場が屋内型も屋外型も一般に円形という事実は，彼等の集落（平面形）が原則として円形であることと対応している（渡辺，1986）。

要するに縄文人の大型環状列石（「ストーン・サークル」）遺跡は，以上のように現生狩猟採集民に共通する原則からみて，仕切りされた（境界を伴う）露天の集団儀礼場，即ち集団儀礼用露天囲い地 open-air ceremonial enclosure に他ならないと解釈することができる。

これまでこのような大形環状列石は，小型環状列石と区別せず，一括して墓かさもなくば祭祀場かと2分法的論争が行われてきた。しかし以上のように，それは露天の集団儀式場であって，墓地を兼ねてもよく（北西海岸，南米例参照，119頁），兼ねなくてもよい。それはそれぞれの社会の事情に応じて変異してよいと考えられる。例えば三笠山（忍路）（駒井，1959：74-76，及び第49図）の例は墓を伴っていないようにみえる。この地の大型環状列石（東西22 m，南北30 m，中央付近に立石）には，付近に比較的近くまでアイヌが住んでいて，この列

石（立石）に対しサケを供えて祭りをしていたとの情報があるという（同上書, 74, 92）[21]。また大湯（野中堂及び万座）（後藤, 1953）の例は列石環の中に墓を伴っていて，その意味で墓地を兼ねているが，このように集団（公共）儀式用露天囲い場が墓地を兼ねる場合，そこに葬られたのは万人でなく，地域社会の重要人物（首長あるいは上部階層―富者即ち狩猟系家族）に限られた可能性が高い（前述，トリンギット族等北西海岸例及びファネノ族 Juaneño, 参照）。何故なら，狩猟採集民社会ではコミュニティのレベルの儀礼の管理・運営（自然神との交渉）の鍵を握るのは彼等だからである（渡辺, 1987 参照）。

集団儀礼用円形囲い地は，大型環状列石に限らない。縄文人の環状土籬と環状列柱（真脇等）は，いずれも前者の同類として取り扱うことができる。ただしそのうち環状列石と環状土籬は屋根なし露天型とみなすことができるが，環状列柱の場合は，英国の woodhenge（先述）でも問題になっているように，屋根の可能性も排除しがたい。屋根を伴う場合は屋内型儀式場，即ち（Ⅰ）型の部類に入ることになる。

なおまた大型環状列石，環状柱列，環状土籬を上述のような儀式用囲い地とする視点に立つと，遺物として残っている石以外の桓 fence の有無が問題になる。現生狩猟採集民では，前述例でわかるように，囲いが低い土堤で目隠しにはならないようなものから，背丈以上の高い柴桓まであるが，カリフォルニアでは1m前後の桓で，入れない者が桓の外から内部の行事をのぞき見できるような場合もある。以上から示唆されることは，縄文の円形囲い地に，遺構として残存しているもの以外に，何

IV 縄文式階層化社会

等かの桓 fence 的な植物性構築物があったのではないかということである。また屋根の有無も無視できない。これらは今後の課題である。

　縄文人の大型環状構築物（列石，列柱，土籠）は，その規模と恒久性の点で，現生狩猟採集民を凌駕する程であり，また英国のストーンサークル及びウッドヘンジ（前出，環状列柱参照）（新石器時代乃至青銅器時代）に迫るものがある。このような物質的側面（技術・経済的側面）のレベルの高さからみても，このような施設を管理・運営した縄文コミュニティーの安定性と強固性が推測できる。この恒久的大型施設をめぐる集団儀礼を管理・運営した主体は，地域社会の知的エリートとしての退役狩猟者達――狩猟者階層（富者層）の長老達とみなしてよかろう。ここにはまた儀礼団体としての血縁集団の存在さえも暗示される。

　大湯環状列石を発掘した後藤守一博士は「この二つの所謂日時計遺跡（内環と外環の間に孤立的分布――筆者註）は特殊の地位の人のものだということになるのかもしれない。しかしそう説こうとすると，縄文文化の後期頃の社会に多少の階級差が生じてきたのかという質問にあうかもしれない。そうなると，私にそれを肯定する自信はない」（後藤，1953：78-79）と述べている。しかし同博士は既にこの施設に関係する縄文人の階層差を肌身で感じておられたのである。また北海道の環状列石を調査した駒井和愛博士はさらに一歩を進めて，「何れにしても古代アイヌがすでに大小の環状列石の如きを営み，或いは土塁をめぐらし，巨石を用いた墳墓をつくっていることは刮目に値

することであって，当時身分の差があり，あるいは貧富の差があったことを仄かしているものといえよう。同じことは北海道のみならず東北地方の環状列石についてもいえることで，私は北海道から東北にかけてストーンサークル圏とでも呼ぶべきものの存することを主唱したい。」(駒井，1959：120-121) と述べている。駒井博士は環状列石を通して縄文社会の階層化を見通して居られたようである。正に洞察というべきであろう。

　大湯—忍路—茂沢型環状列石にしても真脇—チカモリ型環状巨大木柱列にしても，このような大型の非実用的建造物が各地に存在することは，縄文社会が一般的狩猟採集社会とは違った高度（特殊）狩猟採集社会，即ち階層化社会であったことの間接的証拠といえよう。実用的建造物ならば，一般的狩猟採集民でもかなり大規模のものを作ることがある。例えばコッパー・エスキモー Copper Eskimo のサケ漁用 stone weir (Jenness, 1922：Pl. Ⅶ)，ヌナミュット族 Nunamiut（内陸アラスカ・エスキモー）のカリブ猟用 corral (Rausch, 1951：Fig. 15) 等はその好例である。しかし彼等が縄文人の環状巨大木柱列や大型環状列石のような，衣食住（生計）とは直接無関係の大型建造物をつくる例は筆者の知る限り見当らない。彼等にはそのような必要も余裕もないからである。いいかえると，そのような非実用的奢侈的行動に熱をあげることができたのは，高度装飾工芸，高度奢侈品交易，大型建設技術，遠位環境開発等を発展させることのできるような経済的余裕のある社会，つまり交換可能な充分の余剰生産の可能な社会でなければならなかったはずである。これは現生狩猟採集民の社会学的分類（渡辺，1988b；

Watanabe, 1988) からみて, 生業分化を伴う階層化社会以外考えられない。要するにこのような大型非実用的建造物の発達は，高度装飾工芸品，高度奢侈的交易品の発展に対応する現象とみることができる。何故なら狩猟採集社会の通則（通有性）では最高度装飾品乃至最高度奢侈品は儀式関係品 ceremonial objects といえるからである。

## 4 土器の社会的機能：縄文式から弥生式への変化

先述（第III章）の構造モデルで説明したように，狩猟採集民社会の通例・通則として，装飾的・奢侈的工芸の発展，即ち同一社会内工芸品における非実用的（宗教的・芸術的）品質の精粗・優劣格差の増大は階層化社会の特徴であって，定住化と生業分化による経済的階層化，即ち富者層対貧者層の分化にもとづく現象といえる。そのような情況下で，富者即ち上層者達は，そのような奢侈的工芸品の単なる使用者ではなく，経済的余裕ある人々即ち交換可能な余剰を生産する能力ある人々として，奢侈的工芸の支持・推進者 patron でもあった。そしてこのような非実用的工芸の発展は，威信経済という社会の構造的基盤があってはじめて可能であったのである。

縄文社会の高度装飾土器，所謂逸品・優品類は，上述のような社会状況下で，儀式関係用品 ceremonial　objects（供宴 feasts を含む）であると同時に威信獲得（確保）用品 prestige goods としての役割を果たしたものと考えられる。つまりそれは富者（上層者即ち狩猟系の人々）の家の格式 family status

と富裕度 wealth をあらわし，それによって社会の信望を獲得・確保する手段の一つにほかならなかったのである。このような威信関係用品は社会に示されてはじめて機能を発揮するものであるから，それを公衆に展示する場（乃至機会）がなければならない。それが集団儀礼であった。従って威信獲得用品の発達は集団儀礼の発展と歩調を合わせることになる。

　狩猟採集民の階層化社会では，余剰生産力が比較的大きいことと社会組織が比較的発達していることと相まって，集団儀礼が一般狩猟採集民より発達している。例えば北米北西海岸やアイヌでは，血縁組織の儀礼団体が形成され複数日数にわたる大規模の祭礼が実施された (Hodge, 1907：229; 渡辺，1964)。縄文人の大型環状列石，環状列柱等は，その規模と恒久性からみて，階層化社会のそのような集団儀礼にふさわしい露天儀式場 open-air ceremonial grounds を提供したとみえる。狩猟採集民の集団儀礼には，神祭りの儀式そのもの以外に舞踏 dances と供宴 feasts がつきものである。縄文人の奢侈品 luxuries——特殊装飾工芸品類は，そのような場で威信獲得用品としての機能を発揮したにちがいない。極度にまで装飾化された創作的縄文土器の類はその代表ともいうべきであろう。それらは，高度の技術・芸術性と稀少性によって，縄文社会の最高奢侈品 luxuriest objects であったといえるからである。

　そこで以上のように縄文土器が，集団儀礼の場で使用され誇示 display される威信関係品 prestige goods として，そのような祭器兼宝器的役割を演じたとすると，考古学的事実の上で，縄文土器がそのような役割を演じた可能性を示す直接的証拠が

IV 縄文式階層化社会

あるかどうかが問題である。つまり縄文土器の優品・逸品類が祭祀儀礼の場で用いられたことを示唆する出土データが果して実在するだろうかという疑問である。しかしそれに対する答は肯定的である。

例えば山内・甲野・江坂（編）『日本原始美術Ⅰ，縄文土器』(1967) は，1960年代の既知の縄文土器の代表的美術作品を殆ど網羅した集大成であるが，そこに図示された標本についての詳細な解説の中から，ここで問題にした社会的機能関係の出土データを拾い出して整理すると第4表のとおりになる。

即ち完形・準完形土器の出土状況を屋内（竪穴住居）と屋外に分けて，屋外出土例を探すと，11例（遺跡）を見出すことができる（第4表-Ⅰ）。これらは1例（Ⅰ-3）を除いて，他はすべて儀礼関係を示唆するものである。そのうち5例（Ⅰ-1, 6, 7, 10, 11）は葬礼関係で，1例（Ⅰ-10）を除いて副葬品である。残りの5例（Ⅰ-2, 4, 5, 8, 9）が葬礼以外の祭祀儀礼との関係の可能性を示唆するものである。特に長野県諏訪郡の藤内遺跡（Ⅰ-2）の場合は，優品とされる10個以上の完形土器群が並列出土したことによって，「一種の共同祭場かと想像された」と記されている（解説者藤森栄一氏）。福島県石城郡の大平遺跡（Ⅰ-8）と岩手県二戸郡の牛間館遺跡（Ⅰ-9）も，集落とは別という意味で特殊遺跡とみなされている。これらの遺跡では，出土した完形土器群（異型乃至精製）以外に人工為物が殆ど見当らないのが特徴である。また岐阜県吉城郡の宮地遺跡（Ⅰ-4）では，6個の土器群が半円状に並列して発見され，新潟県五泉市の大蔵遺跡（Ⅰ-5）では，縄文土

## I. 竪穴住居(屋)外出土

| 遺跡名 | 伴出個数 | 形状 | 埋没状況 |
|---|---|---|---|
| 1) 国府遺跡<br>(大阪府南河内郡) | 図示例(1) | 図版62(深鉢)〔北白川2式〕 | 玦状耳飾をつけた3号人骨の胸上に横たわった状態で出土 |
| 2) 藤内遺跡<br>(長野県諏訪郡) | 図示例(3)<br>他(7)例以上 | 図版Ⅶ(円筒形大深鉢), 116(大深鉢), 123(人体モチーフ樽形土器)〔以上藤内式〕<br>116は縄文土器として器高最大級。123は丹塗研磨, 口頸部の鍔に等間かくの小貫孔。 | 竪穴群の中心部平地に10個以上の土器("優品")が並列, 一種の共同祭祀場かとの想定から, この地区は藤内特殊遺構と呼ばれている。 |
| 3) 蛇崩遺跡<br>(東京都目黒区) | 図示例(1)<br>他(3)例 | 図版105(浅鉢)〔阿玉台式〕, 他(3)例: 把手付深鉢(1), 丹塗浅鉢(1)〔以上勝坂式新期〕, 鉢(1)〔加曽利E式〕 | 径1mほどのピットの中から出土 |
| 4) 宮地遺跡<br>(岐阜県吉城郡) | 図示例(1)<br>他(5)例 | 図版144(深鉢)〔加曽利E2式相当〕<br>底部欠損, 胴下半橙黄色(煮沸時火熱による) | 道路改修現場から144の他計6個の土器が半円形状に並列して出土 |
| 5) 大蔵遺跡<br>(新潟県大泉市) | 図示例(1) | 図版XIII(台付浅鉢)〔馬高1式〕<br>上半部は煤煙で黒染(煮沸) | 環状列石周辺から出土 |
| 6) 御殿山遺跡<br>(北海道静内郡)<br>積石墳墓, 8号墳 | 図示例(1) | 図版160(壺)〔御殿山式〕<br>底部欠損(副葬時儀礼の打欠き可能性), 倒立埋没 | 積石墳墓の副葬品 |
| 7) 同上遺跡<br>積石墳墓群 | 図示例(1) | 図版161(注口土器)〔御殿山式〕<br>底部小さく不安定(祭祀用) | 積石墳墓の副葬品 |
| 8) 大平遺跡<br>(福島県石城郡) | 図示例(1)<br>他(2)例 | 図版168(異形有孔丹塗小壺)〔宝ヶ峯式〕<br>他2例は特異形小土器<br>168は胴部下半に小貫孔(焼成前穿孔) | 土器片など遺物散布が殆どない山間部の畑地遺跡<br>168の小壺と他の小土器2例が約50mの間隔で出土(牛間館に似た特殊遺跡) |
| 9) 牛間館遺跡<br>(岩手県二戸郡) | 図示例(1)<br>他(4)例 | 図版169(異形有孔円底深鉢)〔十腰内5式相当〕<br>他(4)例: 卵型土器(1), 注口土器(1), 精製小型土器(高さ5cm未満)(2)<br>169は168同様の小貫孔(径1cm), 卵型土器も胴下半に小貫孔。 | 土器片, 石器などは全く見当らない台地縁遺跡。開田工事による発掘。大平遺跡同様の特殊遺跡とみられている |
| 10) 曽谷遺跡<br>(千葉県市川市) | 図示例(1) | 図版176(深鉢)〔堀之内1式〕 | 竪穴住居址外で壁面から約2mの地点に, 単独でほぼ直立, 器内に幼児骨1体分遺存 |

| 遺跡名 | 伴出個数 | 形状 | 埋没状況 |
|---|---|---|---|
| 11) 姥山遺跡<br>（千葉県市川市） | 図示例(1)<br>他若干例 | 図版188(浅鉢)〔加曽利BⅠ式〕<br>他に注口土器その他の特殊形態土器 | 多数の埋葬人骨の副葬品のような状態で出土 |

## Ⅱ. 竪穴住居(屋)内出土

| 遺跡名 | 伴出個数 | 形状 | 埋没状況 |
|---|---|---|---|
| 1) 東貝塚<br>（横浜市港区）<br>3号貝塚竪穴住居址 | 図示例(1) | 図版65(たらい型土器)<br>底面の大きい異形土器<br>〔北白川2式，但水子式に伴出〕 | 床面付近出土の他の土器片はすべて水子式，本土器のみ北白川2式 |
| 2) 下向山遺跡<br>（山梨県東八代郡）<br>竪穴住居址 | 図示例(1) | 図版93(円筒形深鉢)<br>〔五領ヶ台式〕 | |
| 3) 草花遺跡<br>（東京都西多摩郡）<br>竪穴住居址 | 図示例(2) | 図版94(円筒形深鉢)<br>95(深鉢)<br>〔勝坂1式〕 | 炉址付近出土 |
| 4) 塚山遺跡<br>（東京都杉並区）<br>竪穴住居址 | 図示例(2) | 図版102(深鉢)<br>104(浅鉢)<br>〔阿玉台式〕 | |
| 5) 新道遺跡<br>（長野県諏訪郡）<br>1号竪穴住居址 | 図示例(4)<br>他(1)例 | 図版113(鉢)，114(深鉢)，115(台付鉢)，126(樽形土器)〔以上新道式〕<br>他(1)例(鉢乃至深鉢形) | 113，114及び他(1)例の3個は口頸部に煤付着 |
| 6) 井戸尻遺跡<br>（長野県諏訪郡）<br>5号竪穴住居址 | 図示例(3) | 図版127(樽形土器)，128(把手付壺)，134(吊手土器)〔以上井戸尻式〕 | 127に丹塗痕跡，128は底部欠損，134は燈心焼け痕及び煤付着 |
| 7) 曽利遺跡<br>（長野県諏訪郡）<br>4号竪穴住居址 | 図示例(3)<br>他に復元可能土器(4) | 図版129(大把手付深鉢)，130(渦巻文大把手付深鉢)，140(深鉢)〔以上曽利式〕<br>129，130は色調・土質・焼成が酷似，同一人の作品の可能性 | 中央炉址側傍に直立状態で埋没 |
| 8) 同上遺跡<br>18号竪穴住居址<br>(前記4号竪穴隣接) | 図示例(2) | 図版131(渦巻文大把手付深鉢)，138(深鉢)〔以上曽利式〕 | 131の土器は隣接4号竪穴人の130の土器の模倣品の可能性 |
| 9) 同上遺跡<br>5号竪穴住居址 | 図示例(2) | 図版137(深鉢)，139(深鉢)〔以上曽利式〕 | 137，139の両者は同一作者の可能性 |
| 10) キツネ塚遺跡<br>（石川県石川郡）<br>3号竪穴住居址 | 図示例(1) | 図版XIV(装飾把手付壺)〔串田新式〕 | 炉の北1.6m，3方を棒状河原石(40cm長)で囲んだ石囲いの中にこの土器だけが直立埋没（故意の埋納の可能性）(曽利4号竪穴参照) |

第4表 完形・準完形土器の出土状況
（山内他〔編〕1964のデータから筆者による抜粋・表示化）

器のみごとな優品が，環状列石の周辺から出土している。以上のような出土状況を伴う事例が，各地で再三みられることは，縄文土器を代表するような優品乃至精製品が地域社会の集団儀礼に何等かの役割を演じた可能性を示唆するものといえよう。

　以上は屋外出土の状況であるが，優品乃至逸品類の取扱いについては屋内出土の状況もあわせて検討する必要がある（第4表-II）。前述の屋外出土例と同じ情報源からのデータ抽出結果によると，完形・準完形縄文土器の屋内出土例が10件（遺跡）ある（II-1〜10）。そのうち出土状況について特に記述があるのは4件だけであるが，そのうち3件は炉址附近出土とされている（II-3，7，10）。就中，石川県石川郡キツネ塚の場合（II-10）は，石囲いの中に装飾把手付壺だけが直立状態で出土している。これは北陸中期に類例のない精製品とされるものであって，解説者（高堀勝喜氏）は，その状況から，故意の埋納と推定している。このような屋内出土状況と関連して問題なのは，土器類の所蔵場所（置き場）である。祭器・宝器あるいは供宴の用具など，日常用でなく所謂ハレの用品類の場合は保管の場所と方法が問題である。屋外出土例でも，東京都目黒区の蛇崩遺跡（I-3）の例では，1群（4個）の縄文土器が径約1mの穴（ピット）の中から発見されているが，これなども収蔵行動（保存場）の点から問題である。

　物資の貯蔵storingあるいは保存preservationという行動は，狩猟採集民一般にみられる行動であるが，その程度と性質に著しい民族差がある。この差は基本的には生態的事情の差であり，特に住居の安定性（第1図参照）と関係が深い。南方

## IV 縄文式階層化社会

（低緯度帯）群でも，食物，原料・道具等を，獲得後直ちに消費せず一部を後の消費のために蓄えるとか，使い捨てでなく再利用のために保存することはあるが，そのような保存・貯蔵は少量・短期あるいは随時的 occasional であって，従って保存・貯蔵のための特別な施設をもたない。それに対して北方（高緯度帯）群は，生計上重要な狩猟の獲物が不確実なことと冬期の食物獲得が比較的困難なことへの適応的行動として，一般に食物の貯蔵・保存が発達している（渡辺，1972c；1988a：337-342）。また夏と冬の季節的変化が大きいために，生活（衣食住）の季節的変化も大きく（Mauss, 1979），従って生活用品の季節的変化を伴う。そのため季節外の不用品の保存・収納場がある。北方系狩猟採集民は以上のように食糧や道具類の保存・貯蔵場をもつが，その施設には，簡単なものから複雑なものまで，また一時的なものから恒久的なものまで幅広い変異が見られる。この変異は住居の安定性との関係が密接である（Watanabe, 1971：274-205；渡辺，1984a：405-408)[22]。

　北方（高緯度）系狩猟採集民を大きく分けて，まず住居の不安定な漂泊的グループ即ち遊動群（第1図，Ⅰ型）についてみると，彼等は食物や道具類の貯蔵・保存はするが，そのための特別の建物（倉庫）などは造らない。その典型的な一例がカナダのコッパー・エスキモーである。彼等は食物を求めて年中動きまわっているが，少しでも猟漁の獲物の余剰ができれば蓄える。その貯蔵場 caches として最も簡単なのは天然の大岩石の頂上である。また人為的に岩石を積みあげて台（石の高床）とし，その上に食物を載せるか，あるいは石を獲物の上に積みあ

げて保存・貯蔵する。彼等はまた季節外の用具類も翌年の季節まで保存するが，その保存（貯蔵）場も，上記の食料の場合と同様の施設であって建物等はない。アジア側の漂泊的グループの代表は，シベリヤのツンドラ・ユガギール族である。彼等はテントを利用して移動生活を営み，滞在中は荷物用の橇にカバーをかけて物置きに利用し，その中に衣類その他の家財を収納している（渡辺，1984a：406）。

　恒久集落を伴う北方系狩猟集民では，半遊動型グループ（第1図，II型）でも，上記のものより複雑で手のこんだ貯蔵施設を構築している。即ち高床式貯蔵台 platform caches（カナダ・インディアンのセカニ族 Sekani，クリー族 Cree 等）と地下貯蔵庫 underground (pit) caches（アラスカ・エスキモーのタレウミット族 Tareumiut，アラスカ・インディアンのクチン族 Kutchin，カリフォルニア・インディアンのモドック族 Modoc 等）がそれである（Watanabe, 1971：278-279）。

　北方系定住型狩猟採集民（第1図，IV-V型）になると，頑丈で本格的な木造倉庫 store house を持つ。例えばアラスカのインガリック族 Ingalik（ユーコン河流域サケ漁インディアン）では，典型的な高床式切妻屋根の食物兼家財用倉庫がみえる。また同じ定住グループであるベーリング海峡エスキモーにも高床式倉庫がある。木造高床倉庫は，アジア側では特にオホーツク海沿岸に発達している。これらは丸太材の横組みによる所謂校倉造りが特徴である。アムール河下流域の定住猟漁民（代表―ニブヒ族 Nivkhi 即ちギリヤーク族）は儀礼と威信経済の発達した階層化グループであるが，彼等は氏族共有の儀礼用品倉

IV 縄文式階層化社会

庫等も所有している（渡辺，1984a：406〜407）。アイヌ族も，集落の住居の屋外に，食物倉庫とは別に物品（用具類）倉庫をもっていた（Watanabe, 1972 (73)：Fig. 1；渡辺，1977：第1図及び390）。物品専用倉庫 ware house は定住型狩猟採集民のなかでも特に北太平洋沿岸階層化社会の特色といえる。これは，豊かな環境を背景とする生業分化によって高度化された生産体制と交易システムが，定住化と相まって，物資と家財の増加と蓄積をもたらした結果にほかならない。彼等の家財のうち特に貴重品（財宝）類 valuables は，恒久住居の家屋内に所蔵するのが普通のようにみえる。北カリフォルニア・インディアン（ユロク族，カロク族，フパ族）では財宝類 treasures の置き場は家族の居住する家であった（Turner 1979：195）。ヌートカ族では，首長級（貴族）の人々の貴重品類 valuables は，装飾された保管箱 storage box, chest に所蔵されていた（Drucker, 1951：89）。ギリヤーク族においても，貴重品 valuables 即ち威信関係品 prestige goods は木製大箱 chest に容れて住居内に保管された。威信関係品は男の身分の尺度であり，それら大箱はしばしば高度に装飾されていた（Black, 1973：16, 28）。アイヌ族の祭器兼宝器としての財宝（イコロ）は住居の奥の一偶に安置された（渡辺，1980：89及び第49図）。北洋沿岸階層化インディアンの一員で隣接異民族エスキモーとの間で緊張度の高いタナイナ族 Tanaina では，彼等による略奪を防ぐために，財貨を隠匿する風習があった。それは完全地下式の倉庫 underground caches（厚板小屋 plank house）であって，外来者 strangers の眼につかないように，恒久集落から少し離れた

場所に造られていた。この地下貯蔵庫は乾燥保存も利くが，主目的はそれよりもエスキモーの欲しがる毛皮製品等インディアン製品を略奪から守ることであった (Osgood, 1930：66)[23]。

　以上は狩猟採集民における物資・家財の貯蔵・保管の場所と方法の概観である。それによると，物品のなかでも特に貴重品乃至財宝類は，それぞれの社会で，所蔵・保管上特別の配慮がなされ，その場所は，住居の屋内か，屋外の地下に二大別できそうなことが解る。このような事実と傾向からみて，先に吟味した縄文土器の特殊出土状況（第4表，II-10，屋内石囲い，及びI-3，屋外ピット）は特殊縄文土器の所蔵・保管上の取扱いに関係する可能性のある情報として注目すべきであろう。

　最後に，第4表にまとめた完形・準完形縄文土器の出土状況に関する情報を概観すると，時期についての重大な事実が浮かびあがってくる。それは当時の人々の手で置かれあるいは埋納された原位置・原状態らしくみえる出土状況を示す土器の例は，時代が殆どすべて縄文時代中期あるいはそれ以降（後・晩期）に属するということである。これは装飾土器あるいは精製土器の屋外及び屋内における用法が，縄文時代中期になって，俄に発展（活発化）したことを物語る。特に屋外の用法は，明らかに非実用的であることを示している。つまりそれは縄文土器の儀礼的あるいは社会的機能が，中期になって俄かに活発化しはじめ，後・晩期を通じて発展したことを暗示するものといえる。この点は，先述した集団儀礼場の発展（活発化）の様相と軌を一にすることとなり，それによって両者の関連性が示唆されることになる。またそれだけでなく，後述（148頁）するように，

## IV 縄文式階層化社会

縄文時代中期は階層構造の生成期であり，後・晩期はその発展期に当ることを考えると，以上に述べた縄文土器の非実用的（儀礼的乃至社会的）機能の発展期が中期─後・晩期という示唆は，社会構造的な意味をもつようにみえる。

　縄文土器の完形優品乃至精製品の出土状況に関する上述の分析は，とりあえず手元の限られたデータ（第4表）にもとづいて行ったものであって，それから得られた上記の結果は，さらにデータを整理して確かめなければならない。最近は各地とも緊急発掘が盛んで，遺跡発掘情報も急増しているから，完形縄文土器の優品・精製品の標本の増加だけでなく，出土状況のデータも急増しているはずである。そこで上述のような縄文土器の社会的機能に関する現場情勢（出土状況）を体系化することが必要になる。この様なデータの組織的収集・整理は前例をきかない新しい作業であるから手間はかかるが，縄文社会考古学を進めるためには，このような構造的問題意識にもとづくデータの整備が必要・不可欠であって，それが第一歩ともいえる。ここで取りあげたような完形土器関係特殊遺跡と住居址（集落）以外の各種特殊遺跡（例えば環状列石等）との社会構造的関係を確めることも今後の社会考古学の重要課題である。

　ところでここに一つの問題が起る。それは，そのような特殊土器の製作者はいかなる人物かという疑問である。これまで考古学界では一般に，土器の製作者は女性と考える風潮がある。北米に関しては民族誌でも，メキシコ以北の土器製作は排他的に女性の仕事とされている（Driver, 1961：172）。そこでもし縄文土器製作者が女性だったとすると，特殊縄文土器を儀礼用品

ceremonial objects あるいは威信関係品 prestige goods とみなす上記の理論に矛盾が起きないかという点が問題になる。何故なら，狩猟採集民の祭祀，特にコミュニティー・レベルの祭祀——地域の人々と神々との交渉手続き——は男性の手中にあり，女性はその手続きへの直接関与を許されず，またその儀礼用具の製作にもたずさわらないのが通例だからである。

　しかしそのような理論的矛盾は起らない。問題なのは「土器製作は女性」という通説であるが，これはあくまでも民族誌的通則であって，例外があり得ること，また特殊例が含まれていないことを忘れてはならない。例えば，アンダマン島民は，恒久的な季節的住居をもつ半遊動型狩猟採集民（第1図，第Ⅱ型式）で土器使用者であるが，その製作者は，北部では女性に限られるのに，南部では男女両性が関与し，しかも最良品の製作者は男性である（Brown, 1932 : 473）。特殊例は他にもある。北米南西部の玉蜀黍栽培インディアンのプエブロ族の伝統的土器製作者は女性であるが，製作過程の中でデザインとか装飾のような重要段階 important stages はその夫が引き受けることもある。また男だけが関与する儀礼のための特別土器は恐らく男が作った（Lambert, 1966 : 2～3）。民族誌の一般的記述では以上のような点が見逃がされていることが多い。このような事情からみて，縄文土器の中で少くとも特殊精製土器（所謂逸品類）は，男性の非常勤専門者 specialists, experts によって作られたとみてよかろう。縄文土器は装飾文様に優れ，「しばしばそれが彫塑的効果を示している。この意味で縄文式文化人は彫刻的才能に恵まれていたということができるかもしれぬ」

IV 縄文式階層化社会

(藤田, 1963：260) (cf. 八幡, 1963：15) ともいわれている。少くとも北方圏（高緯度帯）の狩猟採集民では彫刻 carving は男の仕事である[24]。それからみると，縄文土器の彫塑性はその作者が男であることの傍証ともいえよう。

縄文人の土器工芸の技術的・芸術的レベルの高さは既に専門的にも定評のあるところであるが，そのような精緻と華麗を極めた縄文陶芸の生成・発展の要因が一体何であったかについては，これまで殆どまともな追究がなかったようにみえる。この点について本論文の解析の結論は次のとおりである。即ち縄文土器工芸の高度の発展は縄文社会の階層化と威信経済の所産であり，そのような構造の中で果たした社会的機能の重要性によるものであったということである。

縄文土器の型式・編年学によると，それは中期になって特に著しい発展を遂げたとされるが，これはまさに，縄文社会の階層化に伴う構造的発展の一部にほかならないといえる。ここで階層化社会とは大形獣狩猟者対非狩猟者，即ち富者対貧者，即ち上部層対下部層の分化を伴う社会である（前述III章2参照）。

縄文式階層化社会は，既に説明したとおり，生活の諸方面にわたる各種の特徴的様相からとらえることができるが，それを整理すると，次の3項目にまとめることができる。

（1） 技術。生業分化による特殊化・高度化。
　　　特に遠位環境開発活動の活発化（クマ猟，カジキ銛漁，硬玉交易，南海産貝殻交易等）。
（2） 信仰・儀礼。技術補強手段として (1) と関連。特に集団儀礼の発展（大型環状列石，環状巨木柱列等）。

縄文式階層化社会と土器の社会的機能

　（3）　芸術。威信経済を通じて (1) 及び (2) と関連。特に装飾的・奢侈的工芸品の発達（高度装飾土器，高度身装品，輸入奢侈品）。

　ここにとりあげた以上のような高度発展的現象は，現生民に照らしてみても，既に説明したように，いずれも一般的狩猟採集民のレベルを超えるものであって，総体として構造的に階層化社会を反映するものとみなければならない。このような諸関係——縄文社会を特徴づける諸側面の構造的連関性を図示すると第11図のようになる。

　また以上にとりあげた縄文社会の技術，儀礼，芸術のレベルの高さをあらわす指標的現象は，いずれも中期以降あたりから活発化する要素であって，しかも後・晩期を特徴づける要素が多いことがわかる。これは，縄文社会の階層化が時代を追って進行したこと，またその階層化社会が中期頃になって一段と発達しはじめ，後・晩期には熟成の域に達したことを示すものといえよう。そこで，その次に来る稲作導入，それにつづく弥生文化化は，その構造的発展の延長線上に位置づけ捉えられなければならない。以上のような発展の流れにのって縄文人は，次々と高次の大陸文化要素を束にして取りいれていったのである。縄文時代末の水稲耕作文化導入が既に当初から整然とした高度の体系をもっていたことが最近明らかになった（高倉，1986：30）といわれるが，このような事態は上記のような発展的縄文社会を受け皿としてはじめて起り得たのではないかと考えられる。

　我が国への農耕（水稲耕作）導入に関して主役を演じたのは，

IV 縄文式階層化社会

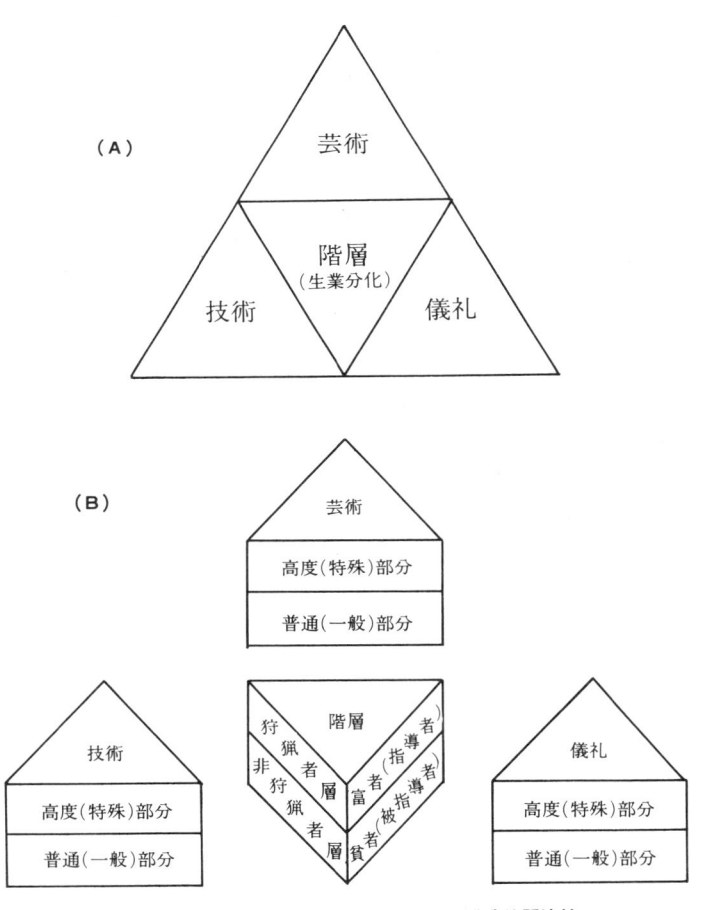

(A)

```
        芸術
  技術   階層    儀礼
       (生業分化)
```

(B)

芸術
高度(特殊)部分
普通(一般)部分

技術
高度(特殊)部分
普通(一般)部分

階層
狩猟者／非狩猟者／富者層／貧者層／(指導者)／(被指導者)

儀礼
高度(特殊)部分
普通(一般)部分

**第 11 図 縄文社会を特徴づける諸側面の構造的関連性**
A. 全体（平面）図，B. 分解（立体）図

晩期縄文社会の富者層即ち狩猟者層にほかならならない。特に革新者innovatorsとして主導的役割を果たしたのが，地域社会の指導者層——首長と長老達（退役狩猟者達）とみられる（渡辺，1988c：201）。彼等は数千年にわたって積みあげ練りあげられた高度生産技術（環境開発）システムのノーハウを管理しそれを実施する能力をもつシンクタンク兼スペシャリスト集団であったのである（渡辺，1981d;1987; 1988c）。彼等が農耕文化導入に当って，先ず第1段階として技術システム（水田耕作）を導入し，それを手中のものにしてから，縄文の殻を破り農耕社会化に踏み切ったのは実に賢明な手順であって，それ故にこそ弥生時代即ち農耕社会への見事な大変化に成功したといえる。この変化は正に革新的ではあるが革命的ではない。それは構造的には転化transformationであり，外見的には変貌metamorphosisとよぶべきものである。この変化過程に関しては別稿に詳述した（渡辺，1988c）[25]（付論1参照）。

この大変化の第2段階——農耕社会化（社会の弥生化）段階で，縄文土器の社会的役割は終った。縄文社会では，先述したように，土器が，最高の付加価値を伴う最高の奢侈品即ち一種の宝器として，富者—実力者の威信を示す尺度prestige goodsの役割を果たした。しかし新しい社会ではそれが通用しなくなった。富者の物差し，上層者・為政者の威信を測る財宝の性質が一変したのである。初期農耕社会の富と権勢を代表する二大財貨は農地と金属器であった。弥生社会の政治と経済は主としてこの二大財貨をめぐって展開されることになった。威信獲得用品は土器から金属器へと変った。土器から金属器へ——それ

IV 縄文式階層化社会

は宝器観念の革命的変化であった。縄文式特殊装飾土器と弥生式金属器を較べてみよう。この対比は一見突飛にみえるが，いずれも当時としては稀少価値の創造的作品である点で共通する。しかし金属器には土器にない新しい絶大な付加価値があった。それは金属が秘めた限りない可能性である。従って金属器は弥生人にとって，単なる富の枠を越えた神秘な力の象徴でもあったと思われる。いずれにしてもそれは，弥生社会に生れた新しい力―「権力」の象徴として誠にふさわしかったといえる。弥生社会はこの新しい威信財貨 prestige goods をめぐって激しい展開を始めたのである。それは新しい威信経済の時代の夜明けであったといえる。

このような社会的な変動の中で，社会的機能を失った土器もまた一変せざるを得なかった。食生活の変化に伴う用具類の実用的機能の変化（再適応）の必要性もその変化に拍車をかけたものと思われる。ここで一つの興味ある問題は，弥生式土器が縄文土器のような宝器としての機能はなかったが，祭器としての機能を果たした可能性である。これについては，縄文晩期遺跡の水田耕作に伴う新（外来）要素としての精巧な丹塗磨研土器の壺が問題となる。先の論文で筆者は，これが水稲耕作システムに伴って導入された儀礼用具ではなかったかを問題にし，種籾儀礼を考える必要性を指摘した（渡辺，1988：10, 17）。これについて韓国南部の水田村に，参照すべき伝統的習俗をみることができる。杉山晃一教授の調査報告（杉山，1981）によれば，それは次のとおりである。同地では旧暦8月15日に，正月に次ぐ重要な季節祭「秋夕」が挙行される。これは収穫祭に

相当するが,杉山教授が指摘するように,各戸別の行事で,しかも男の世帯主による先祖霊への感謝・祈願儀礼と,主婦による種籾に宿る神への儀礼から成る二重構造を呈している(杉山,同上：97)。種籾についてみると,当日の朝,主婦が白衣を着て水田にゆき,一斗分の稲を刈りとって脱穀し,壺に収納して大庁(内棟の板敷きの間)の米櫃の近くに置いて翌年の種籾とした。そのときは,門に禁縄(注連縄)を張りわたして他人の出入を禁じ,主婦は身を洗い浄めてから種籾に食物を供え,収穫の感謝と翌年の豊作の祈願をする(杉山,同上：97)。この壺の形状は記されていないが,新米儀礼用の「神主壺」(神体としての初穂の容器)は「直径7〜8cm前後の底の浅い茶褐色の壺」である(杉山,同上：95)。韓国南部水田農村では,種籾だけでなく,新米(初穂)もまた特別の壺(上記「神主壺」等)に入れて保存し神棚に安置して祭っている(杉山,同上：95, 97, 99)。日本の民間習俗でも,例えば白山麓白峰の山村では最近まで焼畑が行われたが,五穀の種子は山の神(クマ頭骨)に供え,そのおさがりを関与した人々に穂のままで分配した。各人は何軒にも招かれるから数戸から種子をもらうことになる。それを各自の畑に蒔いた(白山麓小原出身,加賀市現住,伊藤常次郎氏談,渡辺仁記録,1962年12月)(参考「ナギガエシ」,朝日新聞社金沢支局,1986：132-135)。

　以上のように韓国でも日本でも,古来穀物の種子(種籾類)は神聖視されてきた。このような種籾の信仰・儀礼は未開農耕民族には珍しくない汎世界的習俗である。これは農耕における種籾の技術的重要性を意味するものであって,古代社会での技

IV 縄文式階層化社会

術の原始性と秘伝性とを考えると，縄文・弥生の水稲導入者達にとって種籾は，現代に優るとも劣らぬ神聖な物であったと推定できる。恐らく彼等にとって「神聖」な種籾が，首長から首長へと手渡され伝えられて，水稲耕作即ち弥生文化が東漸したものと思われる。遠賀川式土器は，恐らくそのような「聖なる種籾」の容器として重要な祭器的役割を果したことが暗示される。別稿（渡辺，1988c：10）で述べたように，そのような祭器としての重要な社会的機能をもっていたからこそ伝播に際し，大した型式の変化もなく遠路はるかに東北にまでゆきわたったのでないかと考えることができよう。弥生式土器は，縄文土器のような宝器としての社会的役割は失ったが，祭器としての重要な機能をはたしたようにみえる。ここで問題なのは日本列島（縄文文化圏内）における水稲耕作の伝播のプロセスであって，大陸―日本列島間（異文化・異民族間）における伝播の場合と同一文化圏内部の伝播の場合とは区別して考える必要がある。階層化社会の特殊化技術乃至秘伝（高度技術―儀礼システム）の伝播様式については，民族誌の事例から2つの可能性（2方式）が考えられる。即ち(1)エキスパートの招聘と(2)通婚である。

そこで大陸―日本列島間の場合については，それら2方式のうち特に(1)のエキスパート招聘方式の重要性を既に指摘（註25参照）したが，この場合即ち日本列島内伝播の場合は上記2方式のうち特に(2)の通婚方式（つまり通婚を通じての首長から首長への伝播）が重要にみえる。その理由は，階層化狩猟採集社会には，対等乃至相応階層の家族の間の結婚が，特に富者層の家族の間で好まれる傾向がみえるからである[26]。つまり家族間

の経済的分化（貧富差）を伴う縄文社会では，この種の通婚傾向によって，各地の富者層（上部層）を結ぶ社会的ネットワークが存在し，これが物資と情報の流通網を形成し，文化要素の伝播のパイプとしての機能をはたしていたと推定できる。未開社会の農耕は技術のほかにカレンダーと儀礼システムを含む複雑な行動システムであって，そのソフトウエアは，地域社会の首長や長老達が管掌するところとなっているのが通常である（渡辺，1987; 1988c（付論2）参照）。この事実もまた稲作伝播が自らその線即ち地域社会の上層部（エリート）から上層部への線をつたわった可能性を暗示するようにみえる。以上のように，日本列島内（縄文文化圏内）の稲作伝播には，地域社会の首長乃至指導者間の通婚ネットワークが基本的な役割をはたした可能性をみのがすことはできない。これが後に弥生社会化してからの領地と権勢の拡大競争につながるのではないかと思われるからである。

## 結　語

以上の分析でわかるように，我々の直面する考古学的問題と事象は，すべて構造的であるといっても過言ではなかろう。本論文では，北太平洋沿岸に発達した高度狩猟採集社会をモデルとして構造的検証をした結果，縄文社会は階層化社会と認めざるを得ない。地域社会の首長と長老達（退役狩猟者群）を中心とする上部階層（富者層）とは，伝統の継承者であると同時に革新者として縄文社会の伝統を管理・運営した指導者層にほかならない。縄文社会の指導者層は，単純な狩猟者群ではなく，

IV 縄文式階層化社会

階層構造の中で培われた高度の伝統的ノーハウをもつ強大なシンクタンク兼スペシャリスト集団だったのである。このような特殊な発展は、北太平洋沿岸帯の豊かな自然環境を舞台としてはじめて可能であったことを忘れてはならない。縄文から弥生への急激な文化的大変化は、縄文社会のこのような特異構造（体質）を前提として、はじめて無理なく理解できるように感じられる。縄文社会のそのような階層構造の生成・発展が、これからの日本先史学の基本的課題となろう。そしてその鍵は、遺物と行動の階層的格差の究明にあるといえよう。本論文の試みが、日本先史時代への構造的アプローチのよび水となれば幸甚である。

擱筆にあたり、本稿作成、特に文献の検索について特別の協力をいただいた東京大学考古学研究室の上野佳也・藤本強両教授をはじめ安斎正人氏、今村啓爾氏、大塚達朗氏、田口みどり氏と本論文の出版についてお世話になった六興出版取締役福田啓三氏に感謝の意を表する次第である。なお私事ながら、この書は40年にわたる研究生活を支えてくれた妻敦子との連帯の記念としたい。

**註**
1) 大形獣狩猟行動が自主的かどうかが、この定義つまり狩猟者と非狩猟者、狩猟系家族と非狩猟系家族の区別に関して基本的に重要である。狩猟採集民共通の事実は、小動物は女・子供でも獲るが、大形獣猟は幼少時から基礎教育と実地訓練を受けた成人男子の仕事だということである（Watanabe, 1975）。それは一定の教育訓練（技術・儀礼）を

受けた有資格者でないと、槍や弓矢等原始的武器で大形獣を効果的に獲ることは、実際上不可能だからである。自主的狩猟（計画・行動）ができる狩猟者が、ここで筆者の術語としての狩猟者即ち狩猟の専門家（くろうと）である。しかし一般の狩猟民（非階層的）では、成人はすべてその意味で本格的狩猟者だから、特に専門者 specialist あるいは専門狩猟者 specialized hunter と呼ぶ必要はない。そこでは大形獣狩猟なしに生きるみちがない。しかし北洋岸の階層化狩猟採集民では、上述のような正規の資格をもたなくても、即ち狩猟のアマチュアでも生きるみちがあり、社会的にも認められ、許容される。つまりその社会では同じ社会の一人前の男の中に、狩猟のプロとアマの別があって、この社会では狩猟あるいは狩猟者は特殊化、専門化 specialized されていたのである。プロは大形獣の自主的な狩猟が可能だが、アマは小動物なら自主的に獲れるが大形獣は自主的には獲れない。そこでこのプロとアマを区別するために前者を（大形獣）狩猟者、即ち専門（特殊化）狩猟者 specialized hunter と呼んで区別を明らかにした。

　女・子供でも追いこみ猟（集団猟）の勢子として参加することがあるが、これは助手であって自主的行動ではない。非狩猟系家族でもこの様な場合には、手伝いの報酬として分け前を与えられる場合はありうる。しかし狩猟民の実生活では、女・子供や狩猟のしろうとが参加するような大形獣猟は年に何回もないのが普通である。また危険を伴う狩猟（クマやイノシシ等）にそのようなしろうとが参加することはない。

2) 本州の一般的小動物とその分布（松原・落合，1965; 内田 1968）。

**淡水魚類**：フナ（北海道から台湾），ウグイ（北海道北端から九州南端，山間渓流から川口，沿岸水域まで），タナゴ（関東以南，太平洋側），ドジョウ（北海道を除く日本の殆ど全土，北海道以北の採取例は移殖の結果らしい），ナマズ（北海道を除く日本各地），ウナギ（北海道以南の太平洋岸／秋田県あたり以南の日本海側，内湾，川の下流，平地の湖沼，但し，金華山及び能登半島以北には少ない），ヤマベ（ヤマメ）（サクラマスの陸封型，関東・東北・北海道及び北陸・山陰，瀬戸内側を除く九州各地の河川上流），アマゴ（ビワマス陸封型，箱根以西の太平洋岸河川，近畿・四国・九州の瀬戸内海岸河川の上流），イワナ（利根水系より西の太平洋側，津軽半島から鳥取

## IV 縄文式階層化社会

に至る日本海側)，アユ(北海道以南の日本各地)。

　**陸生小動物**；ノウサギ(本州・四国・九州・佐渡・隠岐)，ハタネズミ(日本特産；本州・九州，原野・耕地・堤防・河床・森林など。特に中部以北では平地にきわめて多い)，リス(ニホンリス)(本州，四国，淡路島，九州(稀)の森林(北部に多く南部は少ない))，ヘビ類(タカチホヘビ，ヤマカガシ：本州，四国，九州。シマヘビ，アオダイショウ：北海道，本州，四国，九州)，カエル類(ヒキガエル：日本全土，ニホンアカガエル，タゴガエル，ツチガエル：本州，四国，九州，カジカガエル：本州，四国，九州の固有地，其他トノサマガエル)。

3) 異なる食物資源の分布する各種の生物分布帯(ライフ・ゾーン)を開発すること。分業(性別・年齢別)によって複数のゾーンを同時に開発することができる(Watanabe, 1972(73)：Fig.7)。北方系狩猟採集民では，この方式による資源環境の多角的な開発が発達している(渡辺，1981a)。

4) カジキより小型のマグロの場合でさえも，漁業史的見解では「何分にも大きな魚であるので，相当大規模な漁網を以てしなければこれを漁獲することはできないであろう」(山口，1964：157)とされている。

5) 「斯比都久阿麻余」(『古事記』)。「藤井乃浦爾，鮪釣等」「鮪衝等，海人燭有，伊射火之」(『万葉集』)。(山口，1964：156)。

6) カジキ銛突漁業は突棒漁業と呼ばれ，安房では古くはアテンボウと呼ばれた。嘉永6年の証文によると，「突ンボウ漁」は餌を投げて鮪鮫の類を銛で突いたとある(山口，1964：178)。

7) アイヌの生態と考古学的証拠にもとづく縄文人の環境と環境開発活動の関係のモデル。

　縄文人の生活環境分類(第6図参照)

|  | 近位帯 | 遠位帯 |
|---|---|---|
| **陸地**： | 河川(舟航可能範囲中心) | 川筋両岸(山地帯) |
|  | 河岸段丘面 | 川奥(源流山地帯) |
| **海洋**： | 海浜(砂浜・磯浜) | 外洋沖合(深海) |
|  | 内湾・外洋沿岸(浅海) | 離島 |

縄文人の環境開発活動と開発帯の関係
　　　　　　　　**近位帯**　　　　　　　　　　　　　　**遠位帯**
　　**陸地**：内水面漁撈　　　　　　　　　　　クマ猟，冬（早春）シ
　　　　　　狩猟（秋シカ猟その他小獣類）　　カ猟等大形獣類
　　　　　　植物採取
　　**海洋**：貝・海草採取　　　　　　　　　　カジキ・マグロ漁
　　　　　　雑魚漁　　　　　　　　　　　　　航洋交易(オオツタノ
　　　　　　　　　　　　　　　　　　　　　　ハガイ等)

縄文人男子の生業分化と開発帯の関係（第7図参照）
　　　　　　　　**近位帯**　　　　　　　　　　　　　　**遠位帯**
　　**陸地**：狩猟系男子　　　　　　　　　　　狩猟系男子
　　　　　　非狩猟系男子

　　**海洋**：狩猟系男子　　　　　　　　　　　狩猟系男子
　　　　　　非狩猟系男子

8) マグロ漁。縄文人の沖漁には2種を区別すべきである。つまり先述したカジキ漁のように，武器の使用によって狩猟的性格をもち，陸上狩猟の延長として狩猟者の生業となり，しかも威信的価値をもつものと，マグロ漁のように武器以外の漁具の使用の可能性があるものとの区別である。カジキは既に述べたとおり武器（銛）以外の漁法は比較的近代まで不可能であった。しかしマグロは体長（大きさ）も遥かに小さいが，古代から突きと釣りの双方が行われた記録があり，縄文人にも釣りが可能であったと推定できる。

マグロ一本釣りの古法（江戸時代）として型式が記録されているのは所謂「長縄」漁法の類である。これは一本の長い縄（釣糸）の先に一個の釣鈎をつけたもので長縄あるいは一本縄とよばれた。餌は鰹の腸あるいは小活魚を使った。縄は地方によって80〜90尋（越中魚津）から100尋（若狭，紀州）くらいまである。縄の上端は船中の桶にたぐり入れておく（若狭）か，その半分を浮標に巻きつけて残りを海中に垂れ，魚が餌を喰うと浮標の糸止めがはずれ，水車様に回転する仕掛け（紀州）であった。各舟（2人乗り）で以上の仕掛けを9本位

IV 縄文式階層化社会

(越中魚津)，または各漁夫が5〜6本(紀州)を操作した。(山口，1964：175〜176)。万葉・古事記時代の記録にある「シビ釣り」はおそらくこれに類するものであったと筆者は思う。縄文人がカジキの銛漁を行ったことは確実だから，その銛縄の長さを考えに入れると長縄(1本縄)の存在は許容される。また釣鈎は縄文人の遺物からみて問題がない。また長縄(1本縄)釣り類似の大魚1本釣りが狩猟採集民にも可能なことは Tlingit 族(北西海岸)のオヒョウ(halibut)漁によって明らかである(Krause, 1956：124)。この場合は2人乗りカヌーで出漁，各舟で複数セット(15本まで)の釣糸を操作した。各釣糸は肪胱製浮袋で支えられ，魚が鈎にかかると木製浮標(魚形)が動いて知らせる仕掛けになっていて，漁者はこれをみて糸をひきあげる。ただし問題は長縄(釣糸セット)の本数であって，これは縄の製作と維持の能力の他に舟の積載能力によって制約され変異する。縄文人の丸木舟はアイヌの海舟以上とはみえないから，本数はせいぜい数本以内と思われる。網漁は近代的でここでは問題にならないので触れない。

9) 実用品の航洋交易と外洋航行は，既に縄文時代前期から実施されていた証拠がある。その一例は，伊豆大島における神津島原産黒曜石と平坂式土器の伴出である(両島間の距離は約60 km)(Ikawa-Smith, 1986：203)。従って奢侈品(非実用品)の航洋交易は，そのような旧来の実用的交易の伝統の延長上の発展といえる。

　上記例の場合，舟が単なる丸木舟か，アイヌの海舟のような舷側を高くした一種の構造船(9頁メカジキ漁の項参照)かは不明だが，とにかく北洋沿岸民が舟は小形でも驚異的な航洋能力をもつことは，その実績によって明らかである。例えば水夫・航海者 seamen and navigators とされるアリュート族の狩猟者達は，小型のカヤック skin boat で，何日も続けて漕ぎ，疲れれば上体を起したままで休むことができ，また隊を組んで荒海を数百マイルも獲物を探すことがしばしばあって，そのような時は互いに舟を縛り合わせてあらしを乗り切ったという(Bank, 1971：23)。(84頁，トリンギット族の例参照)。

10) 海産貝殻の遠距離搬送は，欧州では旧石器時代後期に既に証拠がある。Barma Grande 洞窟(イタリア国境近いフランス地中海岸)出土人骨が身につけた首飾に使われた貝殻は大西洋産なので，交易以外

159

縄文式階層化社会と土器の社会的機能

説明の仕様がないとされている (Clark, 1952 : 242)。しかし物資流通が常習化し、また一層広域化したのは新石器（農耕）時代になってからであって、その頃になると地中海の貝殻がエルベ河、ライン河方面まで運ばれた。貴石 semiprecious stone の佩用が拡がったのもこの時代である。(Childe, 1971 : 107)。但しこれらは陸路交易である点が縄文の場合とちがう。陸路交易による海産貝殻の搬送は濠州原住民にも認められる。そこでは Bailer-shells（破片を研磨して楕円形にしたもの）と pearl-shell（加工してペンダントにしたもの、内側に刻線模様をつけたものもある）が広く内陸まで流通した（ANCU, 1974 : 36& Map）。

11) 身装品でも種類によっては (1) 逸品類即ちスペシャリスト（エキスパート）によって作られた特殊製品だけが富者即上部階層者用で、普通品は平民用の場合と、(2) その種類の製品のすべてが、精粗如何にかかわらず、富者即上部階層者用であって、平民は着用しないあるいはできない場合とがあり得る。貝輪は (1) の可能性もありそうにみえる。この点は社会によって必ずしも一律ではないことも考慮する必要がある。

12) 英国の環状木柱列（"woodhenge"）は既知例の 2 例ともに最大柱の直径が約 90 cm （次の註 13 参照）であるから、縄文例はそれらに匹敵するだけでなく、半載の製材技術までいれると後者の建設技術は前者より複雑ともいえる。

13) 英国には 2 大環状列柱遺跡が知られている。一つは Norwich に近い Arminghall の馬蹄型（即ち入口つき）大木柱列で 2 重環濠を伴っている。8 本の大柱のうち 1 本の根部が残存、その径は約 90 cm で、ひどく焦げて僅かに尖らされている。これは明かに極めて重要な儀礼場 ritual site とみなされている（Bradford, 1954 : 314）。

次の例は南イングランドの Wiltshire で発掘された 6 重柱列とそれをとり囲む一重環濠からなる環状列柱である。これははじめ偶然に空から、白亜の地盤に掘りこんだ柱穴列が発見 (1925) され、翌年からの発掘 (1926-28) によって全容が明らかになった。濠の堤防 bank の直径（頂上から頂上まで）が 250 フィート、幅 25 フィート、深さ 6 フィート、濠を横切る入口通路の幅は 30 フィートである。柱列環の柱数は最外側列が 60 本、第 2 列 32 本、第 3 列 16 本、第 4・5 列各

## IV 縄文式階層化社会

18本,第6列(最内側)12本である。第3列の柱が最も太く径約3フィート,最内側環の径は39フィートである。この最も内側の環の柱穴には壁面に傾斜路 ramps が掘りこまれている。これは大柱の建立用である(参考:北西海岸インディアンの同一技術,第6図,a)。

注目すべきは柱列環が真円でなく卵円形 egg-shaped を呈し,その長軸が夏至の頃の日の出の方向に当り,最内側環のこの線にあたる所に白亜に掘りこんだ坑があり,その中から夏至の太陽に顔を向けて屈葬された3歳の少女の遺骨が発見された。副葬品はなく,その頭は埋葬前に切開されていた。あらゆる証拠からみてそれは供犠乃至奉献的儀礼を示唆している。屋根があったとする考え方もあるが,単なる柱列 free-standing timber posts の形も考えられている。該遺跡の時代は新石器時代である〔$C^{14}$年代:ca. 1800 B.C. (修正値 ca. 2230 B.C.) (Bradford, 1954:315; Cottrell, 1960:494; Whitehouse, 1983:551)。なお環の中央に小形石塚 cairn があって,その下に切開された頭骨を伴う幼児の埋葬があったという記載 (Whitehouse, 1983:551) もある。

14) 真脇遺跡からはまた「彫刻木柱」が報告されている。出土状況は有機質層中に横たわって発見され,「本来直立していたものと考えられるが,原位置を保っていたかどうかは明らかでない」が,縄文時代であることは層位からみて確かである(能登町教育委, 1986:19)。出土標本は「抽象的な彫刻を施したトーテムポール状」の木の円柱で,長さ2.5m,直径45cmであるから,これも巨大技術の部類に属する。その用途については,古代信仰に関係のあるもので,地面に突きたてて使ったのではないかと推測されている(朝日グラフ編集部,1988:31)。

彫刻木柱を屋外に建てる風習は,北西海岸インディアン以外に,日本海の向かい側にもみえる。それはギリヤーク族に類したナナイ族(アムール河下流のサケ主食型階層化狩猟採集民)であって,シャーマンの家の前と,満州人と結婚した男の家の前にそれが建てられていた。彫刻は前者の柱では龍,蛇,蜥蜴,蛙等,後者の柱では郭公鳥であった。その柱の根元には通常祖先の霊の木像が置かれていた(Levin & Potapov, 1964:703)。ナナイ族の例も北西海岸のトーテムポールも彫刻が動物意匠である点で,真脇の例と異なるが,他山の石

縄文式階層化社会と土器の社会的機能

とすべき実例といえよう。
15) 子供用人形で顔つきが極度にデフォルメ乃至怪物化された例としては，プエブロ・インディアンのカチナ人形 Kachina dolls をあげることができる (Goddard, 1931：115-118 及び写真, Hopi Kachina Dolls)。これは彼等の集団儀礼のダンスにダンサーの姿で訪れる超自然的生きものの姿を小形木彫像にした一種の神像であるが，彩色され羽毛で飾られていて，玩具として子供に与えられる。彼等は男性耕作型の玉蜀黍栽培定住民である。
16) 日本の民俗にも人形がある。そのうち信仰に関係するのは祓い用人形と送り用人形である。「祓い人形」は汚れや病気をうつして流しやるのに使われる。大祓のヒトガタ等がその代表とされる。「送り人形」は害虫等の災厄を背負わせて送り出すのに使う。その代表が虫送りのわら人形等とされる。いずれにしても日本の民俗では，「人形は最初から保有し，鑑賞し，愛玩する対象物ではなく，むしろ忌み畏れられ，早く捨てさるべきものであった」（文化庁文化財保護部, 1969：250）という。縄文の土偶はこの日本の民俗人形の源流をなすものではないかという思いがする。

　　狩猟採集民の人形は(A)子供用と(B)成人用とに大別できる。ここでは北洋岸を中心に(B)類の人形を概観すると，筆者の経験では，(1)祈願人形と(2)送り人形あるいは払い人形及び(3)魔除け人形の3主要カテゴリーに大別することができる。ここで注目すべき点は，彼等の(B)類即ち成人用人形が，いずれも儀礼的用途をもち，しかも集団，儀礼に関するものよりも個人乃至家族の信仰・儀礼に関するものが目立つという事実である。人形からみた個人的・家族的信仰・儀礼の発展は北洋沿岸階層化狩猟採集民における個人的乃至家族的守護神 guardian spirits の信仰儀礼の発達とも関係がありそうにみえる。要するに人形もまた社会の信仰・儀礼体系の一環として構造的な検討が必要といえる。

　　第(1)類　祈願用人形とは，願かけのための人形で，具体的には生業活動の成功と身の安全等を祈願するための個人用乃至家族用の神像 images of deities or supernatural beings である。北洋沿岸階層化狩猟採集民では，アリュート族，カムチャダール族，及びアイヌ族のものをあげることができる。

IV 縄文式階層化社会

アリュート族の祈願人形は kaathaagaathagh とよばれる神 deity の姿をあらわす、身長約6インチ以下の石、骨または牙（セイウチ）製の小形彫像であって、住居の天井から吊るしてある。猟者が出猟前にこの神像に話しかけると、その神像から猟や天候についての有益な情報を得ることができる。この習俗の歴史は古く、神像の1例は4000年前の住居址の床から発掘されているが、その後継続的にロシア人到来後の時代までつづいて、アリュート文化の基幹要素の一つとみなされている（Laughlin, 1980：110-111 & Fig. 44）。この種の人形の性徴は不明か一定していないようにみえる。

樺太アイヌの祈願人形は、nipopo inau とよばれる長さ約20 cm程の木彫の人形（こけし人形類似）で、住居（居屋）の壁にかけ、毎日食物を口に塗って、病弱な子供の加護を祈願する。この守護神はその子の一生にわたって大切に保存するものとされる（西鶴、1942：122及び付図）。

カムチャダール（イテルメン）族の階層事情は、所謂奴隷の存在以外詳細不明であるが、経済的には付近の北洋沿岸猟漁民と同様で、魚類特にサケを主食とする定住民である（Levin and Potapov, 1964：876-883）。彼等の冬家（竪穴住居）には、azhashak とよばれる木彫神像が安置され、毎日これに食物を供える。それは冬家の家具を統べるものとされ、森の悪霊をもよせつけない一種の守護神とみなされている。その形は日本のこけし形の円柱乃至杭であるが、屋内図からみるとかなり大きく高さ1 mはありそうにみえる（Krasheninnikov, 1972：211-212；渡辺、1981b：43-44及び図28）。

以上のような祈願用人形（神像）は、個人乃至家族用で住居の屋内に安置される。

第2類の送り人形または拂い人形とは、病魔や災厄・けがれ等をそれに背負わせて送り出したり、それをうつして流し去る（拂う）ための人形である。これは農耕民族の我が国では盛にみられるが、狩猟採集民では、少くとも筆者の知る限り見当らない。この類は個人の病魔や災厄をのせたりうつしたりして捨てさるものであるから、その場所は屋外でしかも個人住屋から適当に離れたところでなければならない。

第3類の魔除け人形とは、病魔・災厄が来たときあるいは来そうなときに、それに対抗しそれを除去・撃退する力をもつ神像である。こ

## 縄文式階層化社会と土器の社会的機能

れには集団用として村の入口に立てるようなものから，家の入口に立てたり，護符として身につけるような個人的なものまである。

北海道アイヌの魔除け人形としては，ヨモギ草の茎を束ねて作る草人形 imos kamuy がある。ヨモギの匂いには除魔力があると信じられ，これで作った人形は人間の手に負えないような悪神や魔物を退治するためにだけ作られ，疱瘡等の伝染病が村へ入らないように，村境や川口に立てることもあった（知里，1953：4，5，171）。

樺太アイヌの魔除け人形は集団防御用の他に個人用にも使われた。ニワトコあるいはハンノキで作った人形（スゲの葉の頭髪つき）が，sokoni（ニワトコの）-nan（顔を）-koro（もつ）-pe（者）あるいは kene（ハンノキの）-nan-koro-pe（顔を・もつ・者）とよばれ，流行病の病魔その他の魔性の者の来襲が予知された時，多数作って路傍に立てられた（知里，1953：257）。またニワトコの木の枝で作った人形を，子供の着物の衿または帯に結びつけてお守り（護符）とし，これを seniste（自分がそれにそって堅固になる）-nipopo（木の小さな子）とよんだ。（知里，1953：29）。

以上が狩猟採集民，特に北洋沿岸階層化グループの儀礼用人形の概観である。大別して3類になるが，集団にかかわるのは第3類（魔除け人形）だけで，第1〜2類は全く個人乃至家族用である。そのうち第1類（祈願用）と第2類（送り・拂い用）とは，用途が全く違う関係から，使われる場所—儀礼の場が違う。重要な点は前者が屋内（住居内）に対し，後者が屋外（露天地）という基本的差異である。従って考古学的に出土状況と場所が確かめられれば，問題の遺物人形（土偶，骨偶，岩偶等）が，大体以上のどのカテゴリーに属するものか見当をつけるのに役立つのではないかと思う。以上の分類システムはそのようなシステマティックな検証のためのガイドラインとしての一つの試みである。このようにみてくると，土偶の情況証拠は第(2)類との関連を暗示するものもある。そこで以上のような土俗考古学的新視点即ち構造的視点からの発掘データの再検証が必要かと思う。

縄文の土偶は弥生時代になると衰微し，やがて消滅したとされている。しかしそれは信仰までが消えたのではなく，農耕化そして土器工芸の変化とともに，土偶が姿を変えたのではなかったかとも考えられる。日本民俗の信仰に関する人形は素材が植物性（木か藁）のものが

## IV 縄文式階層化社会

多いので、形は土偶の片鱗もうかがえないが、その信仰・儀礼には土偶をめぐる信仰・儀礼に通じるものがあるのではなかろうか。日本の民間信仰・儀礼には北方系狩猟採集民のそれと共通の要素が多く、しかもそれらが構造的な関連を示している (渡辺, 1964b; 1981c : 111-113)。この点からみても、日本民俗の宗教的人形と縄文の土偶との関係が問題になる。

17) 火葬を実施したのは北西海岸群のうち北方の Tlingit, Tsimshian, Haisla の 3 部族だけであった (Drucker, 1955 : 160)。所謂トーテム・ポールには若干の種類があって、それぞれ機能が異なる。第1類は記念柱 memorial pole で、これは首長 chief が死んだ時、その後継ぎが肩書き相続の手続きの一部として建てるものであり、第2は埋葬柱 mortuary pole であって、これは死せる首長の墓の傍に建てるが、時には死者の遺残の入った箱を柱の裏側の壁龕 niche に納める場合があり、この場合はこの柱が墓となる。第3類は門柱 house-portal pole であって、住居の前面に建て、根元の穴が門口になる (Drucker, ibid : 180-181)。

18) 縄文人の墓で上記カテゴリー (グレイド) 6 (即ち放射状配石式石棺墓) があるとすれば、形態・構造的にそれが彼等の最高度の墓といえる。グレイド3の型式 (即ち環状配石式土坑墓) ならばパレスタインの中石器時代人の墓にもみることができる。それは Huleh 湖畔 (ガリレー湖北方、ヨルダン河上流) の Natufian 文化 (中石器時代) 遺跡 Eynan で発掘された埋葬のうちの一基で "Chieftain's burial" とよばれるものである (B.C. 9000 年紀) (Mellart, 1965 : 26-27, Pls. 7.8)。

19) 英国のストーンサークルの場合でも、pit を伴う場合があり、一連の pit のなかに、埋葬を伴う場合もある (典型例は Salisbury の Stonehenge I (第8図, h))。しかし最近の研究は墓地よりも集団儀礼場とみなす解釈の方向に進んでいる。

20) 本論文では小型環状列石の類は他の配石遺構とともに切り離し、そのうち土坑等埋葬形跡を伴うものは「墓」として一括した。しかしそのうちには墓として割り切れないものもあるから、それらは「囲いのない (あるいは認められない) 儀礼場」即ちここで説明するような単なる神社乃至祭壇の可能性も念頭においた吟味が必要にみえる。

21) マンロー博士が「何か特別の日の太陽の上昇を見るように出来ているようであるが、確実なことはわからない」(駒井, 1959：74) と記しているそうだが、その可能性も考慮する必要がある。何故なら定住的狩猟採集民には、委節の推移と時期の到来を予知するために、石等の目標を設定して太陽(日の出・日の入り)の定点観測を行った実例もあるからである (渡辺, 1987：22)。大湯遺跡等の小型環状列石(放射状配石)が「日時計」と呼ばれているが、上述例は時計ではなくカレンダー用である点で違う。

最近では欧州、特に英国のストーンサークル研究も、このような天文学的問題への関心がたかまっているようである (Whitehouse, 1983：484, Newham, 1972; Clark, 1970：130—133)。しかしこの問題は単なる科学・技術の問題でなく、未開社会ではカレンダー儀礼の問題である。地域社会のカレンダーの適正な維持と、それにもとづく生産(生計)システムの円滑な管理・運営は、農耕社会だけでなく狩猟採集社会においても重要且つ必須であって、それは男子の一部、特に退役狩猟者である長老たちの任務である (渡辺, 1987; 1988c：4)。縄文人のストーンサークルについても、このような季節儀礼の視点から再検討が必要になる。

22) 貯蔵経済 storing economy とは、いいかえると、計画経済 planned economy の一種である。北方系狩猟採集民の経済は、その意味で多かれ少なかれ将来の必要をみこした計画経済といえる。この基盤をもつかどうかが農耕化の難易にも関係する。農耕経済は、計画的貯蔵と計画的消費にもとづく経済であって、その日暮しの南方系狩猟採集経済とは原理的に相容れないからである (Watanabe, 1971：274-275)。

縄文社会が貯蔵経済を伴ったことは、貯蔵穴の発達 (今村, 1989) からも明らかといえる。この点においても縄文社会は、農耕経済に対する受容性 receptivity を有し、農耕社会化に関して先適応的であったといえる。そこで我が国の農耕社会化の場合は、消費構造とその理念の根本的変革は要しなかったことになる。またさらに縄文社会は農耕経済へのそれ以上重要な受容性——先適応性を有した。それは階層制である。狩猟採集社会から農耕社会への転化に際して最大の難関は、男性狩猟者の農夫化という性別分業制の伝統の壁を破ることである

IV 縄文式階層化社会

(渡辺, 1981c : 120-121 ; Watanabe, 1986 : 247-8 ; 渡辺, 1987 : 17-18)。これに関して, 縄文社会は階層化していて, 男子の非狩猟者化 (狩猟以外の生業の選択) が既に社会的に許容される体制になっていたから, 分業体制の上からも農耕社会化に対して受容性を具え, 先適応的であったといえる。これは借用による非階層的狩猟採集民社会の農耕化の場合と本質的に異なるものとみなければならない。いずれにしても縄文社会の以上の受容性あるいは先適応性は, 日本の文明の起源と発展の問題解明につながるキー・ファクターの一つではないかと思う。

23) 越冬食の貯蔵が経済的に重要な社会では, 食物さえも他人の眼から隠す習慣がみられる。その極端例はカリフォルニアのモドック族であって, 彼等は越冬用貯蔵食を恒久的集落から離れた地下貯蔵庫 underground caches のピットに納めて, その場所を秘密にし, 出し入れも人目につかないようにした (Ray, 1963 : 183)。アイヌの「宝物」(本書5-46頁) の保存場所は, 古文書によると人里離れた山中であった。例えば蝦夷随筆によると「たから物とて夫々に秘蔵のものあり。ふかく隠して親子兄弟にも知らせず家内に置く時は知るもあるゆへ山中へ皐し置そのたからは本邦の古き器物, 兵具, 鍔, 目貫, 小ヅカのたぐひ也……」とあり, また蝦夷草紙には「土人と土人との交易は太刀, 及小道具, 矢筒の類を以て交易する也是等は彼地の宝物とするものにて山奥に大切に秘蔵する事なり」と記されている (渡辺, 1985a : 103)。この例や本文のタナイナ族の例でわかるように, 錠・鍵の無い未開社会では財宝類の安全な隠し場所は, 人里離れた山中や接近困難な断崖等の他は秘密の地下倉庫以外になかった。弥生人の財宝としての青銅器が集落 (住居址) 以外の地に群をなして埋没出土することがあるが, このような場合に通常は「一括遺物 hoard」(藤田, 1962 : 31) として取り扱われ, 副葬・祭祀・貯蔵など広い意味乃至用途のものと解されているが, 上述のような狩猟採集民社会の習慣からみると, それは安全保管のための財宝の埋蔵所あるいは盗難や略奪から守るための財宝の隠匿所の可能性が高くみえる。

弥生時代は, 武器使用による犠牲者 (橋口, 1986 : 104-113, 及び表4) の増加の他に, 各種武器 (石, 青銅, 鉄) と環濠集落の発達から,「戦乱の時代」であったとみられている (金関, 1986 : 9)。この

## 縄文式階層化社会と土器の社会的機能

　ような社会情勢からみると、最近の日本の古代史の学界をゆるがした島根県荒神谷遺跡からの大量の青銅器の一括出土（銅剣358本、1983年発掘）は、その理由が不明として問題になっているが、その地点・地形（集落外の低い丘の30度の急斜面に削りこんだテラス）と出土状況（粘土製の床上に、刃を縦に3列に並べて布でおおい、その上に土をかぶせて元どおりの斜面にもどしている事実から、発掘担当者は人為的埋蔵と解釈）（以上関係データは足立、1984；朝日グラフ編集部、1988：36-39に拠る）からみて、まさに半地下式秘密倉庫（武器・財宝の隠し場）ではないかと思われる。これまでの王権論（大和か出雲か）は、以上の視点（財宝貯蔵・保管システム――その場所と方法）から再吟味されなければならない。

　青銅器の一括埋蔵風習は、周知のように銅鐸にもみられ、「物質的には貴重であり精神的には神秘な大小の多くの銅鐸が、人里離れた山あいに、何の設備もなく、布に包んではあるが、小さく浅い穴を掘って、入れ子にするなどして、逆さか横にねかせるなど、いとも簡単に浅くうずめられているのは使用の目的にそった埋め方とはいえない。かつ、あまりかわらない時期に、まれには古いものと新しいものが数個あるいは十数個、何の性質もうかがいがたい場所にうずめられた時期はいつなのか、その理由はどうだったのか。いい知れぬ不可解さに謎をふかめるばかりである。」（三木、1974：267）とされ、その埋蔵理由は不明とされてきたが、最近に発掘された島根荒神谷遺跡では、銅鐸と大量の銅剣（前述）を出土した地点と同じ斜面の7m離れた別の地点から、銅鐸6個と銅矛16本が、掘りこんだ水平床の矩形平面に刃または鰭をたてて整然と並べた状態で発見された（宮沢・柳浦、1986；朝日グラフ編集部、1988：59）。これは、銅鐸も銅剣・銅矛と同様の機能をもち、同様のとり扱いをうけたことを示唆している。即ちそれらはいずれも、富と権威を象徴する非実用品――財宝として、掠奪防止（安全確保）のため埋蔵・隠匿された可能性を示している。つまりそれは弥生人の宝器の秘密保管所と解することができる。それは彼等の最高の威信用品 prestige goods として、集団儀礼 communal ceremonies のような「ハレ」の場で使用され公に誇示 display されたにちがいない。そしてその保管所への出し入れは恐らく極めて用心深く、例えばモドック族の食糧隠匿（167頁）の場合のように夜

IV 縄文式階層化社会

陰に乗じて行われたこともあ充分に考えられる。

　以上の青銅器類もまた銅鉄の普及とともに財宝的価値を失い，新たに登場する貴金属——金銀によって威信用品の地位を追われることになる。

24) 彫刻 carving, incising and sculpturing in general は社会-経済的レベルが複雑になる新石器時代後期までは，殆ど常に男の仕事であった (Jacobs and Stern, 1955 : 249) とする見解もある。

25) 本邦へ農耕（水稲耕作）をもたらしたのは誰かについては，これまで縄文人説と渡来人説がある。この2説は相反するが，筆者は両者が関係すると考える。農耕化第1段階としての水稲耕作システム（技術・儀礼体系）の導入は民族誌的実例に照らして2通りの可能性がある。第一の可能性はエキスパート（伝統保持者）の招請（雇用），第二の可能性は通婚である。先ず第一の可能性として縄文人による縄文社会への大陸人スペシャリストの雇い入れ hiring つまりエキスパート招聘方式がある。その実例として，北西海岸狩猟採集民（狩猟をはじめ木工・彫刻等の技術の特殊化を伴った階層化社会）では，スペシャリストが欠乏のとき，異民族から雇用することがある。例えばトリンギット族であまたの首長 chief が，トーテムポール彫刻で有名な近隣のチムシアン族から彫刻者 carver を高額の報酬で雇い入れた事実 (Oberg, 1973 : 86) がそれである。本邦への農耕導入の場合も，受け入れ側が，階層社会で交換可能な余剰の生産能力があり，生業と技能の特殊化（スペシャリスト制）を伴う社会とみられるから，隣接農耕社会（大陸）からの農耕技術者の招聘は充分に可能と考えられる。異邦人スペシャリストの雇用（近代的雇用即ち賃金労働と異なる，例えば北西海岸式の依頼—謝礼ギフト方式）による縄文社会への水稲耕作の導入は，後代における明治維新の縄文版と考えることができよう。

　第2の可能性は，通婚による技術移転 technology transfer である。これは捕鯨の伝播に関して北西海岸の民族誌的実例をみることができる。彼等の捕鯨は，複雑な儀礼体系を伴う秘術として貴族 nobles の家系に伝えられ，首長の偉大さのシンボルとして威信的価値の大きい高等技術であった。そこで部族から部族へのその伝播も主として通婚によった (Drucker, 1951 : 49-50)。北西海岸の階層化狩猟採集社会では，結婚は身分相応の家族間で行われ，首長（貴族中の最高位者）

## 縄文式階層化社会と土器の社会的機能

乃至その後継者は、首長乃至少くとも首長の家系に近い高位の男性の息女との結婚が義務づけられ、その際に男性側家族から女性側家族への贈り物が不可欠で、地位が高いほどその額は大きかった（Drucker, 1955：34-35, 133）。北西海岸の捕鯨の伝播が通婚による理由は以上のとおりである。

ところで大陸の農耕社会から縄文社会への農耕（水稲耕作）導入の場合は、北西海岸の捕鯨のように必ずしも特定僅少家族の秘伝とみるべき理由はないから、通婚方式の特別の必要性乃至便宜性は認められない。またこの場合は、関係する双方の社会が、北西海岸の場合のように同等の狩猟採集社会ではなく、異質社会（農耕社会と狩猟採集社会というレベルの違う社会）であることと、相互の威信にもかかわることからみて、両者間の通婚はそれほど容易とは考え難い。そこで、この場合は、第2の可能性即ち通婚方式よりも、前述の第1の可能性即ちエキスパートの招請・雇用方式の方が、可能性が高いのではないかと考えられる。

次に以上の可能性以外にも何らかの可能性があるかどうかを検討してみなければならないが、結論からいえば、上記の2方式——エキスパート招請及び通婚——以外の方式は想定し難い。先ず縄文人自身の独力による導入であるが、これは次のような根拠から無理のようにみえる。住民自身の独力による技術の借用・導入に関する民族誌例としては、北方狩猟採集民（竪穴住民）の住居の地上化がある（渡辺, 1984b：32-36）。しかしこれは既存技術の改変であって、建築技術も儀礼もその伝統的基礎があって、その延長線上の変革といえる。しかもその場合は技術のスケールが比較的小さい。それに対して縄文人の水稲耕作システムの導入は、以上のような場合と同列視できない。つまり受け入れ側にその技術的基礎となる伝統がないだけでなく、一年周期の複雑で新しい技術・儀礼体系に習熟する機会が得難いとみられるからである。従って縄文人自身による独力導入の可能性は、前記の2方式の可能性に較べて遥かに低いといえよう。

最後に大陸側農耕民の家族または集団の渡来（移住）による日本列島への水稲耕作の将来の可能性であるが、これは前記の2方式のような縄文社会への受け入れとは全く別のプロセスである。即ちそれは狩猟採集で生きる縄文民族の土地に大陸民族が来入して農耕生活を始め

IV 縄文式階層化社会

るということであって,民族誌上では植民地あるいは征服地にこのようなケースを求めることができる(例,北海道)。しかしこれは僅少の家族や個人ではできることではなく,またできたとすれば考古学的にその証拠が検証できるはずである。しかしこれまでのところ水稲耕作導入初期の縄文式遺跡・遺物からそのような証拠をよみとることは難しい。

以上のように,民族誌的情報にもとづく分析では,上記の第1及び第2の可能性即ちエキスパート招請方式と通婚方式が,大陸から縄文社会への水稲耕作の伝播プロセスとして最も可能性があるようにみえる。両方式のいずれにせよ,受け入れ側の主体は縄文社会であって,彼等の既存の生活と文化の中に新種の生業として水稲耕作システムがとり入れられ付加されたことになる。従って以上のようなプロセスによる縄文社会の農耕化は,大陸系農耕社会の人々だけによるものでもなく,また縄文人だけによるものでもなく,両者の密接で意欲的な協業 cooperation の成果にほかならないようにみえる。つまりそれは縄文人・大陸人協同関与方式である。

以上は,大陸から縄文社会への水稲農耕の伝播プロセスに関するこれまでの考え方——「縄文人」か「渡来人」かの二者択一式の考え方——とは別の考え方——民族誌的情報にもとづく新作業仮説としての「縄文人—大陸人協同関与方式」の概略である。既知の考古学的資料(遺跡・遺物)の状況(渡辺,1988c:9-10参照)は,前二者よりも後者の可能性を暗示するようにみえるが,結論はなお今後の検討に待ちたい。

縄文から弥生への文化的・社会的変化は,上記のようなプロセスからみても,弥生維新とよぶにふさわしいようにみえる。その導入に関与した大陸人がどこの人かが問題だが,縄文人の近隣の稲作民でしかも交易を通じて馴染みの他民族といえば,朝鮮半島南部の人々以外にはないことになる。この可能性は,縄文晩期水稲耕作遺跡出土の遺物に含まれる外来要素とみられるものによっても暗示されている(渡辺,1988c:10)。

26) 階層化狩猟採集民の通婚習慣には一般的な共通特徴がみとめられる。それは結婚当事者の父親(家族)から相手側への物品の贈与の慣習である。これは人類学的用語では marriage payment として知られ,

bride wealth と dowry の 2 種に大別される。前者は新郎側から新婦側へのギフトで結納に相当し，後者は新婦側から新郎側へのギフトで持参金（品）にあたる。

北米北西海岸では，結婚は単なる夫婦間の契約ではなく，双方の家族間の社会的契約とみなされ，結婚当事者（夫婦）の身分が高いほど家族的側面が強調された。その結果，社会的身分の対等者 a spouse of corresponding social status との結婚が義務づけられた。そして新郎の家族は新婦の家族に結納──多大の貴重品と物資を贈ることが必須と考えられ，その量は夫婦の地位が高ければ高いほど多大でなければならなかった。これに対して後に新婦の家族側から新郎側の家族に対して 1 回あるいは一連の返しの贈りもの return gift(s) が実施された (Drucker, 1955 : 133-134)。

北西海岸以外の階層化狩猟採集民については，階層に関係する通婚データが乏しく断片的であるが，marriage payment の風習は一般的で，通婚パターンに貧富格差があることも共通現象といえる。以下はその実例である。

ギリヤーク族の通婚では，新郎側からの結納と新婦側からの持参品の交換──夫婦双方の家族間の贈り物交換──が慣習化していた (Black, 1973 : 72)。結納も持参品も，ともに実用品でなく男の威信を示す威信関係品 prestige goods（現地語 "shagund"）が用いられた (Black, 1973 : 79)。そして双方家族それぞれの威信をかけたそれらの物品は，式後新婦の家の外側に展示された (Black, 1973 : 82)。このような威信関係品を蓄積できたのは富者 wealthy men に限られていた (Black, 1973 : 57)。

アイヌ族においても，marriage payment の風習があった。北海道アイヌでは結納（帝国学士院, 1944 : 77, 80；早川, 1972 : 54），樺太アイヌでは持参品 (Ohnuki-Tierney, 1974 : 62) が贈られたという。いずれもその内容は彼等の「宝物」であった。このような宝物の贈与ができたのは「余程の富者」の場合に限られた (Ohnuki-Tierney, 1974 : 62)。宝物を結納として贈れない者（貧者）は，その代りに生れた娘を新婦の親元に返す風習があった（厚真，トニカ・コタン，吉村健太郎老談，渡辺仁記録，1952 年 12 月）。またアイヌ古老の伝承でも「酋長家は嫁を良いところから……どこにも偉い酋長がいるか

ら……娘のこころをみて選ぶ」「酋長に男子がなければ，偉い良い家から婿を取って（家系が）つづく」「富者nishipa は irrabokkari（貧者）に嫁にはやらぬが，irrabokkari 同志で嫁にやったりするときに，こんなことをする（生れた娘を親元に返す風習）」（厚真，トニカ・コタン，吉村健太郎氏談，渡辺仁記録，1952年12月）。

## 引用文献 (ABC 順)

アイヌ文化保存協議会 (編) 1969
　アイヌ民族誌，第1巻，第一法規出版，東京．

足立克己 1984
　島根県荒神谷遺跡発掘調査概要．考古学雑誌，第70巻，第2号，1-8．

ANCU (Australian National Commission for Unesco) 1974
　Australian Aboriginal Culture. ANCU, Canberra.

安斎正人 1985
　ラオス国先史洞穴遺跡調査の覚書．東京大学文学部考古学研究室研究紀要，第4号，55-73 及び 19 pls.

アサヒグラフ編集部 (編) 1988
　新古代史発掘．1983-87 年新遺跡カタログ．朝日新聞社，東京．

朝日新聞金沢支局 1986
　常次郎氏の春夏秋冬．朝日新聞社，東京．

安楽 勉 1985
　西海・五島列島をめぐる漁撈活動．季刊考古学，第11号，39-42．雄山閣，東京．

Bank, T. II. 1971
　People of the Bering Sea. Readings in Anthropology. MSS Educational Publ. Co., New York.

Barett, S. A., and E. W. Gifford 1933
　Miwok Material Culture. Bulletin of the Milwaukee Public Museum, Vol. 2, No. 4.

Black, L. 1973
　The Nivkh (Gilyak) of Sakhalin and the Lower Amur. Arctic Anthropology, 10(1) : 1-117.

Boas, F. 1888
　The Central Eskimo. 6 th Annual Report of the Bureau of American Ethnology, 390-669.

Boas, F. 1966
　Kwakiutl Ethnography. University of California Classics in Anthropology. University of California Press, Berkeley.

引用文献

Bradford, J. 1954
　Building in Wattle, Wood and Turf. In : Singer, C., et al, eds., A History of Technology, Vol. 1, 299-326. Clarendon Press, Oxford.
Brown, R. 1932
　The Andaman Islanders. Cambridge University Press, Cambridge.
文化庁文化財保護部（編）　1969
　日本民俗資料事典．第一法規出版，東京．
Bureau of Indian Affairs (B. I. A.)　1968
　Indians, Eskimos and Aleuts of Alaska. U. S. Department of the Interior, Washington, D. C..
ビーハン，A. 1944
　外郭アジアの民族と文化．（原本，ゲオルグ・ブシャン編　図解民族学，第2巻，A. Byhan, Nord-, Mittel-, und Westasien, 1923）．彰考書院，東京．
Childe, V. G. 1955
　Man Makes Himself. Menthor Books, New York. Original edition, 1951.
Childe, V. G. 1971
　The New Stone Age. In : Shapiro, H. L., ed., Man, Culture and Society, 95-111.
知里真志保　1953
　分類アイヌ語辞典．第1巻，植物篇．日本常民文化研究所，東京．
Clark, J. G. D. 1952
　Prehistoric Europe. The Economic Basis. Methuen, London.
Clark, J. G. D. 1970
　Aspects of Prehistory. University of California Press, Berkeley.
Cottrell, L. 1960
　The Concise Encyclopedia of Archaeology. Hutchinson, London.
Driver, H. E. 1961
　Indians of North America. University of Chicago Press, Chicago.
Drucker, P. 1951
　The Northern and Central Nootkan Tribes. Bureau of American Ethnology, Bulletin 144.

Drucker, P. 1955.
　Indians of the Northwest Coast. McGraw-Hill, New York.
Forde, D. 1953
　Habitat, Economy and Society. Methuen, London.
Frazer, D. (n. d.)
　Village Planning in the Primitive World. Studio Vista, London.
藤田亮策（監），日本考古学協会（編）　1963
　日本考古学辞典，東京堂，東京．
Goddard, P. E. 1924
　Indians of the Northwest Coast. American Museum of Natural History, Handbook Series, No. 10.
Goddard, P. E.　1931
　Indians of the Southwest. American Museum of Natural History, Handbook Series No. 2, New York. 4 th ed..
Goldschmidt, W. 1951
　Nomlaki Ethnography. University of California Publications in American Archaeology and Ethnography, 42 : 303-443.
Goldschmidt, W. 1978
　Nomlaki. In : Handbook of North American Indians, Vol. 8, California, 341-349.
後藤勝彦　1985
　仙台湾沿岸の貝塚と動物．季刊考古学，第11号，23-30．雄山閣，東京．
後藤守一　1948
　組石遺構：大湯町環状列石，第3章，42-79．文化財保護委員会，東京．
後藤守一　1953
　大湯町環状列石．文化財保護委員会埋蔵文化財発掘調査報告，第2．
Gould, R. A. 1969
　Yiwara. Foragers of the Australian Desert. Charles Scribners and Sons, New York.
Graburn, N. H. H., and B. S. Strong 1973
　Circumpolar Peoples : An Anthropological Perspective. Goodyear

引用文献

Publ. Co., Pacific Palisades, California.
Grant, C. 1978
Eastern Coastal Chumash, In : Handbook of North American Indians. Smithsonian Institution Press, Washington, D. C.
Gunther, E. 1927
Klallam Ethnography. University of Washington Publications in Anthropology, 1 : 171-314.
橋口達也　1986
戦い―犠牲者. 金関恕, 佐原真（編）, 弥生文化の研究9, 104-113. 雄山閣, 東京.
早川　昇　1972
アイヌの民俗. 民俗民芸双書54, 岩崎美術社, 東京.
林　謙作　1986
亀ケ岡と遠賀川. 岩波講座日本考古学, 第5巻, 文化と地域性. 53-144. 岩波書店, 東京.
樋口清之　1939/1940
日本先史時代人の身体装飾. 人類学・先史学講座, 第13巻, 1-76 ; 第14巻, 77-131. 雄山閣, 東京.
Hodge, F. W. 1907
Handbook of American Indians North of Mexico. Smithsonian Institutions, Bureau of American Ethnology, Bulletin 30, Part 1.
Hodge, F. W. 1910
Handbook of American Indians North of Mexico. Smithsonian Institutions, Bureau of American Ethnology, Bulletin 30, Part 2.
Hodges, H. 1964
Artefacts: An Introduction to Early Materials and Technology. John Baker, London.
北海道庁（編）　1937
新撰北海道史. 第2巻, 北海道庁, 札幌.
Ikawa-Smith, F. 1986
Late Pleistocene and Early Holocene Technologies. In: Pearson, R. J., ed., Windows on the Japanese Past: Studies in Archaeology and Prehistory, Center for Japanese Studies,The University of

Michigan, Ann Arbor, 199-218.

今橋浩一　1980

オオツタノハ製貝輪の特殊性について．古代探叢，滝口宏先生古稀記念考古学論集，129-140．早稲田大学出版部，東京．

今村啓爾　1989

群集貯蔵穴と打製石斧．考古学と民族誌，渡辺仁教授古稀記念論文集，61-94．六興出版，東京．

Izikovits, K. G. 1954

Physical Aspects of Canella Life. Annals do XXL Congresso International de Americanistos, Vol. 1.

Jacobs, A., and Stern B. J. 1955

General Anthropology. Barnes & Nobles, New York.

Jenness, D. 1922

The Life of the Copper Esikmos. Report of the Canadian Arctic Expedition, 1913-18, Vol. 12 (A), Ottawa.

Johnston, B. E. 1962

California's Gabrielino Indians. Southwest Museum, Los Angeles.

賀川光夫　1974a

日本周辺の文化との関係．斎藤忠（編），日本考古学の視点．上巻，172-177．日本書籍，東京．

賀川光夫　1974b

縄文時代住居の種類と構造．斎藤忠（編），日本考古学の視点．上巻，94-98．日本書籍，東京．

金沢市教育委員会　1986

金沢市新保本町チカモリ遺跡．第4次発掘調査兼土器編．金沢市教育委員会．金沢市埋蔵文化財調査委員会．

金関恕　1986

弥生人の世界，総論．金関恕，佐原真（編），弥生文化の研究9，5-10．雄山閣，東京．

金子浩昌　1960

貝塚と食料資源．鎌木義昌（編），日本の考古学II．縄文時代，372-398．河出書房，東京．

金子浩昌　1983

狩猟対象と技術．加藤晋平，小林達雄，藤本強（編），縄文文化の研究 2，生業，78-102．雄山閣，東京．
金子浩昌，忍沢成視 1986
骨角器の研究．縄文編（Ⅰ），（Ⅱ）．慶友社，東京．
河口貞徳，西中川駿 1985
鹿児島県下の貝塚と獣骨．季刊考古学，第11号，43-50．
小池裕子 1980
動物遺体の季節推定．どるめん，第24／25号，75-93．
駒井和愛 1959
音江：北海道環状列石の研究．慶友社，東京．
甲野 勇（編） 1964
土偶・装身具．日本原始美術Ⅱ．講談社，東京．
河野本道 1979
北方の民具2．エンチュウ（カラフト・アイヌ）の物質文化．北海道出版企画センター，札幌．
Krasheninnikov, S.P. 1972
Explorations of Kamchatka. North Pacific Simitar. Report of a Journey Made to Explore Eastern Siberia in 1735-1741 by Order of the Russian Government. Translated edition. Oregon Historical Society, Portland, Oregon.
Krause, A. 1956
The Tlingit Indians. American Ethnological Society, Monograph 26. University of Washington Press, Seattle.
Kroeber, A. L. 1925
Handbook of The Indians of California. Bureau of American Ethnology, Bulletin 78.
Kroeber, A. L. 1939
Cultural and Natural Areas of Native North America. University of California Press, Berkeley.
栗野克己，永浜眞理子 1985
相模湾のイルカ漁．季刊考古学，第11号，31-34．
草間俊一，金子浩昌 1971
貝鳥貝塚．第4次調査報告．岩手県花泉町教育委員会．

Lambert, M. F. 1966
　Pueblo Indian Pottery : Materials, Tools and Techniques. Museum of New Mexico Press, Santa Fe.

Landberg, C. W. 1965
　The Chumash Indians of Southern Califonia. Southwest Museum Papers, No. 19. Southwest Museum, Los Angeles.

Lantis, M. 1984
　Aleut. In : Handbook of North American Indians, Vol. 5, 161-184. Smithsonian Institution Press, Washington, D. C..

Laughlin, W. S. 1980
　Aleuts : Survivors of the Bering Land Bridge. Holt, Rinehart and Winston, New York.

Levin, M. G., and Potapov, L. P. (eds.) 1964
　The Peoples of Siberia. University of Chicago Press, Chicago. Original edition (Russian), 1956.

Mandelbaum, D. G. 1940
　The Plains Cree. Anthropological Papers of the American Museum of Natural History, 37 : 155-316.

Martin, P. S., Quimby, G. I., and Collier D. 1950
　Indians before Columbus. University of Chicago Press, Chicago.

Massola, A. 1971
　The Aborigines of Southeastern Australia as They Were. W. Heinemann Australia, Melbourne.

松井　章　1985a
　「サケ・マス」の評価と今後の展望. 考古学研究, 第31巻, 第4号, 39-67.

松井　章　1985b
　動物性食料. 季刊考古学, 第21号, 56-62.

松原喜代松, 落合　明　1965
　魚類学 (下). 水産学全集 19. 恒星社厚生閣, 東京.

Mauss, M. 1979
　Seasonal Variations of the Eskimo. A Study in Social Morphology. Original edition, 1950. Routledge & Kegan Paul, London.

Mellart, J. 1978
　Earliest Civilizations of the Near East. Thames and Hudson, London.

三木文雄　1974
　銅鐸はどんな問題が秘められているか．斎藤忠（編），日本考古学の視点，262-267，日本書籍，東京．

宮尾嶽雄，西沢寿晃　1985
　中部山岳地帯の動物：栃原岩陰遺跡を中心に．季刊考古学，第11号，

宮沢明之，柳浦俊一　1986
　島根県荒神谷遺跡の調査：銅鐸・銅矛埋納遺構について．考古学雑誌，第71巻，第3号，1-14．

Munro, N. G. 1962
　Ainu Creed and Cult. Routledge and Kegan Paul, London.

Murdock, G. P. 1968
　The Current Status of the World's Hunting and Gathering Peoples. In: Lee, R. B. and DeVore, I. eds., Man the Hunter, Chicago: Aldine, 13-29.

Murphy, R. F. and Quain B., 1966
　The Trumai Indians of Central Brazil. American Ethnological Society, Monograph 24. University of Washington Press, Seattle.

Nagamine, M. 1986
　Clay Figurines and Jomon Pottery. In: Pearson, R. J. ed., Windows on the Japanese Past: Studies in Archaeology and Prehistory, 255-263. Center for Japanese Studies, Ann Arbor.

名取武光　1945
　噴火湾の捕鯨．北方文化出版社，札幌．

Nelson, E.W. 1899
　The Eskimo about Bering Strait. Bureau of American Ethnology, 18th Annual Report, Pt. 1, 5-518.

Newham, C. A. 1972
　The Astronomical Significance of Stonehenge. Moon Publications, Gwent (Wales).

西本豊弘　1984

北海道の縄文・続縄文文化の狩猟と漁撈：動物遺存体の分析を中心として．国立歴史民俗博物館研究報告，第4集，1-15.

西本豊弘　1985

北海道の狩猟・漁撈活動の変遷．国立歴史民俗博物館研究報告，第6集，53-73.

西本豊弘　1987

骨角製漁具．季刊考古学，第21号，68-73.

西鶴定嘉　1942

樺太アイヌ．樺太文化振興会，豊原．

野口義麿　1958

先史土偶．世界陶磁全集1．河出書房，東京．

能都町教育委員会　1986

石川県能都町真脇遺跡．本篇．能都町教育委員会，真脇遺跡発掘委員会．

Oberg, K. 1973

The Social Economy of the Tlingit Indians. American Ethnological Society, Monograph 55. University of Washington Press, Seattle.

Ohnuki-Tierney, E.　1974

The Ainu of the Northwest Coast of Southern Sakhalin. Holt, Rinehart and Winston, New York.

大貫恵美子　1979

南樺太・北西海岸のアイヌの生活．山本祐弘（編著),樺太自然民族の生活．相模書房，東京．

大矢昌彦　1977

石棒の基礎的研究．長野県考古学会誌，第3号，18-44.

Olson, R. L. 1936

The Quinault Indians. University of Washington Publications in Anthropology, 6.

Osgood, C. 1937

The Ethnography of the Tanaina. Yale University Publications in Anthropology, Vol, 16.

Osgood, C. 1941

Ingalik Material Culture. Yale University Publications in Anthropology, 22.

Osgood, C. 1958
Ingalik Social Culture. Yale University Publications in Anthropology, No. 53

Oswalt, W. H. 1967
Alaskan Eskimos. Chandalar Publ. Co., Scranton, Pennsylvania.

Rausch, R. 1951
Notes on the Nunamiut Eskimo and Mammals of the Anaktuvuk Pass Region, Brooks Range, Alaska. Arctic, Journal of the Arctic Instititute of North America, Vol. 4, No. 3, 147-194.

Ray, V. F. 1963
Primitive Pragmatists. The Modoc Indians of Northern California. University of Washington Press, Seattle.

Roth, W. R. 1897
Ethnological Studies among the Northwest-Central Queensland Aborigines. Government Printer, Brisbane.

斎藤 忠 1974
配石遺構とは何か. 斎藤忠 (編), 日本考古学の視点, 上巻, 158-162. 日本書籍, 東京.

斎藤 忠 1982
日本考古学概論. 吉川弘文館, 東京.

酒詰仲男 1961
日本縄文石器時代食料総説. 土曜会, 東京.

更科源蔵 1968
歴史と民俗：アイヌ. 社会思想社, 東京.

Scott, L. 1954
Pottery. In: Singer, C., et al., eds., A History of Technology, Vol. I., 376-412, Clarendon Press, Oxford.

関 俊彦 1988
採集狩猟社会での女性：食料採取を中心に. 史誌, 第30号, 89-135.

Service, E. R. 1966
The Hunters. Prentice-Hall, Englewood Cliffs, California.

杉山晃一 1981

韓国南部:水田村に於ける農耕儀礼素描. 東北大学日本文化研究所研究報告, 第17集.

白老アイヌ民族資料館 (年号欠).

アイヌ民族資料館. 白老町教育委員会. 35.

Snow, J. H. 1981

Ingalik. In : Handbook of North American Indians, Vol. 6, Subarctic, 602-622, Smithsonian Institution Press, Washington, D. C.

Speck, F. I. 1935

Naskapi. The Savage Hunters of the Labrador Peninsula. University of Oklahoma Press, Norman.

Spencer, B. 1899

The Native Tribes of Central Australia. Mcmillan, London.

Spier, L. 1933

Yuman Tribes of the Gila River. University of Chicago Press, Chicago.

Stewart, H. 1977

Indian Fishing : Early Methods on the Northwest Coast. University of Washington Press, Seattle.

Swanton, J. R. 1946

The Indians of the Southeastern United States. Bureau of American Ethnology, Smithsonian Institution, Bulletin 137.

高倉洋彰 1986

弥生社会復原の試み II. 金関恕, 佐原眞 (編), 弥生文化の研究 9, 25-33. 雄山閣, 東京.

帝国学士院 (編) 1944

東亜民族要誌資料. アイヌ. 帝国学士院, 東京.

寺村光晴 1971

玉. 硬玉と碧玉の一例. 新版考古学講座, 第9巻. 特論 (中), 生産技術, 交通, 交易, 281-291. 雄山閣, 東京.

Testart, A. 1982

The Significance of Food Storage among Hunter-Gatherers : Residence Patterns, Population Densities, and Social Inequalities.

Current Anthropology, 23 : 523-530.

Testart, A. 1988

On the Social Anthropology of Hunter-Gatherers. Current Anthropology, 29(3) : 489-490.

樋泉岳二 1989

貝層の堆積季節を利用した生業季節スケジュールの復元方法とその意義．事例分析：伊川津貝塚における漁撈活動の季節性．国立歴史民俗博物館，研究会成果報告（発表予定草稿）．本文31頁，図1-11．

鳥居龍蔵 1976

千島アイヌ．鳥居龍蔵全集，第8巻．朝日新聞社，東京．

Townsend, J.B. 1981

Tanaina. In : Handbook of North American Indians, Vol. 6, Subarctic, 623-640, Smisthonian Institution Press, Washington,D. C..

Turner, G. 1979

Indians of North America. Blandford Press, Poole (Dorset).

内田 亨 1968

原色現代科学大事典5．動物II．脊椎動物．学習研究社．東京．

上野佳也 1974

土偶と石棒の性格およびその研究上の問題点．斎藤忠（編），考古学の視点．上巻，166-170．日本書籍，東京．

上野佳也 1983

軽井沢町茂沢南石堂遺跡．総集編．長野県軽井沢町教育委員会．

上野佳也 1984

配石遺構についての一考察．東京大学考古学研究室紀要，第3号，27-40.

上野佳也 1986

配石遺構の諸問題．北奥古代文化，第17号，17-25.

Underhill, R. 1953

Indians of the Pacific Northwest. Sherman Institute Press,Riverdale, California.

渡辺 仁 1954

胆振アイヌに於ける水産資源の利用．日本人類学会日本民族学会第7回連合大会紀事，43-48.

渡辺 仁 1964a
アイヌの熊祭の社会的機能並びにその発展に関する生態的要因．民族学研究，第29巻，第3号，206-216．

渡辺 仁 1964b
人間と自然の社会的結合関係：アイヌ，日本民族，ツングースの共通性．民族学研究，第29巻，第3号，297-298．

渡辺 仁 1964c
アイヌの生態と本邦先史学の問題．人類学雑誌，第72巻，第1号，9-23．

Watanabe, H. 1966
Die sozialen Funktionen des Baerenfestes der Ainu und die oekologischen Faktoren in seiner Entwicklung. Anthropos, Bd. 61, 708-726.

Watanabe, H. 1968
Subsistence and Ecology of Northern Food Gatherers with Special Reference to the Ainu. In : Lee, R. B., and I. DeVore, eds., Man the Hunter, 69-77, Aldine, Chicago.

Watanabe, H. 1969
Famine as a Population Check : Comparative Ecology of Northern Peoples. Journal of Faculty of Science, University of Tokyo, Sect. V, Vol. III. Pt.4, 237-252.

渡辺 仁 1970
Ecology of the Prehistoric Jomon People: Possible Use of Their Stone Axes as Seen from Food Processing Habits of Northern Food-gatherers, a Preliminary Report. 人類学雑誌，第78巻，第3号，208-212．

Watanabe, H. 1971
Periglacial Ecology and the Emergence of Homo sapiens. In : UNESCO, ed., The Origin of Homo sapiens, Unesco, Paris, 271-285.

渡辺 仁 1972a
先史考古学・生態学・Ethnoarchaeology. 方法論について．考古学ジャーナル，No. 2, 72,8月号，巻頭言．

## 引用文献

渡辺 仁 1972b
　アイヌ文化の成立：民族・歴史・考古諸学の合流点．考古学雑誌，第58巻，第3号，47-64.

渡辺 仁 1972c
　北方採集民の食物の形状：進化生態学の一課題．物質文化，第20号，49-53.

Watanabe, H. 1972(1973)
　The Ainu Ecosystem : Environment and Group Structure. University of Tokyo Press(1972); University of Washington Press. (1973) (American Ethnological Society Monograph 54).

Watanabe, H. 1975
　Bow and Arrow Census in a West Papuan Lowland Community : A Field for Functional-Ecological Study. University of Queensland Museum of Anthropology, Occasional Papers in Anthropology 5, the University Museum, Brisbane.

渡辺 仁 1977
　アイヌの生態系．渡辺 仁(編)，人類学講座，第12巻（生態），387-405．雄山閣，東京．

Watanabe, H. 1977
　Some Problems in the Comparative Ecology of Food Gatherers. In : Watanabe, H., ed., Human Activity System : Its Spatiotemporal Structure, University of Tokyo Press, Tokyo. 21-39.

渡辺 仁 1978
　狩猟採集民の食性の分類：進化的・生態的見地から．民族学研究，第43巻，第2号，111-137.

渡辺 仁 1980
　屋内生活空間の聖・俗（男・女）2分制：北海道先史文化とアイヌ文化の関係についての土俗考古学的問題点．東京大学文学部（編），ライトコロ川口遺跡，85-97.

渡辺 仁 1981a
　年齢分業とライフサイクル：生態人類学的新視点．人類働態学研究会会報，第36号，3-5．

渡辺 仁 1981b
堅穴住居の体系的分類：食物採集民の住居生態学的研究（Ⅰ）．北海道大学北方文化研究，第14号，1-108．

渡辺 仁 1981c
北方文化研究の課題．北海道大学文学部紀要，第29巻，第2号，79-141．

渡辺 仁 1981d
狩猟採集民のライフ・サイクルと退役狩猟者．日本民族学会第20回研究大会研究発表抄録，63-64．国立民族学博物館，千里（大阪）．

渡辺 仁 1982
文化領域と生態領域：内陸—海岸間の分化．国立民族学博物館，北方狩猟採集民研究会，6月例会報告（録音）．

Watanabe, H, 1983
Occupational Differentiation and Social Stratification : The Case of Northern Pacific Maritime Food-gatherers. Curreut Anthropology, 24(2) ; 217-219.

渡辺 仁 1984a
狩猟採集民の住居：北方からの視点．杉本尚次（編），日本のすまいの源流．国立民族学博物館シンポジウム論文集，389-417，文化出版局，東京．

渡辺 仁 1984b
堅穴住居の廃用と燃料経済．北海道大学北方文化研究，第16号，1-41．

渡辺 仁 1985a
アイヌの川筋間の関係：婚姻と闘争を通じて．早稲田大学大学院文学研究科紀要，第30輯．97-105．

渡辺 仁 1985b
ヒトはなぜ立ちあがったか：生態学的仮説と展望．東京大学出版会，東京．

Watanabe, H. 1985
The Chopper-Chopping Tool Complex of Eastern Asia : An Ethnoarchaeological-Ecological Reexamination. Journal of Anthropological Archaeology, 4（1）, 1-18.

引用文献

Watanabe, H. 1986
Community, Habitation and Food Gathering in Prehistoric Japan : An Ethnographical Interpretation of the Archaeological Evidence. In : Pearson, R. J., ed., Windows on the Japanese Past : Studies in Archaeology and Prehistory, Center for Japanese Studies, Univ. of Michigan, Ann Arbor., 229-254.

渡辺 仁 1986
狩猟採集民集落平面形の体系的分類:社会生態的・進化的研究.国立民族学博物館研究報告,第11巻,第2号,489-541.

渡辺 仁 1987
農耕創始者としての退役狩猟者:民族誌的情報にもとづく生態学的モデル.早稲田大学大学院文学研究科紀要,第33輯,17-32.

Watanabe, H. 1988
On the Social Anthropology of Hunter-Gatherers. Current Anthropology, 29(3) : 489-490.

渡辺 仁 1988a
北太平洋沿岸文化圏:狩猟採集民からの視点Ⅰ.国立民族学博物館研究報告,第13巻,第2号,297-356.

渡辺 仁 1988 b
狩猟採集民の社会生態学的新分類.日本人類学会日本民族学会第42回連合大会予稿集,大阪国際交流センター,70.

渡辺 仁 1988c
農耕化過程に関する土俗考古学的進化的モデル:ハードウェアとソフトウェアの可分性を中心とする.古代文化,第40巻,第5号,1-17.

Watanabe, H. 1989.
Socioecological Classification of Present Hunter-Gatherers. 人類学雑誌,第97巻.第2号,251.

渡辺仁,西本豊弘,大島稔,切替英雄 1982
昭和56年度アイヌ民族文化財調査報告書.アイヌ民俗調査Ⅰ,北海道教育委員会.

渡辺仁,西本豊弘,大島稔,切替英雄,篠崎俊幸 1983
昭和57年度アイヌ民俗文化財調査報告書.アイヌ民族調査Ⅱ,北海道教育委員会.

渡辺仁，西本豊弘，大島稔，切替英雄，佐藤知巳 1984.
昭和58年度アイヌ民俗文化財調査報告書．アイヌ民俗調査Ⅲ，北海道教育委員会．

渡辺仁，西本豊弘，大島稔，切替英雄，佐藤知巳 1985
昭和59年度アイヌ民俗文化財調査報告書．アイヌ民俗調査Ⅳ，北海道教育委員会．

渡辺仁，西本豊弘，大島稔，切替英雄，佐藤知巳 1986
昭和60年度アイヌ民俗文化財調査報告書．アイヌ民俗調査Ⅴ，北海道教育委員会．

渡辺仁，西本豊弘，大島稔，切替英雄，佐藤知巳 1987
昭和61年度アイヌ民俗文化財調査報告書．アイヌ民俗調査Ⅵ．北海道教育委員会．

渡辺 誠 1973a
縄文時代の漁業．考古学選書7．雄山閣，東京．

渡辺 誠 1973b
装身具の変遷．江坂輝弥（編），古代史発掘，第2巻，縄文土器と貝塚，147-151．講談社，東京．

渡辺 誠 1974a
硬玉の大珠．斎藤忠（編），日本考古学の視点，上巻，134．日本書籍，東京．

渡辺 誠 1974b
骨角器・貝製品．斎藤忠（編），1983日本考古学の視点，上巻，130-133．日本書籍，東京．

Whitehouse, R. D. (ed.) 1983
Dictionary of Archaeology. Facts on File Publications, New York.

山口和雄 1964
日本漁業史．東京大学出版会，東京．

山内清男，甲野 勇，江坂輝弥（編） 1964
日本原始美術Ⅰ．縄文式土器．講談社，東京．

八幡一郎 1928
南佐久郡の考古学的調査．岡書院，東京．

八幡一郎 1963
縄文土器・土偶，陶器全集，第29巻，平凡社，東京．

# 第 2 部

# 狩猟採集から農耕へ

[付論1]

# 農耕化過程に関する
# 土俗考古学的進化的モデル[1]

ハードウエアとソフトウエア
の可分性を中心とする

　農耕の起原（発明と伝播・借用）に関して主導的役割を果した原動力が何であったかは人類史の重要課題であるが，これには従来の諸説で論じられているような外的要因（環境変化，食糧圧，人口圧等）ばかりでなく，社会の内的要因にも目をむける要がある。その具体例として筆者が1979年にミシガン大学での故 R. K. Beardsley 教授記念シンポジウムで提出したのが退役狩猟者論である（Watanabe, 1986：249-251）。なお退役狩猟者については他にも報告した（渡辺，1981a；1981b；1987）。進化的観点にたつと，発現した新形質には生存上（環境適応上）何等かの利点があったと考えられる。農耕の起源についても，同様の見地から，その利点は一体何であったかが問題になる。これについても既に諸説があり様々の利点が挙げられている（Orme, 1980）。しかし筆者はそれら以上に重大な利点としてハードウエア（現場作業，肉体労働）とソフトウエア（理論，管理・運営プログラム）の可分性 separability を挙げたい。この利点を活用したのが狩猟社会のエリートとしての退役狩猟者群であった。農耕社会が出現した後も社会の発展はこの利点の利用による所が大きい。以下の所論は民族誌的データの比較分

付論1　農耕化過程に関する土俗考古学的進化的モデル

析に基づき考古学的事実に照らしたものである[2]。

1

　狩猟採集から農耕への変化という現象，いいかえると農耕の起原という問題は考古学や民族学も含めて人類学の大きな課題となっていることはいうまでもないが，筆者は狩猟採集民の研究に従事する者として，特に生態学的方面からこの問題に深い関心をもっている。そこで先ずこの論文の冒頭でとりあげるのは農耕起原に関係する古典的な問題である女性農耕論である。

　農耕起原を女性に結びつける考え方，あるいは農耕起原に関して女性の役割を重視する考え方は前世紀以来 Backland, Ling Loth, Bachofen, Frazer 等をはじめとして，比較的新しくは Thurnwald や考古学の Childe 等があり，Lowie や Wissler をはじめ最近では Rindos 等によっても紹介されている。要するに民族学では女性を農耕の創始者とみなす説があり，考古学でも Childe (1955 : 71) のように女性を最初の耕作者 cultivators とみなす見解がある。

　R. H. Lowie (1937 : 92) によると，1800年代後半に A. W. Backland (1878) が，未開民 lower races の農耕における女性の顕著性乃至卓越性 prominence を強調し，それにつづいて H. Ling Roth (1887) が，女性を最初の耕作者 cultivators とみなす理論を発表した。またその後 C. Wissler (1940 : 24) が，北米インディアンでは南西部を除いてどこでも農耕者が女性である点に関して，女性が農耕起原に主役を演じたとする説と，女性が農耕の考案者 inventors とする前者より更に一歩進んだ

説を挙げている。なお最近に農耕起原論を出版した D. Rindos (1984:10) は，農耕起原に関する女性関与論者として J. J. Bachofen と J. G. Frazer の名を挙げている。

彼によると，Bachofen (1861) は，男性——狩猟，戦争担当者，女性——農耕，育児担当者という男女分業の民族誌的事実から「母家長段階」matriarchal stage を想定し，この段階で女性の植物採集者 female gatherers が先ず初めに食用植物の保護 protect を行い，次いでその栽培を修得したとしている。

また Frazer については，その著書 *The Golden Bough* (1912:129) において，農耕起原に関する女性のモチーフを発展させたとしている。つまり女性による根菜の採掘が土壌を肥沃にしその産出を増大した結果，自然的生計基盤から人為的生計基盤への転化という経済史上最大の進歩 advance に関して，女性が男性よりも大きい貢献をしたという論旨である。Frazer が発展させたこれらのテーマの多くは今もなお我々と共にあると Rindos は述べている。

以上の他に R. Thurnwald もまた彼の原始経済理論 (Thurnwald, 1969:7 and Diagram I) の中で，農耕の起原を狩猟採集段階での女性の植物採取からの発展（牧畜起原を狩猟採集段階での男性の狩猟活動からの発展）とみなしている。

以上のように農耕の起原には，女性の役割の重要性を唱える理論と学説が古くから存在し，今もなお学界においてその支持を失っていないようである。このような理論，つまり農耕—女性論の主な根拠は民族誌的事実である。即ち農耕を伴う狩猟採集民 Hunter-Farmers では男性——狩猟者，女性——耕作者

付論1　農耕化過程に関する土俗考古学的進化的モデル

という一般的事実があって，この点から男は狩猟，女は耕作という分業図式が生まれ公式化されるに至った．前述の女性農耕起原論はこのような分業観にもとづく解釈である。しかし生態学的見地から吟味すると，その根拠となっている従来の分業観が問題である．何故なら，従来の図式では狩猟が男性なのに対し耕作は女性の分担，責任とされているが，実は民族誌のデータをよくみると，女性が分担し責任を負っているのは，各社会の農耕システム全体からみて，主として現場作業乃至肉体労働の面だけであって，そのシステム全体の管理と運営は，主として男性が掌握し責任を負っているのが普通一般の事情といえる。つまり男は狩猟，女は農耕といっても，それは女性が農耕システムの一切を担当し切りまわしているのではなく，実際は単なる耕作者 tillers/cultivators, いいかえれば現場作業員乃至肉体労働者，にすぎないといえる。要するに今までの分業論は，生業活動をシステムとして生態系の一部とみなす構造的視点を欠いていたために，端末のハードウエアに相当する耕作作業という肉体労働面だけを取りあげ，農耕システムのソフトウエアともいうべき管理・運営面を殆ど無視してきた。これは農耕起原論にまで関係する重大な問題といわなければならない。

　農耕に限らず仕事特に生業 subsistence activities というものは，現場作業・肉体労働とその管理・運営（プログラミング）から構成された一つの活動システム（農耕の場合は農耕システム）である。また仕事（作業）はいずれも個体の活動システムの一部であると同時に社会の活動システムの一部であることを忘れてはならない。農耕を生業の一部として扱う場合は，

このような構造をもつ一つのシステムとして扱う必要がある。従って分業あるいは協業も単なる末端の現場作業乃至肉体労働だけでなく，それをプログラムしている基端部の管理・運営までも含めて取扱うことが必要である。具体例をあげると，今までの農耕分業論では，開墾，播種（植つけ），耕作，草取り，収穫等単なる野外の現場作業だけが取りあげられ，それらの活動を規制し支配している農耕儀礼やそれらの儀礼と実際の農事の時季決定，集団作業方式等管理・運営面の活動は切離され無視されてきた。しかし民族誌的記載事実を，以上のようなシステム的見地からつぶさに検討すると，先に述べたような現場の肉体労働とそのプログラミング（管理・運営）が，コミュニティーのメンバーによって，分業的に分離・分担されていることがわかる。これが，現場の耕作作業担当者の性別如何を問わず，原始農耕システムの特徴といえるようにみえる。これは，農耕という活動システムでは，ハードウエアに当る末端の現場作業とソフトウエアに当る管理・運営作業とを分離して，それぞれ別の個人による分担が可能且容易な点，つまりその両者の可分性 separability の効果的活用にほかならない。

　農耕システムでは，そのハードウエアに当る現場作業（畑仕事）はいずれも比較的単純な肉体労働（所謂単純労働）であり，野生植物の採取よりむしろ容易であって，その実施には特殊技能或いは特殊知識を必要としない[3]。しかしそのソフトウエアに当る管理・運営活動は複雑な技能・知識体系の裏づけを必要とするために，ハードウエア面のように広く大衆が従事することは難しい。つまり農耕システムの管理・運営は高度の統合的

付論1　農耕化過程に関する土俗考古学的進化的モデル

知的作業であって，狩猟——農耕社会或いはそれに近い原始農耕社会では，それ故に，地域社会 village or local group の知的エリート即ち首長 headman, chief, leader あるいは長老達の掌握・担当するところとなっている。耕作・種蒔き等の畑仕事に直接従事するのは女性であっても，それは基本的には首領や長老達によって規制され管理された活動であって，従来の女性農耕論で考えられてきたような自主独立的な活動ではないのである。いいかえれば，問題の女性農耕は地域共同体の生業としての農耕システムの一部分，つまりその末端のハードウエア部分にすぎない。即ち構造的にみると，女性の分担は農耕全体ではなく，そのハードウエア部分，つまり耕作で代表される農事の現場作業（一言でいえば畑仕事）の部分なのである。

　農耕システムの管理・運営面，即ちソフトウエアに当る部分は何かというと，その中核ともいうべきものは，(1) 各種農事作業の開始の時季のタイミング（耕作，種蒔き等）と (2) 各種農事活動の sequence の調整・確保である。要するにそれはムラ或いは地域社会全体としての農事カレンダーの適正な管理・運営にほかならない。この種のカレンダーは，現場（畑）作業をはじめとする技術的行事と農事関係の儀礼的行事から構成されているのが普通である。その適切な運営は天体観測（太陽，月，星座）と環境（気象と動植物）の季節的変化の観測にもとづいている。そのような観測にもとづいて時季が決定され，それに対応する集団儀礼が挙行され，それに伴う農耕作業が行われることになる。未開社会では，農事に限らず猟漁採集等の生産活動においても，儀礼が伴うことは周知のとおりで，従来は

生産儀礼の名で扱われ，近年は特にその社会的機能が注目されて社会人類学的研究が盛である。このようなアプローチでは，儀礼が技術から切り離され，儀礼の生態的機能（技術——環境関係の維持に果たす役割乃至寄与）は無視されてきた。また民族誌においても，その方法論が一般に要素分析主義乃至解剖学的アプローチであるために，儀礼と技術は分離され，それぞれ別枠で取扱われている。先に述べてきたような，今までの農耕起原論における農耕システム全体構造（ハードウエアとソフトウエアの関係）の無視あるいは見逃しは以上のような社会的乃至文化的アプローチの風潮に因るところが大きいと思われる。しかし実際に未開社会では，技術は儀礼と不可分であるだけでなく，儀礼もまた，技術の手順の確保，その実施の時期や場所の確認等を通して生態的機能を果たしているのである（渡辺，1971：89；渡辺，1979；図2），いずれにしても農耕は単なる耕作という現場作業過程だけではなく，儀礼をも含めた管理・運営過程と一体となった農耕システムを形成するという新しい見方乃至考え方ができる。またカレンダーの適正維持を含む農耕システム全体の円滑な管理・運営は地域社会を単位とする男子の一部，特に知的エリートとしての首長と長老達つまり退役狩猟者達の手にゆだねられていたということができる。

　地域社会のカレンダーの適正維持とそれにもとづく生産（生計 subsistence）システムの円滑な管理・運営は農耕化社会だけでなく狩猟採集社会においても重要且必須であって，それは狩猟・農耕社会と同様に，男子の一部特に退役狩猟者である長老達の任務である[4]。従って狩猟・農耕社会の前述の分業体制

## 付論1　農耕化過程に関する土俗考古学的進化的モデル

（男性——農耕の管理・運営，女性——農事の現場作業）は，既に農耕導入前（狩猟採集時代）に存在し機能していた生業体制 subsistence system（男性管理者制）の継承——つまり前代的体制の流れを汲むものということができる。この意味でも女性耕作型農耕への変化は革命的ではなく進化的といえるが，それはまた狩猟，採集時代の伝統的分業パターン（男は狩猟，女は採集）を殆ど変えることなく導入された点でさらに漸進的で進化的といえる（渡辺，1981c：120-121；Watanabe, 1986：249）。狩猟採集民から農耕民への変化に関する最近の理論乃至思考では，それを急激な革命的な変化ではなく漸進的な進化的変化とみなす傾向が強い。この点からも今までの女性農耕論は本論文で提出したような女性現場（ハードウエア）担当論の見方から再検討されなければならない。そこで先ず次の点が問題になる。

　女性耕作型農耕は，以上の点からみて，農耕民への転化の初期における一種の移行型として相応しくみえる。そこで耕作 cultivation が恐らく初めは女性の付帯的活動 an incidental activity であったとする V. G. Childe（Childe, 1955：71）の推測も以上の視点からみればうなづけるのである。しかしここでとりあげた農耕システム論からみると，女性耕作型農耕は，ハードウエア部分（現場作業）とソフトウエア部分（管理・運営）とが分離され，それぞれ男と女によって分担された形の農耕システムであって，而もそのようなシステムとして既に確立されている。このように確立された農耕システムを農耕の創始段階 initial stage とみなすことはできない。そこでその創始段階が問題である。ここで創始段階というのは農耕が人類の新し

い食物生産方式として確立されるに至るまでの段階，つまり農耕システムの考案段階である。そこで創始段階の問題とは具体的には，それがいつ，どこで，いかなる人々（社会のいかなるメンバー）によって，いかにして創始されたかということになる。現生狩猟採集民の生態学的データの比較分析によって，上記問題のうち後者2題について有効な示唆が得られた。先ず第一に創始者であるが，それはこれまで民族学者達によって論じられてきた女性ではなく，男性即ち狩猟者達であったと筆者は考える。狩猟採集社会では，地域社会の生計システムのソフトウエアの中核をなすのがカレンダーの管理・運営といえる。これを掌握，担当しているのが男性狩猟者層であり，就中年長の退役狩猟者群である。地域社会の首長や長老はいずれもそのような人々の代表である。この退役狩猟者群こそが農耕システム即ち植物栽培式食物生産方式の考案，創始に主役を演じた人々とみなされるに最も相応しい諸条件を具えているということができる。その条件の第一は，狩猟者（男性）の行動域rangeが採集者（女性）のそれより広大な点である (Watanabe, 1968, 75)。これは知識と経験の性差を意味する。行動域の拡大がいかに知識と経験の増大に関係するかは，ヒト化の場合をみれば明らかであろう (Washburn and Avis, 1958 : 434 ; Washburn, Lancaster 1968 : 296-299)。また行動域の大小による知識と経験の差は北米北西海岸インディアンにおける平民commonersと貴族noblesとの間にみることができる (Suttles, 1973 : 172 ; Watanabe, 1983 : 218)。なおまた現生狩猟採集民をみると，狩猟は採集よりも広汎で総合的integrative且ダイナミックな知

付論1　農耕化過程に関する土俗考古学的進化的モデル

識を要し、またその適切な応用によってはじめて有効な結果が得られることになる。狩猟者達は長年の伝統によって、動植物学、地学、天文学、生態学等の自然史的知識と経験を蓄積し、これを生計に応用する応用自然史学的な総合的知識体系を創りあげ、維持し、発展させてきたといえる。生存の第一条件は環境への適応であるが、就中基本的なのは環境の時間的構造に対する行動的適応であって、それには、行動をそれに合わせて組織するための適切なカレンダーの確保とその管理・運営が必須である。狩猟採集社会で男性狩猟者達が育て確保してきたこのノウ・ハウ know-how、即ち生計システムのソフトウエア部分が、植物栽培（農耕）だけでなく動物飼育（牧畜）も含めて、食物の人為的生産システムの考案、創始に当って主要な役割を果たしたと考えられる。本論文の冒頭に述べたような従来の農耕起原論では、植物採取と女性との結びつきの普遍性から女性がその主役或いは創始者とさえみなされてきた。しかし野生植物の採取と農耕即ち植物栽培との間には根本的な差異乃至ギャップがあり、これを考慮すると、女性の採取活動から女性による農耕の創始への発展図式は認め難い。何故なら、野生植物の採取は自然に成育した植物を採るだけの行為であって、成育の時季と場所を知れば、現場で必要な働作（作業）は採集或いは採掘という単純労働にすぎない。それに対して、農耕は採取（収穫）の前に栽培というプロセスが伴う。これは植物の成育過程を人為的に再現（復原）することであって、これには自然界における当該植物の生育に必要なあらゆる条件が、単に理解されるだけでなく、栽培目的の植物に対して適切に与えられな

ければならない。狩猟採集社会の女性が植物の生育時季と生育場所と採り方にいかに馴れ親しみ熟練しても，それだけでは植物栽培システムの創始に充分とはいい難い。同じ掘り棒を使っても，単なる野生植物の採掘と植物栽培のための耕作とは生産技術上の意味と内容が根本的に異なる点が重要である。それに対して，植物栽培システムを創始する潜在能力を充分に具えていたのが男性狩猟者達，就中退役狩猟者層である（Watanabe, 1986：251）。この退役狩猟者達には農耕システムの創始に適した特別条件がある。それは大形獣狩猟の第一線からの引退による行動域の縮小とそれに伴う生計活動の変化である。彼等は集落の近傍を行動域として，女性や子供達と同様に，植物採取と小動物猟等の生計活動を営んでいた（渡辺，1981a）。また彼等老人達は，若者と壮年者達が猟漁のために集落を移動する時でも，それが多少とも固定的な集落の場合には，彼等が再び戻る季節まで移動せず残留することができた。この現象が珍しくないことは民族誌のデータが示すところである（Watanabe, 1977c：26-31）。以上のような生活条件が，該博な知識・経験とその応用能力をもつ退役狩猟者達に対して，農耕（植物栽培）システムの創始に必要な最適の条件と充分の機会を与えたと推定できる（退役狩猟者については筆者の前記論文以外に次の論文を参照のこと。渡辺，1981 b）。

　農耕システムの創始に関する次の問題は，それがいかにして確立されたか——農耕システムの創始，即ち栽培（人為的育成）による食物生産システムの初めての確立に至るプロセスの問題である。この確立に至るまでの創始段階では，先述のよう

付論1　農耕化過程に関する土俗考古学的進化的モデル

な複雑で統合的な高度の自然史的知識体系と植物育成に必要なその応用能力（技能）をもった男達自身が現場作業（種蒔きをはじめとする一連の肉体労働）をも実施したと考えるのが妥当であろう。その間に家族の援助等はあったかもしれないが，主役は男達であって，彼等が自らの手で現場の試行錯誤を経験しながら世代を重ねて農耕システムのノー・ハウを創りだしたにちがいない。この段階では，そのシステムのハードウエア部分（現場作業—単純労働）とソフトウエア部分（管理・運営）との可分性が当事者達に認識されていたとは考え難い。何故ならこの段階ではその両者を分離・分担することは実地上不可能と考えられるからである。従ってまた，その創始者達には最近の農耕起原論者達によって言われているような生産効率的な考え方（cost benefits 等）があったともみえない。要するに上記の可分性の利点が認識され利用されるようになったのは農耕システムの確立（創始）以後のこととするのが妥当と考えられる。なおこの認識と利用の仕方は時代によって，また社会によって違うと考えなければならない。農耕の発展とそれに伴う社会の発展は，上述したような農耕システムの可分性の認識と利用の仕方の発展的変化とも関係があるようにみえる。これは今後の新課題としておきたい。

## 2

冒頭に述べたように，進化的見地に立つと，農耕という新しい食物生産方式の出現には何等かの利点があったと考えられ，筆者はその最大利点としてハードウエア（現場作業，肉体労

働）とソフトウエア（管理・運営）の可分性 separability を挙げたが，これを農耕以前の段階の食物生産方式即ち猟漁採集における両者の可分性と較べてみると，いかに前者の可分性が大きいか，またそれ故に進化的意義が大きいかが解るであろう。以下は農耕システムにおけるハードウエア―ソフトウエアの可分性と狩猟，漁撈，採集システムのそれとの比較である。

（a）狩猟システムでは，一般にハードウエアとソフトウエア（以下（H）及び（S）と略記）との分離が困難であって，アクター即ち現場作業者（狩猟者自身）が舞台監督即ち管理・運営者を兼ねざるを得ない。狩猟活動の構造は複雑で，獲物の追跡から武器による捕獲まで一挙手一投足にも高度のソフトウエアが要求されるからである。両者の分離分担が可能な場合として勢子による集団的追いこみ猟があるが，利用の機会が限定され，またその規模の拡大にも限度がある。罠猟のような定置猟具による狩猟の場合も，見廻り役は仕掛け人とは別の単純労働者に置きかえることもできる。しかし，現場作業を全面的に単純労働化してソフトウエアから切り離すことはできない。

（b）漁撈システムでは，直接捕獲にたずさわる現場作業者（H）と管理・運営者（S）の分離・分担が一般に狩猟の場合より容易である。これは定置漁具（簗，筌等）の場合がその代表であって，北米北西海岸インディアンの鮭漁のように，大量の魚が連続遡上するところでは，捕獲装置（簗，筌）の建設も，それを利用する手網や筌の操作も，ともに監督者の指揮の元に単純労働化され，（H）と（S）の分離・分担制によって量産の効果をあげている。

(c) 植物採集システムでは，(H)(S)両者の分離が前二者に較べて最も容易である。これは獲得の対象となる資源が植物であって，(a)(b)の場合のように動かないことによるところが大きい。そのために現場での採取作業が猟漁の現場作業より遥かに容易且単純である。しかしこの場合も，資源が野生であるため産出が限られているから，(H)-(S)の可分性の生産上の利用価値はそれほど高くない。採取システムに関するソフトウエア部分で，実際に各地で分離がみられるのは，採取時季の規制と調整（管理・運営）である。これは一般に地域社会の首長が管理者となって実施されている。所謂 First Fruit Ceremonies の類はその代表例である。

(d) 農耕システムでは，(H)-(S)両者の分離が最も容易であって，しかも生産上の利用価値が高い。その容易性については既に述べたとおりである。その可分性の利用価値が高いのは，対象となる資源が野生資源のような制約を受けず，人手に応じて増産が可能なためである。要するに農耕が周知のように発展・普及したのは，要するに現場作業を単純労働として切離して管理・運営できるという利点によるということができる。つまりそれによって老若男女をとわず万人が就業でき，ひいては生産規模の拡大――増産が可能でしかも容易である。新石器時代開始以降の農耕の広汎な伝播と農耕社会の急激な発展――狩猟採集民の急激な農民化には，恐らく農耕システムのもつこの(H)-(S)の可分性の経済的，社会的利点の認識とその利用が基本的役割を果たしたものと考えられる。その利点が時代によって，また社会によってどのように利用されたか――この見

地から文化と社会の歴史を見直す必要と価値があるようにみえる。

　以上は農耕システムの確立までの創始段階の問題であるが，次はその伝播と普及が問題である。従来の農耕起原論では，ここでいうような創始による起原と伝播（借用）による起原が明確に区別して考えられていないようであるが，これは我が国等における農耕起原あるいは農耕化の問題を扱う場合に重要である。先述したように，人類の新しい食物獲得方式としての農耕システムを創始したのは狩猟採集民の長老達即ち退役狩猟者層であったが，一旦それが確立され，その創始期（発明段階）を脱して農耕化の第一期（cultivationの最初期）が始まった段階になると，退役狩猟者とその家族以外の地域社会メンバーが，現場作業者，つまり耕作担当の単純労働者として，農耕に関与することになったと考えられる。即ち農耕化初期段階で早くもハードウエアとソフトウエアの分離が起ったことになる。ここで重要なのは，初期農耕化が一挙に地域社会をあげて起ったのではなく，その一部の農民化から始まったとみられることである。先に述べたChilde (1955) の女性耕作論はこれに当るといえる。筆者も民族誌的事実から，伝播（借用）による初期農耕段階を代表する移行的形態として女性耕作論を提出した（渡辺, 1981 c : 120-121 ; Watanabe, 1986 : 247-9)。しかしいま一つの可能性がある。それは青壮年男性層（つまり退役狩猟者以外の成年男子）の一部の農民化というパターンである。農耕システム採用の第一段階として，先に述べた女性耕作という第一パターンと，女性耕作段階を経ることなく直接に一部男性の農民化と

付論1　農耕化過程に関する土俗考古学的進化的モデル

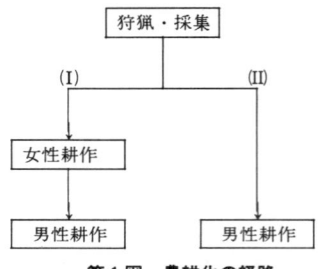

```
        ┌─狩猟・採集─┐
        │(I)      (II)│
        ▼           │
      女性耕作        │
        │           │
        ▼           ▼
      男性耕作      男性耕作
```
**第1図　農耕化の経路**

いう第2パターンと二つの可能性が考えられ，そのいずれを採るかは当該社会の狩猟制の圧力に依存したのではないかと筆者は推定する（第1図）。つまり男の狩猟制が厳しく支配的な社会の場合は，農耕化（農耕システムの伝播乃至借用）への抵抗が強く，農耕採用の第一段階は女性農耕（第1図（I））への変化にとどまり，それが弱い所では，その第一段階で，早くも一部男性層の農民化（第1図（II））（地域社会内における狩猟民層と農民層の分化）が起ったのではないかとする考え方である。例えば北米インディアンでは周知のように，東部には女性農耕，南部には男性農耕がみられるが，これは必ずしも女性農耕から男性農耕への変化の段階をあらわすのではなく，地域の社会的状況（狩猟の社会的圧力等）の差異（変異）に応じて，農耕システム導入の仕方が初めから違っていたからではないかとも考えられる。つまり伝播（借用）パターンの地域的変異である。この第2パターンによる農耕化――いいかえると地域社会内における男性農民層の分化――は，筆者が先に発表した北米北西海岸等北太平洋沿岸狩猟採集民における漁民層の分化（社会階層化）（Watanabe, 1983）と基本的に同一或いは類似のプロセスによるものと考えることができる。これは基本的には能力の個人差（不平等性）にもとづく職業選択であって，狩猟圧の低い所では男性にその選択が許容されたのである。この考え方或い

はモデルを適用すると,今まで言われてきた都市化による職業分化と社会階層化が起る以前に,男の生業(食物獲得活動)における職業分化とそれに伴う社会階層化が既に起っていたことになる。様々の形で,また様々の程度に,男性が耕作に関与(農民化)している北米各地インディアンの民族誌的実態は上述の可能性を示唆するものといえよう。この点については別稿で詳述する予定である。農耕社会とは何か,人類学と社会学だけでなく考古学でも大きな問題となっているが,筆者はこのような狩猟採集社会内部における男性耕作者層 male cultivators の出現をもって農耕社会 agricultural community の始まり(原初形態)とみなしたい。女性耕作の導入では,既に詳述 (Watanabe, 1972 : 40 ; 渡辺, 1981 c : 120-121 ; Watanabe, 1986 : 249) したように,女性の活動周期と食物経済の変化等は起るが狩猟中心の社会体制には殆ど変りがない。男性の耕作への関与,つまり耕作労働者化(これを農民化とする)によって,はじめて狩猟採集社会に構造的変化が起ったといえる。そのような変化が起った社会が農耕社会である。

以上のように筆者は社会構造の変化を農耕社会の同定基準とする考え方であるが,これに対して G. P. Murdock のように食物としての農産物の比重をその基準とする考え方もある。彼は,食物供給の総体の半分以上を農耕と牧畜のいずれかあるいは両者から得ている社会を食物生産社会 food-producing society とする (Smith, 1972 : 5)。この線に沿った農産物或いは農耕活動の割合(数量的基準)による農耕社会の定義は考古学者にも利用されている (Bray, 1980 ; 244)。しかしこの定義乃至基

付論1　農耕化過程に関する土俗考古学的進化的モデル

準は社会学的には余り意味がなく，農耕化の社会的意味をとらえるのには殆ど役立たない。何故なら地域社会の食物総体中に占める農産物の比率と耕作担当者の性別との間には関係がないからである。例えば北米北東部のHuron族では，女性耕作型農耕であるが彼等の食物の大部分は女性によって生産され，そのうち農作物の比率が約3/4と推定されている (Trigger, 1969 : 26)。これは女性耕作でも自らの食物の大半に当る作物を生産できることを示している。また一方北米南西部のPapago族では，男性耕作型農耕であるが，彼等の全食物中に占める農作物の比率は約1/5にすぎない (Castettel ＆ Bell, 1942 : 57)。これは男性耕作でも生産量からみた農作物の比重が大きいとは限らないことを示す。以上の例で解るように食物からみた農耕化と社会からみた農耕化とは必ずしも一致しない[5]。農耕「社会」の起原に関してはこの点の認識が肝要である。そこで筆者は全食餌中の農作物の比率よりも耕作担当者の性別を重視する次第である。それは食物生産にかかわる分業体制の変化，つまり万人男子狩猟者体制 Man the Hunter system の崩壊が農耕化による最大の社会的変化と考えるからである。

　我が国における農耕の起原は，いうまでもなく他の土地で確立された農耕システムの輸入（借用）によるものである。それは単なる種子や農具の伝来ではあり得ず，耕作や種蒔きから収穫に至るまでの複雑な作業体系とそれに関するソフトウエアからなる農耕システムの一括導入を意味する。またその導入に当ってはその土地の環境条件に合わせたシステム細部の調整（修

正）が必須である。なおまたそのシステムをいかにして在来の狩猟採集システムの中に組み入れるかが大きな課題になる。この際に最も重大な問題は分業体制をどうするかであって、女性耕作方式とすれば比較的簡単であるが、男性狩猟者を現場（田畑仕事）にふり向ける方式をとることになれば社会構造の基本的変化にかかわることになる（渡辺, 1981c : 120-121 参照）。いずれにせよ、農耕即栽培という全く新しい食物獲得方式の導入は高度の統合的な知的操作を伴う一種の社会構造的革新 innovation といえる。単なる物品（文物）の輸入等とは本質的に異る点に注意しなければならない。それ故に、その借用にかかわった人々、即ち導入した農耕システムをその土地に根づかせた人々は限られた能力者達であったことが推定できる。つまり農耕の受入れと普及に積極的・中心的役割を果たしたのは地域社会の指導者層——首長と長老達からなる上層階級の男達——以外ではあり得なかったと考えられる。農耕にはそれぞれの土地に合った農事カレンダーが必須であって、彼等は農耕の導入後もその伝統の管理・保存者としての役割を果たしたのである。以上の推論は現生狩猟採集民に一般的な事実に拠る（渡辺, 1987）。なおまた未開社会における生活の革新 innovation と地域社会の指導者達の関係については次の事実もある。即ち北方民の間で竪穴住居から地表住居への転移は歴史的な革新的事件であったが、それは燃料経済の変化を伴ったので、燃料生産力の増大が前提条件となった。そのため住居地表化のイニシアティブをとったのは各地域の首長クラスの人々であった。その人々が卒先して地表化（新住居方式を導入）し、それから除々

付論1　農耕化過程に関する土俗考古学的進化的モデル

に地域社会の内外への普及が起ったのである（渡辺，1984：32-34）。このような事実もまた，農耕導入の革新者達が地域社会の上層部を占める知的エリート達であったとする前述の推論を裏づける一助となるであろう。我が国の場合についてみれば，九州の縄文時代晩期の水田耕作はこのような初期農耕を象徴しているようにみえる。ここでは農耕システムが導入されているにかかわらずその文化は依然として全体的には伝統的な縄文式であって，社会構造が基本的に変化した形跡は認め難い。いいかえると農耕はとりいれたが社会のイデオロギーは前代的で大して変わっていないということである。これは農耕が文化（社会）の基本構造を変えることなく借用・導入されたことを暗示するものといえる。これに直接かかわるのが農耕の分業体制であるが，構造的影響の最も小さいものとしてこの場合先ず考えられるのは先述の女性耕作型システムである。このモデルの根拠は北米北東部インディアンである。

なおこのような初期段階でも，女性だけでなく一歩進んで男性青壮年層が現場作業（耕作）に関与する場合も考えられるが，それはせいぜい男性が繁忙期等に女性耕作の一部を手伝う程度であって，伝統的な生業を放棄するわけではない。つまりこの程度の男性関与では伝統的分業体制は破壊されないから，農耕が導入されても社会構造の基本的変化は起らない。このような男性関与モデルの根拠としては，北米の中東部（Prairies）及び東部（イロコイ語族）インディアン（Driver, 1961：53），アフリカではザンビアのTonga族（Scudder, 1962：32）をあげることができる。

なおまた農耕導入のプロセスに関して注意すべき点は，それが単なる種子や道具の輸入ではなく，儀礼を含むシステムとしての農耕技術複合体の導入にほかならないという点にある。無文字社会 nonliterate societies の技術システムは物理・化学的乃至機械的手続きとしての技術だけでなく，象徴的技術としての儀礼を伴う点が特徴である。その両者は，一体となって環境への適応機構を形成していて，密接不離の関係にある。これは彼等の主体的環境の構造に由来している（渡辺，1971：89 及び第Ｉ図；1977ａ：22-27；1979, 79-83, 及び図２）。未開農耕システムの場合も同様であって，従ってその導入には両者が相伴ったはずである。そこで我が国の場合，それに伴った儀礼体系は一体どうであったかが問題になる。この手掛りの一つは儀礼用具といえる。この視点から，水田耕作を伴う縄文晩期遺跡をとりあげ，その遺物（西谷，1986：126-127）から非実用的にみえる新（外来）要素を探すと精巧な丹塗磨研土器の壺がみえる。これが水稲農耕システムに伴って導入された儀礼用具であった可能性がないかどうかを確かめる要があろう。縄文晩期のそれは，朝鮮のものとの類似が強いとか，遺跡出土の数量が乏しい等と指摘されているが，それらの様相は導入初期段階を象徴するものとしてとらえられないであろうか。このような推論の根拠はいま一つある。それはひきつづく弥生文化を特徴づける遠賀川式土器の分布と形態である。その分布が広い点に関して，何が遠賀川式土器を遠く青森方面にまで運ばせたのか（高橋，1986：43）という疑問が投げられているが，それに対する一つの鍵は，その土器と農耕儀礼の関係を糾すことである。この系

付論1　農耕化過程に関する土俗考古学的進化的モデル

統の土器もほとんどは壺形とされていて，少くとも器形の上で前述の丹塗磨研土器の流れを汲むものと解することができる。要するに遠賀川式土器の分布は，導入初期の揺籃期（調整段階）を経て日本の風土に馴染んだ水田耕作の技術と儀礼が一体となって全国に普及した姿を暗示するようにみえる。その土器は，農耕儀礼用具としてのような社会的に重大な機能をもっていたからこそ伝播に際して型式の変化が少く，遠方までゆきわたったと解することもできるのではなかろうか。

　要するに，既成農耕システムの導入（借用）による農耕化プロセスの第I期は，初めから新しい食物獲得方式と取り替え，入れ替えるのではなくて，一応既存方式に付け加える形での導入の段階である[6]。この変化は農耕という新しい食物獲得方式が追加された点で一つの革新（技術的革新）にはちがいないが，旧体制の中への組み入れにすぎず，みるべき社会的変革を伴わない点で移行的である。この意味で第I期は社会的変化よりも技術的変化を中心とする自主的技術移転期といえる。狩猟採集社会から農耕社会への変化は，自主的な変化である限り借用による場合でも，先述の創始による農耕化の場合と同様に，突然乃至急激ではあり得なかった。狩猟採集社会における自発的な社会的「革命」はあり得ないのである。彼等の社会体制は技術を支える手段であり，技術は環境に直結して，それら三者が鼎の脚のような平衡関係を維持することによって人々の生活が可能になっている（White, 1949：363-368；Watanabe, 1972；42：81；渡辺, 1971：90；渡辺, 1977 b：403-404 及び第9図）。従って，同様の生態的関係をもつアフリカの遊牧系猟漁採集民 Nuer 族

を調査したエヴァンス・プリチャードは,そのような構造的諸関係が存在する限り生業の改善は不可能だと結論している (Evans-Pritchard, 1940:92)。また技術移転 technological transfer による強制的変化によって最近の世界各地で惹き起されている未開社会の崩壊の事実は,そのような社会にとって急激で大規模な技術―経済的変化がいかに危険で困難であるかを暗示するものである。原始社会の生計にかかわる変化は,たとえば竪穴住居から地上住居への変化（渡辺,1984:32-35）で代表されるように,社会の一部から起って徐々に進展するのが常道にみえる。そのような移行的な技術移転期に当る農耕化第Ⅰ期には,農耕の労働力は主として女・子供と年寄りであって,男性青壮年層の労力は,開墾と農繁期の手伝い程度の農事以外には,まだ充分に或いは本格的に活用されてはいなかった。それは彼等が伝統的な狩猟者としての社会的義務を負っていたからである。従って彼等の農耕は兼業の域を超えることができず,時間的にも制限された。このような事情から第Ⅰ期の農耕はその規模と生産力が制約されたことになる。それに対しその域を超え制約を脱したのが第Ⅱ期である。

　第Ⅱ期は農耕の本格化時代,つまり男性耕作型農耕社会の出現期である。この変化は,第Ⅰ期には未だ現役狩猟者として主役を演じていた青壮年男子層が,武器による大形獣狩猟を放棄し,専業農民に転化することによって起った。彼等は農耕の片手間に罠猟か小動物猟程度の狩猟は可能だが,本格的な大形獣猟は行わない。後者は,武器だけでなく複雑で高度の秘伝的なソフトウエアと長年の実地訓練を要し,而もその実施には時間

付論1　農耕化過程に関する土俗考古学的進化的モデル

と労力がかかるから，専業農民には不可能である。そこでこの期になると，青壮年男子層内で専業農民の分化が起る一方で大形獣狩猟者の特殊化—専門化が起った。同一地域社会内部におけるこのような専業農耕者群と狩猟専業者群との分化が，結果的に社会の階層化をもたらした。この推定も民族誌的根拠による。狩猟と農耕の混合経済を営む未開社会では狩猟が農耕より上位の生業とみなされる傾向がある。また狩猟民と漁民が分化した北洋沿岸猟漁採集民では狩猟民が上部階層を形成している(Watanabe, 1983)。前記の狩猟民—農民の分化に伴う階層化は，恐らくそれと同じか類似のプロセスで起ったと考えることができよう。以上のように青壮年男子が農耕作業に専従する体制ができるにつれて，今まで狩猟等の伝統的な仕事にさかれ，農耕にはそれほど活用されていなかった彼等の労働力が，充分に農耕の現場作業に投入されることになって，土地開墾能力と耕地維持能力が俄に増大した。換言すると，以上のような分業体制の革新によって，農耕のハードウエアの可分性の利点がはじめてあますところなく活用されることになり，それによって農耕が余剰食物の生産手段として本格的な威力を発揮し得る段階に達した。しかしこの威力は農耕をとりいれた社会のすべてにおいて同様に活用されたようにはみえない。その根拠は現存の農耕社会にみられる多様性である。JacobsとSternは無文字民族の農耕経済を余剰生産力の大小によって単純農耕経済と進歩的農耕経済に大別した。前者は，分配が平等主義的で，富の個人差が目立たず，交易物資量も小さい。それに対して後者は，分配が不平等で，身分・階層等による富の差が著しく，交易物

資量も大きい。前者の代表は北米北東部及び南西部インディアンであり、後者はアフリカとユーラシアの多くの原住民にみられる (Jacobs and Stern, 1955 : 131-139)。彼等の分類には分業方式は考慮されていないので、これによる筆者の分類基準を組

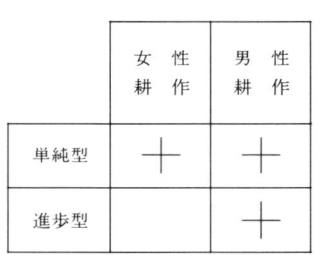

|  | 女性耕作 | 男性耕作 |
|---|---|---|
| 単純型 | ＋ | ＋ |
| 進歩型 |  | ＋ |

**第 2 図　農耕経済の分類**

み合わせて分類してみると、単純型には女性耕作型（北米北東部）と男性耕作型（北米南西部）の双方が含まれること、男性耕作型農耕には単純型（北米南西部インディアン）と進歩型（アフリカ、Yoruba 族等）の 2 型式があることがわかる（第 2 図）。以上の各分類カテゴリーの間の進化的関係についてみると、筆者の分業方式による分類では、女性耕作型と男性耕作型があり、社会によって農耕が、女性耕作で始まる場合（第 1 図 (I)）と、その段階を経ず直接に男性耕作型で始まる場合（同上図、(II)）の 2 通りの可能性がある（本書 207～208 頁、及び第 1 図）。また Jacobs 等は、農耕が単純型で始まる場合（第 3 図、(A)）と、その段階を経ず直接に進歩型で始まる場合（同上図、(B)）の 2 通りがあったと指摘している（Jacobs and Stern, 1955 : 137-138）。それら両者の分類カテゴリー間の段階的或は系統的関係を整理すると、農耕の発展過程は、変化が最も緩除な場合から最も急激な場合まで理論的には 4 通りあることがわかる（第 3 図）。

　Jacobs 等は、狩猟採集から進歩型農耕への直接的変化（第

付論1　農耕化過程に関する土俗考古学的進化的モデル

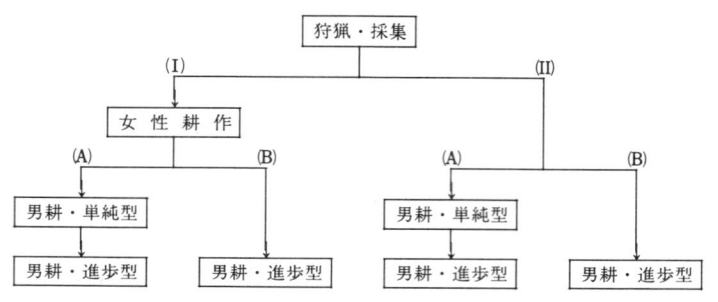

```
                     ┌─────────┐
                     │ 狩猟・採集 │
                     └─────────┘
                   (I)         (II)
              ┌─────────┐
              │ 女 性 耕 作 │
              └─────────┘
           (A)       (B)      (A)           (B)
      ┌────────┐ ┌────────┐ ┌────────┐  ┌────────┐
      │男耕・単純型│ │        │ │男耕・単純型│  │        │
      └────────┘ └────────┘ └────────┘  └────────┘
           ↓                    ↓
      ┌────────┐ ┌────────┐ ┌────────┐  ┌────────┐
      │男耕・進歩型│ │男耕・進歩型│ │男耕・進歩型│  │男耕・進歩型│
      └────────┘ └────────┘ └────────┘  └────────┘
```

**第3図　農耕の発展過程に関する理論的図式**(第2図参照)
　　農耕の発展過程は変化の緩徐なものから急激なものまで(Ⅰ)-(A), (Ⅰ)-(B), (Ⅱ)-(A), (Ⅱ)-(B)の順に4通りがある。図の左端(Ⅰ)-(A)が最も緩やかな変化過程, 右端の(Ⅱ)-(B)が最も激しい変化過程をあらわす。以上の過程は民族誌的データの比較分析にもとづく復元である(渡辺, 1987)。

3図, (Ⅱ)-(B))の可能性もあることを指摘している (Jacobs and Stern, 1955：137-138)。しかしこの変化は余りにも段差乃至ギャップが大きいので実際に起ったとは信じ難い。それよりも可能なのは狩猟採集から単純型の男子耕作農耕への直接的変化（第3図, (Ⅱ)-(A)）であろう。これは社会の狩猟圧が低い場合等に起り得よう（本書207～208頁参照）。以上に対して最も一般的なケースと考えられるのは女性耕作を第一段階とする変化の比較的緩やかな農耕化プロセスである（第3図, (Ⅰ)）（本書209頁参照）。これにも次の段階への発展過程に2通りあって, 第一は男性耕作—単純型への変化（第3図, (Ⅰ)-(A)）であって, 最も緩やかな発展過程といえる。第二は単純型男性耕作段階をとび超えた, 進歩型への直接的変化（第3図, (Ⅰ)-(B)）である。我が国における縄文から弥生への農耕化プロセスが初めに女性耕作段階（第3図, (Ⅰ)）を経過したらしいこ

とは先述した(本書212頁)。縄文時代晩期の稲作社会がそれに当る。しかしそれから先の経過が(I)-(A)か(I)-(B)かが問題である。前者は単純型農耕への変化,後者は直接に進歩型への変化である。単純型か進歩型かの同定基準は主として余剰食料の生産力の大小であって,その生産が生計維持のための必要量を大きく上廻る場合が進歩型農耕である。考古学的資料に直接にこの基準を適用することはできないが,それを間接的に反映するような状況乃至様相から判断すると,弥生時代中期以降の稲作社会はどうみても進歩型といわざるを得ない。その主な根拠は第一に少くとも畿内では,前期に比して著しい水田の拡大がある(関,1974:203-204,及び図I)。第2に北九州では前期末に甕棺墓地の急激な拡大がみられ,人口(労働力)の顕著な増加が推定されている(高倉,1986:30)。第3には,非実用品としての銅器類の普及(森,1974)と農具の鉄器化開始である(藤田,1974:249-250)。これらの諸様相は構造的に農耕生産の拡大に関係し食物余剰の増大を反映するものと解することができる。特にここで耕地の拡大が富と権勢の増大につながる点が重大である。これに較べて弥生時代前期は,それら三大特徴のすべてに関して未だ発展がみられず,その準備段階的様相を呈している。以上の点からみて恐らく前者(弥生時代中期及びそれ以降の社会)が進歩的農耕段階に相当し,後者(弥生時代前期社会)がその前段階即ち男子耕作制単純型農耕段階に当るものといえよう。縄文晩期社会もその農耕は単純型にちがいないが,その社会は依然として狩猟採集社会であって,従って彼等の農耕は民族誌的原理からみて,先述のとおり女性耕

付論1　農耕化過程に関する土俗考古学的進化的モデル

作型である（本書212頁参照）。弥生時代前期社会の農耕は同じ単純型でもそれとは事情が違うとみなさざるを得ない。何故なら考古学的証拠によると生活様式が根底的に変化しているからである。この変化が技術・経済面だけでなく宗教から社会面にまで及んでいることは周知のとおりであるが、特にここで重要なのは変化が文化の殆ど全面に及んでいて構造的なことである。縄文文化からのこのような構造的変化（縄文色から脱して弥生化したこと）の原動力は恐らく農耕化の進展にちがいない。それが万人狩猟制からの脱却、いいかえると専業農夫の出現（農耕専業化の開始）である。このような意味で弥生時代前期は、縄文晩期に較べて、社会の農耕化の上で一歩前進であり一段階を形成したといえる。ここで本格的農耕（男子耕作型）社会となったことになるが、進歩型農耕社会の最大特徴ともいうべき農地拡大競争或いは財貨蓄積競争の気配がまだ表面化していないようである。これは弥生前期社会の余剰生産力が未だ低く、そのイデオロギーも未だ未開社会的平等主義から脱けきっていなかったことを示唆している。このような男性耕作・単純型農耕段階に最も近い現代の代表が北米南西部インディアンである。

　以上のような弥生時代前期に対して、中後期は何よりも先ずイデオロギーの革新期といえそうである。何故なら非実用的金属器をはじめとする財貨の増大が財力乃至権力主義の台頭を示唆するからである。これは余剰生産の量的増大だけではなく質的変化、つまりその意味、価値あるいは目的の変化を意味している。それに伴って農耕のハードウエア（農具、耕地、労働力）の需要が高まり、それが階層的格差をひろげ、地域的首長

乃至豪族間の緊張を高めたと推定される。言わばこの時期（段階）は進歩型農耕社会の萌芽期であって，その発展は限られていた。その根本的要因は木製農耕具への依存である。進歩型農耕社会が開花期を迎えたのは鉄製農耕具が普及した古墳時代である。周知のとおり，農耕具の鉄器化の端緒は既に弥生時代にみえるが，その普及は古墳時代に入ってからとされている（藤田，1974；木下，1985）。農具をはじめとする刃物の鉄器化は，耕作はもとより生産財の製作，耕地開墾，灌漑施設の建設等あらゆる面での生産力の飛躍的増大をもたらしたはずであって，その意味で後世の産業革命にも似た画期的技術革新とみなすことができる（石斧と鉄斧の伐採効率の比較データ（渡辺，1984：12-14，31-32，及び脚註参照）。古墳築造によって象徴される個人の富と権勢の急激な増大，あるいは社会—政治的組織（単位）の急速な拡大は，生産力の増大という経済的背景なしには考えられない。それを可能にした根本要因は鉄器化を中心とする技術革新であったといえよう。

　以上のように我が国の農耕化は縄文時代末から古墳時代にかけて，先述した（I）-(A)の過程（本書218-219頁，及び第3図）を経て段階的に起ったものと推定できる。この変化が急激にみえるのは各段階の期間が比較的短かったことによる。革命とは変化の段差が大きく飛躍的な場合に当るが，日本の場合は漸移的な各段階をふまえながら足早に発展段階を頂上まで駆けあがったことになる。この急速な発展は次の2大特別条件なしには起り得なかったであろう——(1)大陸文明からの高度文物の逐次的且つ連続的な供給と流入，(2)受入側の日本社会の農

付論1　農耕化過程に関する土俗考古学的進化的モデル

| 縄文時代 | 弥　生　時　代 | | 古墳時代 | 奈良時代 |
|---|---|---|---|---|
| 晩　　期 | 前　　期 | 中・後期 | | |
| 女性耕作 | 男　　性　　耕　　作 | | | |
| 未開社会的平等主義 | 文明社会的不平等主義 | | | |
| 単　純　型　農　耕　社　会 | 進　歩　型　農　耕　社　会 | | | |
| | 萌　芽　期 | 開　花　期 | 発　展　期 | |
| 木　製　農　具　依　存 | 鉄製農具出現 | 鉄製農具普及 | 農具畜力化 | |

**第4図　日本における農耕化過程の土俗考古学的進化的モデル**

耕文化に対する先適応性 preadaptability 乃至受容性 receptivity（渡辺，1966：81-82；Watanabe, 1986：251）。就中この先適応性の中核ともいうべきものが，安定的な縄文社会で培われた，退役狩猟者を中心とする強固な長老政治の伝統であって，この流れを汲む各地の首長とその一族が，農耕システムのソフトウェアと交易の実権を握り，日本における農耕化と農耕社会の発展に主導的役割を演じたものとみられる[7]（第4図参照）。

(1987・3・3)

〔『古代文化』第40巻5号〕

**註**

1) 「農耕の進化的最大利点：ハードウエアとソフトウエアの可分性」と題して第40回日本人類学会民族学会連合大会（1986年11月，九州大学）において発表（渡辺，1986）。
2) このアプローチは ethnoarchaeology 土俗考古学とよばれている。

土俗考古学とは民族誌 ethnography のデータにもとづいて，考古学の研究作戦の指針となり，考古学資料の解釈の手掛かりとなるような理論，仮説，あるいは事例を提供しようとするものである（渡辺，1972）．

3) オーストラリア原住民を例にとると，Northern Territories で最も重要な根菜は野生ヤム（イモ）であるが，その所在をつきとめ，食べられるかどうか適性を鑑別するには特殊の知識・技能が要求され，採取は従って容易でないことがしばしばあるとされている（Basedow, 1925 : 151）．また同地の Tiwi 族では，女性の食物採集能力が年齢（経験）によって開きがあり，老女が若い女性の採集指導者 superviser として重要な役割を果している（Hart & Pilling, 1960 : 33）。

4) この点は民族学でも人類学でも未だ注意され論じられたことを聞かないのでいずれ別紙で詳述するつもりである．

5) 北米全体に関して，農産物の重要性と男性が農耕にかける時間との間に正の相関がみられるという意見もある（Driver, 1961 : 54）。

6) Childe も既に，農耕が起った当初はそれが直ちに漁猟採取にとって代ったのではなく後者を補足するにすぎなかったとしている（Childe, 1955 : 71）．Clarke もまた最近この点を強調し，農耕は新経済の中で修正された猟漁採取を補足したのであって，その変化は附加的変化だとしている．しかもこの点が今までの農耕起原論で最も無視された最も重要なポイントだとしている（Clarke, 1978 : 15）。

7) これに就いては種籾の保管と種籾儀礼を考えなければならないが，紙面の都合上稿を改めて述べることにする．

付論1　農耕化過程に関する土俗考古学的進化的モデル

## 引用文献 (ABC順)

Bachofen, J. J. 1861
  Das Mutterrecht. Krais and Hoffman, Stuttgart.
Backland, A. W. 1878
  Primitive Agriculture, Journal of Royal Anthropological Institute, Vol. 1, 3, 17, London.
Basedow, H. 1925
  The Australian Aboriginal. F. W. Preece and Sons, Adelaide.
Bray, W. 1980
  From Foraging to Farming in Early Mexico. In : Megaw, J. V. S., ed., Hunters, Gatherers and First Farmers beyond Europe, Lester University Press, 225-250. (2nd Print).
Castettel, E. F., and Bell W. H. 1942
  Pima and Papago Indian Agriculture. University of New Mexico, Inter-Americana Studies I.
Childe, V. G. 1955
  Man Makes Himself. The New American Library of World Literature. (4th printing ; original edition, 1936).
Clarke, D. 1978
  Mesolithic Europe : The Economic Basis, London, Duckworth.
Driver, H. E. 1961
  Indians of North America. University of Chicago Press.
Evans-Pritchard, E. E. 1940
  The Nuer. Clarendon Press, Oxford.
Frazer, J. G. 1912
  The Golden Bough. Vol. 1, Part 5, Macmillan, New York.
藤田　等　1974
  鉄器の出現．斎藤忠（編），日本考古学の視点，上巻，249-250，日本書籍．
Hart, C. W. M. and Pilling A. R. 1960
  The Tiwi of North Australia. Holt, Rinehart & Winston, New

York.

Jacobs, A. and Stern, B. J. 1955

General Anthropology. 5th printing, Barnes & Noble, New York.

木下　忠　1985

日本農耕技術の起源と伝統．雄山閣．

Lowie, R. H. 1937

The History of Ethnological Theory. Rinehart, New York.

森　貞次郎　1974

銅剣・銅矛の存在とその分布．斎藤忠（編），日本考古学の視点，上巻，256-261，日本書籍．

西谷　正　1986

朝鮮半島と弥生文化．金関恕，佐原真（編），弥生文化の研究9，弥生人の世界，123-136，雄山閣．

Orme, B. 1980

The Advantages of Agriculture. In : Megaw, J. V. S., ed., Hunters, Gatherers and First Farmers beyond Europe, Leicester University Press, 41-50. (2nd printing).

Rindos, D. 1984

The Origins of Agriculture. An Evolutionary Perspective, New York, Academic Press.

Roth, H. Ling 1887

On the Origin of Agriculture. Journal of Royal Anthropological Institute, Vol. 16, 102-136, London.

Scudder, T. 1962

The Ecology of the Gwembe Tonga. Kariba Studies, Vol. 2, Manchester University Press.

関　俊彦　1974

弥生文化の伝播．斎藤忠（編），日本考古学の視点，上巻，202-207，日本書籍．

Smith, P. E. L.　1972

The Consequences of Food Production. Addison Wesley Modules 31, Reading, MA, Addison Wesley.

Suttles, W. 1973

Private Knowledge, Morality, and Social Classes among the Coast Salish. In : McFeat, T., ed., Indians of the North Pacific, University of Washington Press, 166-179.

高橋 護 1986

弥生文化のひろがり.金関恕,佐原真(編),弥生文化の研究9,弥生人の世界,35-43,雄山閣.

高倉洋彰 1986

弥生社会復原の試み.金関恕,佐原真(編),弥生文化の研究9,弥生人の世界,25-33,雄山閣.

Thurnwald, R. 1969

Economics in Primitive Communities. Oxford University Press, London. Original edition,1932.

Trigger, B. G. 1969

The Huron : Farmers of the North, New York, Holt, Rinehart and Winston.

Washburn, S. L., and Avis V. 1958

Evolution of Human Behavior. In : Roe, A., and G. G. Simpson, eds., Behavior and Evolution, New Haven, Yale University Press, 421-436.

Washburn, S. L., and Lancaster C. S. 1968

The Evolution of Hunting. In : Lee, R. B., and I. DeVore, eds., Man the Hunter, Chicago, Aldine Publishing Co., 293-303.

渡辺 仁 1966

縄文時代人の生態:住居の安定性とその生物学的民族史的意義.人類学雑誌,第74巻,73-84.

Watanabe H. 1968

Subsistence and Ecology of Northern Food Gatherers with Special Reference to the Ainu. In : Lee, R. B., and I. DeVore, eds., Man the Hunter, Chicago, Aldine Publishing Co., 69-77.

渡辺 仁 1971

進化と環境.東京大学公開講座,人間と環境,75-106,東京大学出版会.

渡辺 仁 1972

先史考古学・生態学・Ethnoarchaeology：方法論について．考古学ジャーナル，No. 72，巻頭言．

Watanabe H. 1972
The Ainu Ecosystem : Environment and Group Structure, University of Tokyo Press (American Ethnological Society, Monograph 54, University of Washington Press, 1973).

渡辺　仁　1977a
生態人類学序論．渡辺仁（編），人類学講座，第12巻，生態，3-29，雄山閣．

渡辺　仁　1977b
アイヌの生態系．渡辺仁（編），人類学講座，第12巻，生態，387-405，雄山閣．

Watanabe H. 1977
Some Problems in the Comparative Ecology of Food Gatherers. In : Watanabe H., ed., Human-Activity System : Its Spatiotemporal Structure, University of Tokyo Press, 21-40.

渡辺　仁　1979
ヒトの生活構造と適応．日本医師会（編），ライフ・サイエンスの進歩，第6集，63-87，春秋社．

渡辺　仁　1981a
狩猟採集民のライフ・サイクルと退役狩猟者．日本民族学会第20回研究大会研究発表抄録，63-64．

渡辺　仁　1981b
年齢分業とライフ・サイクル：生態人類学的新視点．人類働態学研究会会報，第36集，3-5．

渡辺　仁　1981c
北方文化研究の課題．北海道大学文学部紀要，第29巻，第2号，79-141．

Watanabe H. 1983
Occupational Differentiation and Social Stratification : the Case of Northern Pacific Maritime Food Gatherers. Current Anthropology, Vol. 24, No. 2, 217-219.

渡辺　仁　1984

竪穴住居の廃用と燃料経済．北海道大学北方文化研究報告，第16号，1-41.

Watanabe H. 1986

Community, Habitation and Food Gathering in Prehistoric Japan : An Ethnographic Interpretation. In : Pearson, R. J., ed., Windows on the Japanese Past : Studies in Archaeology and Prehistory, University of Michigan, Center for Japanese Studies, 229-254.

渡辺 仁 1986

農耕の進化的最大利点：ハードウエアとソフトウエアの可分性．第40回日本人類学会日本民族学会連合大会研究発表要旨，47，九州大学．

渡辺 仁 1987

農耕創始者としての退役狩猟者層；民族誌的情報にもとづく生態学的モデル．早稲田大学大学院文学研究科紀要，第33輯，哲学・史学編，17-32．

White, L. A. 1949

The Science of Culture. A Study of Man and Civilization, New York, Farrar, Straus and Giroux.

Wissler, C. 1940

Indians of the United States. Doubleday Doran & Co. New York.

[付論2]
# 農耕創始者としての退役狩猟者層

民族誌的情報にもとづく生態学的モデル


　農耕の起源（発明と借用・導入）に関して主導的役割を果した原動力が何であったかは人類史の重要課題であるが，これには従来の諸説で論じられているような外的要因（環境変化，食糧圧，人口圧等）ばかりではなく社会の内的要因にも目をむける必要がある。その具体例として筆者が1979年に米国ミシガン大学で開催された故R.K.Beardsley教授記念シンポジウムで提出したのが「退役狩猟者論」である（Watanabe, 1986：249-251）。その要旨は次のとおりである。

　この論文は，民族誌データの利用による考古学的問題の研究即ち土俗考古学的アプローチ ethnoarchaeological approach の可能性を示したものであって，縄文人の住居の安定性，縄文人の食性と生計，縄文時代から弥生時代への変化の3問題を扱っているが，退役狩猟者に直接触れたのは最後の問題である。

　縄文時代から弥生時代への変化という問題あるいは事柄は各種の側面があっていろいろなとりあげ方ができる。例えば物質文化要素の変化としてとりあげることもできるし，また食物の変化としてとりあげることもできる。その中でも特に問題になるのが社会的変化である。狩猟採集から農耕への変化というと

付論2　農耕創始者としての退役狩猟者層

りあげ方もあるが，それに関して考古学で国際的に共通していえることは，食性の変化あるいは食物経済の変化の研究は精緻化されているが，社会の変化という側面に関してはそれほどの精緻さがなく，例えば農耕社会への変化といっても農耕社会の明確な定義も見当らないということである。欧米の考古学者は食餌中の農産物の割合（例えば50％以上）を"農耕"文化乃至社会の判定基準にする風潮があるが，このような基準は食物経済パターンあるいは段階の基準にはなっても社会形態の基準にはならない。経済と社会は関係はあるが別物だからである。以上の見地から筆者は狩猟採集から農耕への変化を社会構造の変化としてとらえる必要性と可能性を指摘した。狩猟採集社会から農耕社会への変化は単なる食性や食物経済の変化ではなく社会の構造的変化と考えなければならないのである。この変化が我が国において何時頃いかにして起ったか——この変化の事実とプロセスを究明することは依然として我国の歴史の一大課題といえる。この問題に対する具体的手掛りの一つとして筆者が提出したのがアイヌ民族誌モデルである。このモデル（作業仮説）の基礎となるのがアイヌ社会への農耕導入とその農耕化にみられる段階的変化の事実である。

　アイヌの農耕化は2段階の変化であった（Watanabe, 1972 (73)：196）。その第1段階（第1期）は，日本政府の介入(勧農政策実施)以前における掘り棒による「ばら蒔き」式穀物栽培の導入である。この段階では農耕は主として女の仕事であって，女の植物採取活動の一部が変化（澱粉製造用オオウバユリの採取が激減）し，それに伴って食性が若干変化したにすぎな

い。つまりこの段階では社会的変化はみるべきものがなかったのである。

　第2段階（第2期）は明治時代になってからの日本政府の介入後における鍬による畝作り耕作式穀物栽培の導入である。この段階になると男の仕事も農耕化した。これは単なる男の仕事の変化にとどまらず，狩猟採集社会の伝統的分業制（男は狩猟，女は採集）の根本をくつがえす変化であった。また農耕適地への移転に伴って旧来の集落の離合集散が起り，地縁組織ひいては血縁組織までが崩壊的変化をひき起した。このように第2段の変化は社会の構造的変化であった。

　以上の民族誌的事実のデータから社会の農耕化について次のような2段階モデルを作成した。

　第Ⅰ期。男性が依然として基本的には狩猟者，女性が植物採取兼農耕。

　第Ⅱ期。男性が基本的に農耕者，女性は植物採取兼農耕（あるいは基本的に農耕または家事）。

　北海道アイヌの農耕化は最近（日本政府の原住民への介入）まで上記の第Ⅰ期にとどまっていた。しかし本州側ではそれより遥かに古い時代に上記第Ⅱ期に相当する変化が起っていた。つまり歴史時代に入る頃には既に第Ⅱ期の形になっていた。いずれにしてもこの第Ⅱ期の形への変化は構造的であって，男性の農耕化が社会的（構造的）変化の中心的事件であったと考えられる。この変化は，男の伝統的生業の示標としての狩猟活動の時代的変化（減衰）の性状を確かめることによって検証できるはずであるから，考古学的に解明可能といえる。

付論2　農耕創始者としての退役狩猟者層

　本州での農耕化の第1問題は，上述のモデルのように段階的変化であったかどうかを確かめることである。そしてその次の問題は本州における農耕化の要因あるいは誘因である。即ち農耕化の引き金或いは背景となった条件は一体何であったかの問題である。これについて今までにいわれてきた思いつき程度の見解や憶測は枚挙にいとまがないが，理論的にも実証的にもまとまった研究はまだみあたらないようにみえる。

　農耕導入の誘因として先ず問題になるのは自然環境，特に野生食物資源の変化であるが，これには2者を区別する要がある。第1は天変地異的変化（近世の北海道における大雪によるシカの壊滅的減少等のような）であり，第2は乱獲等の人為的変化である。しかし今までのところこれらについては何等確実な具体的証拠，根拠がない。これに対して筆者は民族誌的データと考古学的データの照合による根拠から文化・社会的要因を指摘した。それが退役狩猟者論 ex-hunter model である。その結論を要約すると次のとおりである。

　筆者の集めたデータによると，現生狩猟採集民社会では，一般に第一線の狩猟者（正規のあるいはフルタイムの大形獣狩猟者）には年齢限界があって，その上限は大体40歳～45歳位とみえる。その限界を超えると生理的心理的能力の低下（特に視力減退等）で第一線から引退することになる。これが退役狩猟者である（渡辺，1981 a, b）。これは，武器としては槍と弓矢等しかなく移動には自らの足しかない原始的狩猟者の宿命ともいうべきものであって，世界的に共通の現象である。武器その他の手段が現生狩猟民に劣ることはあっても優ることの考えられ

ない過去の狩猟者にとって事情は同様であったとみなすことができる。

　縄文人骨に関する最近の最も包括的な調査結果（Kobayashi, 1967; 小林, 1979：83-103 及び第 13 表）をみると, 縄文社会では死亡年齢 40 歳以上が 20 ％ を占めている。これは狩猟採集民としては高い比率のようにみえる（参照―Vallois, 1962）。要するにこれは, 縄文社会には第一線から退いた退役狩猟者がかなり高率に存した可能性を暗示している。また同時に寿命延長による人口圧の増加も暗示する。

　狩猟採集社会での ex-hunters 或いは老年男子の地位をみると, 政治的にまた祭祀儀礼上高い地位を占めることは周知のとおりである。また農耕を伴う狩猟採集民の場合は, ex-hunters あるいは老年男子がアクティヴな農耕者として食物生産に貢献している事実がみえる。筆者の集めたデータによると, 農耕活動の年齢限界は狩猟生活の年齢限界より遥かに高い。この事実からみると, 農耕化の生態学的利点の一つは, 食物採集社会の ex-hunters 乃至老年男子が, 狩猟の第一線から引退した後もひきつづいて, 積極的に食物生産者としての地位を維持する機会を与えられることである。それが穀物農耕の場合には収穫物の保存・貯蔵も技術的には比較的容易であるから, それによって余剰の蓄積も可能になる。これを可能にするのが住居の安定性である（渡辺, 1966）。縄文時代にはこのような条件がそろっていたと推定され, それによって退役狩猟者乃至老年男子が, 伝統的な祭祀儀礼上の地位と政治的権力或いは威信の他に新しく経済的な実力をも兼ね備えることが可能となって, こ

付論2　農耕創始者としての退役狩猟者層

れが狩猟採集社会の農耕化の最後の壁を破り男子の農耕化を許容した有力な一要因ではなかったかと推定される。以上のように ex-hunter モデルは具体的な民族誌的証拠と先史学的証拠にもとづくものである。日本の歴史における農耕化プロセス乃至その誘因については，このような根拠にもとづく作業仮設は未だ殆どなかったようにみえる。以上の考え方は，我が国における農耕化の問題だけでなく，農耕の創始（発明）乃至起源の問題にも適用してみる余地が残されている。以上がミシガン報告 (Watanabe, 1986) の概要である。

　この問題即ち農耕の発生乃至起源の研究の動向の一つとして，最近ではその利点 advantages が一体何であったかが問題になっている (Orme, 1980)。これについても既に諸説があり様々の利点があげられているが，筆者はそれら以上に重大な利点，恐らく進化的見地からみた最大の利点として農耕システムのハードウエア（現場作業，肉体労働）とソフトウエア（技術的知識，管理・運営プログラム）の可分性 separability という特性を指摘した（渡辺，1986）。

　狩猟にせよ農耕にせよ生業 subsistence activities は，いずれも肉体労働（現場作業）（ハードウエア部分）とそのノウハウ（管理，運営）（ソフトウエア部分）から成るが，狩猟システムでは一般にその両者の分離・分担が困難であるに対し，農耕システムでは両者の分離・分担が容易であって，その実施に際しては，どこでも地域社会の成員の間で両者の分担が行われている。即ち地域社会の指導者層が複雑なソフトウエア部分を担当し，残余の人々が単純なハードウエア部分を担当する形を

とっている。農耕システムのソフトウエア部分の担当者即ちその管理・運営に当る指導者達とは地域社会 villages or local groups のリーダー，つまり首長 headman or chief と長老達 elders であり，女性耕作者型狩猟採集民ではそれは退役狩猟者中の能力者である。このような長老乃至退役狩猟者達が各社会の農耕システムのソフトウエア部分を統括・支配している事実は，彼等がその起源に深くかかわったことの名残であるようにみえる。

　女性が農耕起源に主役を演じたという論説も古くからあり，今なお学会の支持を失っていない。古くは例えば H. L. Roth が「農耕の起源について」と題する論文で，女性を最初の耕作者 the first cultivators とみなした (Roth, 1887)。また例えば，O. T. Mason はその有名な著書『発明の起源』(*The Origins of Invention*) の中で，農耕が基本的に女性に属する art であるとし，その段階的（進化的）起源を説いた。即ち彼は女性耕作者が出現するまでには，先ず最初は野外植物学者 a field botanist として，次に有用植物の生育を妨げる植物をその周囲から除去する除草者 a weeder としての段階を経て，その次にはじめて種子を蒔き根を植えて育てる耕作者 a planter が起ったとした (Mason, 1895 : 186)。その後 R. Thurnwald もまた彼の原始経済理論の中で，農耕の起源を狩猟採集段階での女性の植物採取（採掘）からの発展とみなしている (Thurnwald, 1932 ; 7 and Diagram I)。考古学でも，V. G. Childe のように女性を最初の耕作者 cultivators とみなす見解がある (Childe, 1955 : 71)。

付論 2　農耕創始者としての退役狩猟者層

| HUNTER-GATHERERS | |
|---|---|
| Hunting ♂ | Gathering ♀ |

| HUNTER-FARMERS | |
|---|---|
| Hunting ♂ | Farming ♀ |

**第1図　HUNTER-GATHERERS & HUNTER-FARMERS**

以上のような農耕——女性起源論には農耕なるもののとらえ方の偏狭性にもとづく解釈の誤りが認められる。そのような解釈の主な根拠は民族誌的事実，農耕を伴う狩猟採集民における男性=狩猟者，女性=耕作者という記載的事実であって，この点から男は狩猟，女は耕作という分業図式が生れ公式化されてきた。前記の農耕女性起源論はこのような分業観にもとづく解釈である（第1図）。しかし生態学的見地から吟味するとそのような分業観自体が問題である。何故なら，従来のそのような図式では，狩猟が男性なのに対し耕作は女性の分担・責任とされているが，実は民族誌のデータを生態学的一機能的に分析すると，女性が分担し責任を負っているのは，農耕システム全体の中の主として現場作業乃至肉体労働の部分だけであることがわかる。そのシステム全体の管理・運営は男性が掌握し責任を負っているのが実情である。つまり男は狩猟，女は耕作といっても，それは女性が農耕システムの一切を担当し切りまわしているのではなく，実際は単なる耕作者 tillers, cultivators，いいかえれば現場作業員乃至肉体労働者にすぎないといえる。いいかえると問題の女性農耕は地域共同体の生業としての農耕システムの一部分，つまりそのハードウエア部分にすぎない。即ち構造的な見地からすると，女性の分

|  | Hunting System | Farming System | |
|---|---|---|---|
| | Hardware:Hunting (field work)　Searching　Chasing or stalking　Killing | Hardware:Farming (field work)　Cultivating　Weeding and　Harvesting | ♀ |
| | ♂ | | |
| | Software:Ritual-Technological　Control System　Core:Calendar &　associated ceremonies | Software:Ritual-Technological　Control System　Core:Calendar &　associated ceremonies | ♂ |

第2図　HUNTING-FARMING SYSTEM

担は農耕システム全体ではなくその末端部分に当ることになる（第2図）。要するにこれまでの分業論は，生業活動をシステムとして生態系の一部とみなす構造的視点を欠いていたために，端末のハードウエア部分に当る耕作作業という肉体労働面だけをみて，農耕システムのソフトウエア部分に当る管理・運営面を無視乃至看過してきたのである。前述の農耕女性起源論の誤りはこの誤った分業観あるいは片手おちの分業観にもとづいている。要するに，女性が鍬以前の農耕システムのソフトウエアとしての管理・運営を司った例は見当らず，従って女性による農耕起源の可能性を推測する根拠はない。

　未開農耕システム horticultural system の管理・運営面,即ちソフトウエアに当る部分には中核ともいうべきものがある。それは (1) 各種農事作業の開始時季のタイミング（耕作，種蒔き等）と (2) 各種農事作業の前後関係 sequence の調整・確保である。要するにそれはムラ village あるいは地域社会 local group 全体としての農事カレンダーの適正な管理・運営にほか

ならない。この種のカレンダーは現場（田畑）作業をはじめとする技術的行事と農事関係の儀礼的行事から構成されている。その適切な運営は天体観測（太陽，月，星座）と環境（気象と動植物）の季節的変化の観測にかかっている。つまりそれによって時季（time, season）が決定され，それに対応する集団儀礼が挙行され，それに伴う農事作業が行われることになる。要するに未開社会では，技術は儀礼と不可分であるだけでなく，儀礼もまた技術の手順の確保，その実施の時期や場所の確認等の役割を果たし，それを通して技術の強化に役立っているのであって，その意味で儀礼もまた技術と相まって生態的機能を演じているのである（渡辺，1971：89;1979：図2）。いずれにしても農耕は，単なる耕作という現場の技術的作業過程だけではなく，儀礼をも含めた管理・運営過程と一体となった農耕システムを形成するという新しい見方乃至考え方ができる。またカレンダーの適正維持を含む農耕システム全体の円滑な運営は，ムラ或いは地域社会を単位とする男子の一部即ち知的エリートとしての首長と長老達（女性耕作型狩猟採集社会では退役狩猟者）（一般に首長も老人）の手にゆだねられていたということができる。以上のように未開農耕システムの特徴は，カレンダーとそれに伴う儀礼的行事の管理・運営がそのソフトウエアの中核となっていて，それを掌握しているのが地域社会の知的エリートとしての首長と長老達だという点である（第2図）。この事実は農耕システムの起源からみて極めて重要である。何故ならこのカレンダー・システムの特徴は農耕システムに限らず狩猟採集システムにも共通しているからである。

| Hunting System | | Gathering System | |
|---|---|---|---|
| Hardware:Hunting (field work)<br>　　Searching<br>　　Chasing or stalking<br>　　Killing | ♂ | Hardware:Gathering (field work)<br>　　Searching<br>　　Collecting | ♀ |
| Software:Ritual-Technological<br>　　Control System<br>　　Core:Calendar &<br>　　associated ceremonies | | Software:Ritual-Technological<br>　　Control System<br>　　Core:Calendar &<br>　　associated ceremonies | ♂ |

第3図　HUNTING-GATHERING SYSTEM

　地域社会のカレンダーの適正管理とそれにもとづく生計システムの円滑な運営は，狩猟採集社会においても重要且必須であって，それは狩猟・農耕社会におけると同様に男子の一部，特に退役狩猟者である長老達の任務となっている。狩猟採集社会では女性の植物採集活動もまたそのような生産機構の下で基本的に男性の管理下にある。所謂初物（初穂）儀礼 First Fruits rites, rites for the first plant food of the season はその代表的象徴である（第3図）。そのカレンダー・システムの要点は，第一に時季（time, 特にシーズン）の決定，第2に生業活動暦の上での時点としての確認—calendrical ceremonies の挙行による季節的作業の開始（解禁）である。第1の時期決定は天体の観測と動植物等自然現象の変化の相関性の観察による。対象となる天体は大別して星座，月，太陽の3種であるが，星座（最も広く利用されているのはおうし座のすばる Pleiades, 次にオリオン座）は住居の不安定な遊動的狩猟採集民 nomadic hunter-gatherers のカレンダー用として特に重要にみえる。

付論2　農耕創始者としての退役狩猟者層

それに対して太陽は住居の安定的な定住的グループ sedentary groups（例えば北米北西海岸及び南西部インディアン）のカレンダー用として重要である。月は漂泊群と定住群の別を問わず広く一般に利用される。つまり星座や太陽と共に相互補完的に併用されている。定住群による太陽観測は，地平線上の日の出（あるいは日没）の位置を一定地点から観察し，特定地標 landmark との相対的位置から時季を決定し予測した。彼等の方法では星座によるよりも太陽による方が精密な時期決定・予測が可能である[1]。

以上のように，地域社会のカレンダーの適正維持とそれにもとづく生計システムの円滑な管理・運営は，狩猟採集社会においても重要且必須であって，それは先述の女性農耕型狩猟採集社会即ち狩猟・農耕社会 hunting-farming societies の場合と同様に，男子の一部特に退役狩猟者である長老達 elders の任務となっている（第4図）。要するに儀礼—技術体系としてのカレンダー・システムは狩猟採集民，狩猟・農耕民，農民（男性農耕）を通じて基本的に同じである（第5図）。従って狩猟・農耕社会の先述の分業体制（男子—農耕システムの管理・運営，女子—農事の現場作業）は，農耕の導入によって生じた全く新しい体制（生産組織）ではなくて，既に以前即ち狩猟採集時代から存在（機能）していた体制の継承——つまり前代的組織の流れを汲むものとみることができる。この意味で，女性がハードウエア相当部分を担当するこの型の農耕システムは，既存の狩猟採集社会の構造をそれほど根本的に変えることなく導入できるはずであるから，狩猟採集社会にとって最も受け入

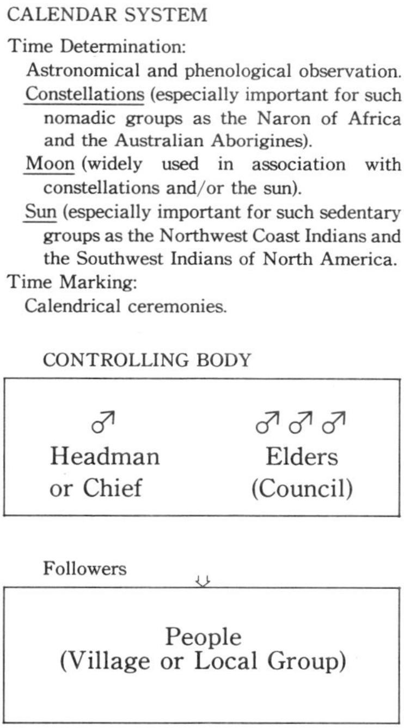

CALENDAR SYSTEM

Time Determination:
　Astronomical and phenological observation.
　Constellations (especially important for such nomadic groups as the Naron of Africa and the Australian Aborigines).
　Moon (widely used in association with constellations and/or the sun).
　Sun (especially important for such sedentary groups as the Northwest Coast Indians and the Southwest Indians of North America.
Time Marking:
　Calendrical ceremonies.

CONTROLLING BODY

| ♂ | ♂ ♂ ♂ |
| Headman or Chief | Elders (Council) |

Followers ⇩

People
(Village or Local Group)

第4図　カレンダー・システムとその
　　　管理・運営者

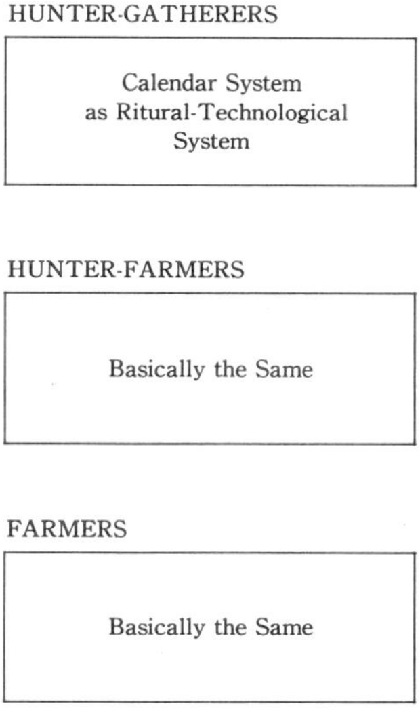

HUNTER-GATHERERS

Calendar System
as Ritual-Technological
System

HUNTER-FARMERS

Basically the Same

FARMERS

Basically the Same

第5図

れ易いものとみなすことができる。女性農耕型狩猟採集民が民族誌的現在において広く世界各地にみられることは，このパターンの採用にあたって社会的抵抗が比較的小さく受け入れ易かったこと，そしてそれが，男子農耕型社会への変化の前段階としての移行型の名残である可能性を示唆しているようにみえる。

　狩猟採集民から農耕民への転化 transition に関する最近の人類学的―考古学的理論の傾向では，それを革命的乃至急進的な

付論2　農耕創始者としての退役狩猟者層

変化ではなく漸次的且緩慢な変化とみなすようになってきていることは周知のとおりであるが，ここに示した筆者の女性ハードウエア担当者論もそのような進化的見解に味方することになる。女性が農耕の創始者でありそのシステム全体の担当者だとすると農耕化は革命的変化ということになるが，女性が畑仕事担当の単純労働者という分業パターンならば農民への転化初期の移行型としてふさわしいことになるからである。

しかしそれが農耕システムの創始段階とみとめることはできない。何故ならそのパターンでは既にハードウエア（現場作業）（女性担当）とソフトウエア（管理・運営）（男性担当）とが分離・分担され，農耕システムとして既に確立された後の段階といえるからである。つまり始めからそのような分離・分担が行われたとは考え難く，それ以前に更に単純で原始的な初期的パターン（前段階）があったにちがいないと考えられる。そこでその創始段階―農耕システムの完成乃至確立の段階が問題である。それはいかにして創始・考案されたのか。その創始者 originators 乃至考案者 inventors はいかなる人々か。結論からいえば，それはこれまで民族学者等によって論じられてきた女性ではなくて，男性即ち狩猟者達であったと筆者は考える。狩猟採集社会では，地域社会の生計システムのソフトウエアの核心ともいうべきカレンダーの管理・運営を掌握・担当しているのは男性狩猟者層，就中年長の退役狩猟者群である。狩猟採集民の地域社会の首長や長老達はいずれもそのような人々の代表である。この退役狩猟者こそが農耕システム即ち植物栽培式食物生産システムの発明・創始に主役を演じた人々とみなすこ

とができる。何故なら彼等こそが社会のメンバー中でその役割に最もふさわしい諸条件を具えているということができるからである。

その条件の第1は狩猟者（男性）――特に断らない限りは大形獣狩猟者 big-game hunters を指す――の行動域（range）が採集者（女性）――植物だけでなく小動物の採取乃至狩猟を兼ねる――のそれより広大な点である（Watanabe, 1968：75; 渡辺, 1981a）。これは「知識と経験の性差」を意味している。大形獣狩猟化による行動域の拡大がいかに知識と経験の増大に関係するかはヒト化 hominization の場合をみれば解るであろう（Cf. Washburn & Avis, 1958：434; Washburn & Lancaster, 1968：296-299）。また行動域の大小による知識・経験の差は北米北西海岸インディアンにもみられる。例えば Yurok 族の貴族 aristocrats は知識を得るために広く旅行し、その経験が彼等の威信のシンボルとなった（Pilling, 1978：141）。Coast Salish 族でも貴族 nobles と平民 commoners との間には顕著な知識差が指摘されている（Suttles, 1973：172）。北西海岸では貴族が生業全体のソフトウエアを握り、平民と所謂奴隷 slaves がそのハードウエアを担当するが、狩猟だけはハードウエアも貴族自身が担当した。ハードウエアだけからみれば貴族が狩猟、平民は非狩猟という生業の分化があったのである（Watanabe, 1983）。この点からみると先に述べた貴族と平民の知識差は狩猟と非狩猟（漁撈）との生業差と一致する。平民の行動域は生業と関連して河川と海岸の附近に限られるが、貴族の行動域は陸獣と海獣の狩猟ならびに交易を通じて広く後背地 hinterland

の森林帯から遠距離海域にまで及んだ。この事実からみて前述の知識差は生業の差による行動域の差に関係するものとみえる。カリフォルニアでも平民 commoners or ordinary people は旅行嫌いで思想も偏狭なのに対し，高位の人々 people of high rank は通文化的相互作用のスペシャリスト specialists in cross-cultural interaction である (Bean, 1978 : 680)。ここでも行動域の広さと知識の質量の関係がみられる。同様の関係は女性農耕型狩猟採集民である北米東部インデイアンの男女の間にもみることができる。即ち男は狩猟者で女は農耕と採集に従事するが，男が狩猟のため相当な期間を村落から離れるのに，女の責任は植物性食物の供給であって，その場所は近い。女性が男性より保守的なのはその結果だという報告 (Axtell, 1981 : 103) もある。

なおまた狩猟採集民の生態を注意してみると，狩猟システムは採集よりも広汎で統合的 integrative 且つダイナミックな知識を要し，またそれを刻々変化する条件に対し臨機応変的に応用することによってはじめて効果を発揮することが解る。狩猟者達は長年にわたって，動植物学，地学，天文学，生態学等の知識と経験を蓄積し，これを生計 subsistence に応用する応用自然史学的な綜合的知識体系を創りあげ維持し発展させてきたといえる。生存の第一条件は環境への適応であるが，その基本は適切なカレンダーの確保とその管理・運営である。狩猟採集社会で男性狩猟者が育て確保してきたこのノウ・ハウ——生計システムのソフトウェア相当部分——が，植物栽培（農耕）だけでなく動物飼育（牧畜）も含めて食物の人為的生産システム

を発明・創始するのに主役を演じたと考えられる。

　冒頭に述べたような従来の農耕起源説では，植物採取と女性（あるいは掘り棒と女性）との結びつきの普遍性から女性が主役或いは創始者とみなされてきた。しかし野生植物の採取と農耕即ち植物栽培との間には根本的な質的差異乃至ギャップがあり，これを考慮すると，女性の採取活動から女性による農耕の創始への発展図式は認め難い。何故なら野生植物の採取は自然に成育した植物を採るだけの行為であって，それは成育の時季と場所を知れば，現場での採取動作そのものは容易な単純労働にすぎない。それに対して，農耕は採取（収穫）の前に栽培というプロセスが伴う。これは植物の生育過程を人為的に再現（復元）することであって，これには自然界における当該植物の生育に必要なあらゆる条件が，単に理解されるだけでなく，栽培目的の植物に対して適切に与えられなければならない。狩猟採集社会の女性が，植物の生育時期と生育場所と採り方にいかに馴れ親しみ熟練しても，それだけでは植物栽培システムの創始には充分とはいい難い。その潜在能力を充分に具えたのが男性狩猟者達，就中退役狩猟者達である。

　この退役狩猟者には農耕システムの創始に適した第2の特別条件がある。それは狩猟の第一線即ち大形獣狩猟からの引退による行動域 (range) の縮小とそれに伴う生計活動の変化である（第6図）。大形獣狩猟社会の女性の行動域はホームベース home base（家族の本拠）を中心とする近位ゾーン proximal zone であって，このパターンは一生の間変化しない。それに対して男性の行動域は年齢に応じて拡大―縮小のサイクルが認

付論2　農耕創始者としての退役狩猟者層

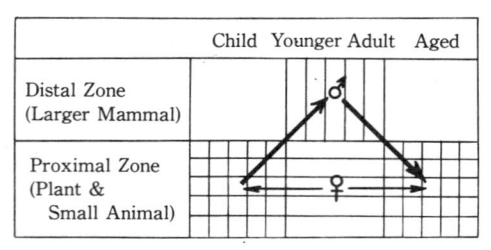

|  | Child　Younger Adult　Aged |
|---|---|
| Distal Zone (Larger Mammal) | ♂ |
| Proximal Zone (Plant & Small Animal) | ♀ |

第6図　Life Cycle of Subsistence Activity

められる。即ち男性は子供の時期には女性と同様に近位ゾーンで生活するが、成人になると大形獣猟に従事するため行動域が拡がり遠位ゾーンの開発に当る。しかし老年になると大形獣猟から引退して行動域が縮小し、再び集落近傍の近位ゾーンに戻って、女性や子供等と同様に植物採取と小動物猟に従事する（渡辺, 1981a, 1981b）。これで解るように、退役狩猟者の生活様式、就中その生計様式は現役狩猟者とは本質的に異なる。農耕と関連して重要な点は彼等が狩猟以外の生業に専念できる（あるいは専念せざるを得ない）という生態的―経済的事情である。農耕創始の適格第一条件として先述した該博な知識・経験とその応用能力をもった退役狩猟者達に対して、以上のような生活は、農耕（植物栽培，動物飼育）システムの創始に必要な最適の環境条件乃至生態条件とそれを許容する充分の機会を与えたと推定できる（渡辺, 1981a）。女性農耕を伴う狩猟採集民、所謂 hunter-farmers において、農耕作業に従事するのは、人類学的―民族学的通念とちがって、女性だけではない。人数の上では女性より少く、そのために民族誌でも一般に殆んど記載もされず、従って全く論議もされずに、女性の陰にかくれてしま

っていたが，実は仔細にみれば女性だけではなく，退役狩猟者乃至老年男性も農耕作業に従事していることが解る。筆者の集めたデータによると，農耕活動の年齢限界は狩猟活動のそれより遥かに高い。この事実からみると，農耕の生態学的利点の一つは，食物採集社会の退役狩猟者乃至老年男性が狩猟後もひきつづき積極的に食物供給者としての地位を維持する機会が与えられることである。それが穀物農耕の場合には，収穫物の保存・貯蔵も比較的容易であるから，それによって余剰の蓄積も可能になる。そのための有利な条件となるのが住居の安定性（定住性）である（渡辺, 1981c : 120-122; Watanabe, 1986 : 250-251）。

定住性は農耕起源にも関係する重大な要因である。退役狩猟者はこの条件をも具えている。これが第3の条件である。農耕と定住性との関係は農耕の創始 invention に関してもまた導入に関しても無視できない問題である。これには，農耕によって遊動的生活 nomadic life に終止符が打たれ定住が可能になったとする考え方と，それとは反対に，漁撈等によって可能になった定住乃至半定住的生活 sedentary or semisedentary life が農耕起源の許容乃至前提条件となったという考え方がある。定住乃至半定住生活が必ずしも農耕によらず，猟漁採集によっても可能なことは民族誌的に周知の事実であって，考古学でも後者の考え方は，Mesolithic の研究が進み所謂 "broader spectrum pattern" の生計様式が問題化してきた比較的最近の傾向といえよう。「要するに定住は，農耕起源の原因即ち農耕の創始或いは導入を惹き起す要因となり得ないが，少くとも農耕の

付論2　農耕創始者としての退役狩猟者層

存在に必要な一生態的条件としてその起源に関係する重大要因といえる。この意味で退役狩猟者の定住性が問題になる」。

　退役狩猟者乃至老人の特徴は定住傾向が強いことである。筆者がこれに気付いたのはアイヌの生態の調査結果であった(Watanabe, 1968：73-74)．北海道アイヌはサケの遡上する河川の畔に恒久住居から成る定住集落を営み，春・秋の2季には男子狩猟者達が家族を残して山地の猟小屋に移住した。その結果彼等の集落（地域社会）は季節的に人口が変動するだけでなく，その構成員の性比も変化した。その場合退役狩猟者達は集落に残留し，移住するのは狩猟の第一線を担当する現役狩猟者だけであった。この事実を知ってから，このような現象が他の狩猟民にもみられるかどうかアイヌの周辺を調べてみると，そのような細かい点まで記載している民族誌の報告書は乏しいが，各地にみえることが判った (Watanabe, 1977a：26-31)。そこで挙げた事例はいずれも冬期用集落 winter settlements であって，夏にはその住民は食物獲得活動のためその集落を去ることになるが，老人達は移動せず残留する現象がみられる。夏の生活が遊動的（漂泊的）nomadic でなく定住的（恒久集落）の場合でも，老人の冬集落残留は起り得る。そのケースがアラスカ・インディアンの Ingalik 族（Yukon 河流域）(Osgood, 1940：148) である。

　その後に集めたデータによると，老人が冬集落に夏の間残留する例の他に，夏集落に冬の間残留する例も少くない。この場合は北米北東部の玉蜀黍栽培を伴う狩猟採集インディアンに特徴的のようにみえる。彼等の夏集落は女性による農耕を伴う。

冬は全員狩猟地に移住するが，この期間即ち狩猟地からもどるまで，老人達はそこに居残る。

　以上のように，定期的且つ回帰的に居住される集落（固定的季節集落）を維持している狩猟採集民では，その住民の一部がその集落に季節外でも残留する傾向がみとめられる。これは換言すると，同じ地域社会の中でも住居の安定性が年齢層即ちライフサイクルの年齢段階（具体的には老年層と非老年層）によってかなり異なるということである。

　以上のような固定的集落を持たない場合，つまり完全な漂泊生活 full nomadism の場合にはそのような残留は不可能である。南方系（低緯度帯）狩猟採集民では固定的集落地を伴うグループの報告例は乏しい。Andaman Islanders（印度洋）とシリオノ族 Siriono (Bolivia) は，いずれもその種の季節的集落地（前者には恒久的住居から成る楕円形集落を伴うが，後者の住居については多少とも恒久的な小屋という記載以外詳報がない）をもつ稀な例であるが，集落員の残留については不詳である。アフリカの狩猟採集民で比較的情報が豊富なのは Bushman 族であるが，その一族の G/wi 族については，同じ場所への定期的（季節的）な回帰的居住は不可能 (Silberbauer, 1965 : 39) とされる。Kung の場合もキャンプ地の再利用は起るが，固定的な季節的集落というべきものはない。上記の Andaman 島民と Siriono 族は両者とも熱帯森林の住民である点に注意したい。

　要するに問題は上述したように狩猟採集民には，生態的事情に応じて，同一地域社会 (villgse, local group) 内部で，ライ

付論 2　農耕創始者としての退役狩猟者層

フサイクルの段階による住居の安定度の変異，いいかえると非老年層が遊動生活を営む一方でその期間老年層は基地に残留して定住生活を営むというケースが起り，而もそれが極めて一般的なことである。今までの定住性議論では，人類学でも考古学でも，この点の認識が欠け，地域社会（具体的には集落等）を一体のものとして取り扱っているので，季節的移住の場合も集落が恰も空になるような考え方になっているが，上述のような事実を考慮すると事態はそれほど単純ではなくなる。またそのような見逃がされてきた点に意外な理論的重大性が潜みかくされているようにみえる。老人の残留——つまり退役狩猟者クラスの人々の定住の事実が正にその一例といえる。

　例えば，上記の事実からみると，community が全員一体として定住の段階に達する以前に，既にその一部，つまり退役狩猟者クラスの老人層が定住段階に達していた可能性もでてくるからである。現今の欧米考古学では，Neolithic での農耕開始に先だち，漁撈の発展に伴って Mesolithic あるいはそれ相当の時期に定住化集落が起ったと考えるのが一般的傾向のようであるが，前述のような住居の安定度の個人差（個体的変異）を考慮に入れると，Mesolithic 段階到達以前即ち Palaeolithic の終末頃に，既に退役狩猟者群が安定化（住居の安定化）に成功しつつあった可能性も考えなければならなくなる。この可能性は，既知の最古の農耕の証拠が真の最初の形態としては形が整いすぎていることから，もっと古い初期的形態があったにちがいないと考えられることとも矛盾しない。そのような発達した形をとるまでには，既にいわれてきたような所謂"実験"期

あるいは "incipient" 時代 (Braidwood, 1959：105) を計算に入れると，かなり長い期間即ち Mesolithic 以前に遡る期間を要したとしてもおかしくはない。またその可能性は，その頃に既に所謂 "broader spectrum pattern" 的な生計様式に向う傾向を暗示する証処がアフリカから欧州にかけて最近各地にみられるようになってきたことからも考えあわせてみる必要があろう。またそのような生計様式を可能にした技術的要因として骨製尖頭器 bone points，骨製銛頭 bone harpoon heads の他に弓矢の存在がいわれてきたが，今までは弓矢出現 invention の意義は狩猟の方面からしか考えられていない。それに対して筆者は現生狩猟採集民の生態的データを検討した結果，弓矢が漁具としても重要な役割を果たしていること，子供から成人への弓矢技術の発達過程をみると漁具としての用途がむしろ猟具としてのそれより先行する傾向がみえること等から，漁具としての弓矢の進化的重要性を指適した (渡辺, 1986b)。つまりそれが銛と鈎針の間をつなぐ生態的役割をはたしたものと考えられる。そしてその効果が一挙に "broader-spectrum pattern" 式生計様式の発展に寄与しはじめたと解される。

　定住乃至半定住は，それだけでは農耕発明（創始）の充分条件とはなり得ないが，そのための必要条件乃至許容条件であることは否めない。Watson 等は農耕の発明には野生種の分布以外に半定住的生活様式 semi-sedentary way of life が条件だったと考え，半定住生活が提供したものは実験のための時間と場所であると述べている (Watson and Watson, 1969：94-95)。この意味でも退役狩猟者は農耕創始者としてふさわしく有利な

付論2　農耕創始者としての退役狩猟者層

条件を具えていたことになる。

　以上のように現生狩猟採集民の生態からみると，農耕システムの創始者（発明者）は女性ではなくて男性であり，而も退役狩猟者達であったと推定される。そこで問題はそのシステムのソフトウエアとハードウエアの分離分担が初めから行われていたのかどうか——そのような農耕生産組織のパターンはどこまで遡れるのかということである。つまりこの問題は農耕システムの創始即ち栽培（人為的育成）による食物生産システムの初めての確立のプロセスである。この確立に至るまでの創始階段では，先述のような高度の複雑な自然史的（生態学的）知識体系と植物育成に必要なその応用能力（技能）をもった男達自身が現場作業即ち種蒔きをはじめとする一連の肉体労働（ハードウエア部分）をも実施した（せざるを得なかった）と考えるのが妥当であろう。その間に家族の手伝い等はあったかもしれないが，主役は男達であって，彼等が栽培乃至育成に関するソフトウエアだけでなくそのハードウエア部分をも一貫して実施しながらシステムを創りあげたにちがいない[2]。この段階では，農耕システムにおけるハードウエア部分（現場作業—単純労働）とソフトウエア部分（プログラム——管理・運営）の可分性 separability（渡辺, 1986a）とその経済的・社会的価値は未だ認識されていなかったと考えてよかろう。その両者の分離，分担はこの未完成段階，所謂「実験」段階では実地上不可能であったにちがいないというのが筆者の見解である。農耕システムの創始者達に，そのような価値の認識は勿論，最近の人類学者や考古学によって論じられているような生産効率的な考え方

(cost benefits, labor efficiency, productivity 等）があったとは信じ難い。

　農耕は旧来の狩猟採集より効果的な食物生産方式となったが，初期の発展は技術の改良よりも生産組織の革新乃至改良による所が大きかったと筆者は考える。それは上記の農耕システムのハードウエア部分とソフトウエア部分の可分性の利用であるが，その第一歩はこのシステムの確立以後，つまり所謂「実験」段階或いは「萌芽期」incipient stage 以後のこととするのが適当のようにみえる。具体的には女性農耕（ハードウエア担当）の形がその第一歩とみなされる。Childe は彼の古典的著書 *Man Makes Himself* の中で「恐らく初めは農耕は女性の付随的活動であって，一方彼女等の主人達は実に重大な狩猟という仕事に従事していた」(Childe, 1955 (1936)：71) と記しているが，これがその第一歩に当る。これは社会の農耕化の第一期といえるが，この段階の変化は技術的—栄養的変化にすぎない。本格的な社会的変化，つまり社会構造的な変化は次の段階即ち農耕化の第2期からということになる。これが男性農耕への転換である。女性の農耕化は伝統的職業（採集）はそのままで農耕は単なる付加にすぎないが，この第2期への変化は男の職業の変化即ち伝統的狩猟者から耕作者への変化であって，構造的変化である点が第1期の変化とは根本的にちがう[3]。大形獣狩猟と耕作は両立し難いのである。「狩猟採集から農耕への転化」とか「農耕社会の出現」とか，最近の考古学でも盛に論議されているが，農耕化の意味も農耕社会の定義も曖昧である。食餌 diet 中の農作物の割合が50%以上というような数量的基準を

付論2　農耕創始者としての退役狩猟者層

農耕文化の判定基準にする考え方 (Smith, 1972：5; Bray, 1980：244) もあるが，これを農耕"社会"の判定基準としても社会学的な意味はない。そこで「農耕社会」とは何か人類学的—考古学的な定義が必要になる。筆者はこれに対して分業上の役割を目安にした定義と分類基準を示した (渡辺,1981c： 120-122; Watanabe, 1986： 248-249)。これによると主耕作者 chief cultivators, いいかえると農耕システムのハードウエア部の主要担当者が男性である社会が農耕社会である。男性の農耕化というこの変化は，男の伝統的生業である狩猟活動の時代的推移(特に減衰) の性状を確かめることによって追究できるはずであるから，考古学的にも検証可能である。考古学における農耕起源の探究はこれまで技術面と作物乃至食性面に限られてきたが，これからは以上のような見地から農耕システムの構造面(ハードウエアとソフトウエアの分離・分担を中心とする生産組織) の解明にむけての努力が必要である。考古学では Childe 以来社会進化の研究が興り，最近では英国学派等が積極的に社会構造への接近を試みはじめていることは周知のとおりである。しかしこれまでの様子を概観すると，一般に論議されてきたのはむしろ農耕化による社会的影響面であって，肝心の生産方式としての農耕システムそのものの論議が不足乃至欠乏しているといわざるを得ない。農耕もまた他の生産方式と同様に，食物資源とその獲得技術 (道具プラス使用手続き) だけでなく，それを効果的に働かせるための活動とその組織が一体となった一つの技術的—社会的活動体系 a system of technological and social activities を構成している (渡辺, 1971; 第1図;

Watanabe, 1972 (1973) : 80-81; Watanabe, 1977a; Watanabe, 1977b : 3-6; 渡辺, 1979)。つまり農耕にしても牧畜にしてもそれは上述のような一種の技術・社会的システム（活動システム）として追究し解明されなければならない。これまでの様子では，農耕起源の研究は道具と技術の変化あるいはそれらの変化の影響と思われる文化的乃至社会的変化の研究に殆んど終始し，上記のようなシステムとしての農耕の研究が欠乏しているといって過言ではない。道具・技術の社会的文化的影響 impacts 即ち社会あるいは文化との機能的関係は，生産システムをとびこえて解明することはできないのである。そのような研究の欠乏は，それが困難だからではなくてそれに無関心だからのようにみえる。いずれにせよ農耕起源あるいは狩猟採集から農耕への変化に関する考古学の今後の重要課題は上述のようなシステムとしての農耕の研究である。それは容易ではないが学問としては放置はできない。道具と技術を生産組織の中に組みこんだ筆者の退役狩猟者モデル ex-hunter model が農耕と社会構造の機能的関係を探るために必要な概念的道具 conceptual tool の一つとして役立てば幸甚である。 (1987・11・19)

〔『早稲田大学大学院文学研究科紀要』第33輯，哲学・史学編〕

## 註

1) 日本の縄文時代人も住居が安定的で定住的である（渡辺, 1966；Watanabe, 1986)。そこで彼等の生計活動の時間的規準として太陽を主とし月を従とするカレンダー・システムの存在の可能性が生じてくる。またそれに伴って太陽の定点観測場が問題になってくる。そのよ

うな場所（定点）は現生狩猟採集民の実況からみると，何等かの地上目標（landmark）（天然物あるいは人工物）あるいはその付近にある石，切株等の可能性がある。この見地から配石遺構等の再検討も必要になる。特に立石，ストーンサークル等 monument 的配石が問題である。

2) 男性老人層の一部のみによるこのような萌芽期乃至実験期農耕の可能性は北米インディアンの煙草栽培の例によって裏づけられる。これが彼等に一般的な煙草栽培パターンであって，農耕システムが確立するまでの初期形態に近いものではないかと筆者は考えている。

3) 男性耕作型システムの出現以降の伝播（diffusion）・借用（borrowing）による農耕化の場合は女性耕作段階をスキップするケースも起り得た。これについては我国の農耕化問題も含め別紙で論じる予定である。

## 引用文献 (ABC順)

Axtell, J. (ed.) 1981
 The Indian Peoples of Eastern America. A Documentary History of the Sexes. Oxford University Press, New York.

Bean, L. J. 1978
 Social Organization. In : Heizer, R. F., ed., Handbook of North American Indians, Vol. 8 : California, Smithsonian Institution, 673-682.

Braidwood, R. J. 1959
 Prehistoric Men. Chicago Natural History Museum, Chicago.

Bray, W. 1980
 From Foraging to Farming in Early Mexico. In : Megaw, J. V. S., ed., Hunters, Gatherers and First Farmers beyond Europe, Leicester University Press, 225-250.

Childe, V. G. 1955
 Man Makes Himself. The New American Library, New York, 4th Printing. Original edition, 1936.

Kobayashi, K. 1967
 Longevity Trends of Humans Based on Skeletons from Prehistoric to Modern Times in Japan. Journal of the Faculty of Science, University of Tokyo, Sect. 5, Vol. 3, Pt. 2 : 107-62.

小林和生 1979
 人口人類学．小林和生（編），人類学講座11，人口，63-129，雄山閣，東京．

Mason, O. T. 1966
 The Origins of Invention. A Study of Industry among Primitive Peoples. The M. I. T. Press, Cambridge, Mass.. Original edition, 1895.

Orme, B. 1980
 Advantages of Agriculture. In : Megaw. J. V. S., ed., Hunters, Gatherers and First Farmers beyond Europe. An Archaeological Survey, Leicester University Press, 41-50.

付論2　農耕創始者としての退役狩猟者層

Osgood, C. 1940
　Ingalik Material Culture. Yale University Publications in Anthropology, No. 22, Yale University Press, New Haven.

Pilling, A. R. 1978
　Yurok. In : Heizer. R. F., ed., Handbook of North American Indians, Vol. 8 : California, Smithsonian Institution, Washington, 137-154.

Roth, H. L. 1887
　On the Origin of Agriculture. Journal of the Royal Anthropological Institute, Vol. 16 : 102-136.

Silberbauer, G. B. 1965
　Report on the Bushmen Survey. Bechuanaland Government, Gaverones.

Smith, P. E. L. 1972
　Consequences of Food Production. Adison Wesley Modules 31, Adison Wesley, Reading, MA.

Suttles, W. 1973
　Private Knowledge, Morality, and Social Classes among the Coast Salish. In : McFeat, T., ed., Indians of the North Pacific Coast, University of Washington Press, Seattle, 166-179.

Thurnwald, R. 1969
　Economics in Primitive Communities. Oxford University Press, London. Original edition, 1932.

Vallois, H. V. 1962
　The Social Life of Early Man. The Evidence of Skeletons. In : Washburn. S. L., ed., Social Life of Early Man, Methuen, London, 137-149.

Washburn, S. L., and V. Avis 1958
　Evolution of Human Behavior. In : Roe, A., and G. G. Simpson, eds., Behavior and Evolution, Yale University Press, New Haven, 421-436.

Washburn, S. L., and C. S. Lancaster 1968
　The Evolution of Hunting. In : Washburn, S. L., and P. C. Jay, eds.,

Perspectives on Human Evolution I, Holt, Rinehart and Winston, New York, 213-229.

渡辺 仁 1966
縄文時代人の生態：住居の安定性とその生物学的・民族史的意義．人類学雑誌，第74巻，第2号，21-31.

渡辺 仁 1971
進化と環境．東京大学公開講座，人間と環境，75-106，東京大学出版会.

渡辺 仁 1979
ヒトの生活構造と適応．日本医師会（編），ライフ・サイエンスの進歩，第6輯，63-87，春秋社，東京.

渡辺 仁 1981a
狩猟採集民のライフサイクルと退役狩猟者．日本民族学会第20回研究大会研究発表抄録，63-64，国立民族学博物館.

渡辺 仁 1981b
年齢分業とライフサイクル．生態人類学の新視点．人類働態学会会報，第36号，3-5.

渡辺 仁 1981c
北方文化研究の課題．北海道大学文学部紀要，第29巻，第2号，79-141.

渡辺 仁 1986a
農耕の進化的最大利点：ハードウエアとソフトウエアの可分性．日本人類学会日本民族学会第40回連合大会研究発表抄録，47，九州大学解剖学教室.

渡辺 仁 1986b
北東アジア狩猟民の猟漁システムの特徴とその先史学的・進化的意義：(I) 銛漁と弓矢漁．麗沢大学紀要，第43巻，1-24.

渡辺 仁 1987
農耕起源における退役狩猟者の役割．日本人類学会日本民族学会第41回連合大会研究発表抄録，58．

Watanabe, H. 1968
Subsistence and Ecology of Northern Food Gatherers with Special Reference to the Ainu. In : Lee, R. B., and I. DeVore, eds., Man the

Hunter, Aldine Publishing Co., Chicago, 69-77.

Watanabe, H. 1972

Ainu Ecosystem : Environment and Group Structure. University of Tokyo Press, Tokyo. (American Ethnological Society Monograph 54, University of Washington Press, Seattle, 1973).

Watanabe, H. 1977a

Some Problems in the Comparative Ecology of Northern Food Gatherers. In : Watanabe, H., ed., Human Activity System : Its Spatiotemporal Structure, University of Tokyo Press, 21-39.

Watanabe H. 1977b

The Human Activity System and Its Spatiotemporal Structure. In : Watanabe H., ed., Human Activity System : Its Spatiotemporal Structure, University of Tokyo Press, 3-20.

Watanabe H. 1983

Occupational Differentiation and Social Stratification : The Case of Northern Pacific Maritime Food-Gatherers. Current Anthropology, Vol. 24, No. 2, 217-219.

Watanabe H. 1986

Community Habitation and Food Gathering in Prehistoric Japan : An Ethnographic Interpretation of the Archaeological Evidence. In : Pearson, R. J., ed., Windows on the Japanese Past : Studies in Archaeology and Prehistory, Center for Japanese Studies, The University of Michigan, 229-254.

Watson, R. A. and P. J. 1969

Man and Nature. An Anthropological Essay in Human Ecology. Harcourt Brace and World, Inc., New York.

# 索　引
(五十音順)

## 民　族

### ア・カ行

アイヌ　Ainu　16, 18, 22-24, 32, 33, 39, 42-46, 49, 51-52, 56, 58, 60, 61, 65, 67, 73, 75, 84-88, 90, 91, 93, 122, 131, 136, 143, 159, 163, 167, 172, 230, 231, 248
アラスカ・エスキモー　Alaska Eskimo　121
アリュート　Aleut　32, 33, 35, 44, 45, 48, 59, 63, 65, 102, 159, 163
アルセア　Alsea　58
イーワラ　Yiwara　127, 128
インガリック　Ingalik　57, 101, 121, 142, 248
ウエスタン・エスキモー　Western Eskimo　44
ウリチ　Ul'chi　48
エスキモー　Eskimo　33, 44, 102, 142-144
オロク　Orok　41
ガブリエリノ　Gabrielino　129
カムチャダール　Kamchadal　16, 163
樺太アイヌ　Sakhalin Ainu　18, 41, 43, 46, 51, 56, 57, 172
カロク　Karok　40, 53, 130, 143
ギリヤーク　Gilyak　16, 18, 32-34, 39, 42-45, 48-50, 57, 65, 67, 69, 73, 110, 142, 143, 161, 172

クイノールト　Quinault　25-27, 57, 58
クイレウテ　Quileute　25
クチン　Kutchin　142
クララム　Klallam　25, 27, 28
クリー　Cree　123, 142
クリーク　Creek　122
クッキウトル　Kwakiutl　50, 105
コッパー・エスキモー　Copper Eskimo　18, 57, 134, 141
コリヤーク　Koryak　16
ゴルド　Gold　6

### サ・タ行

シリオノ　Siriono　249
セカニ　Sekani　142
セマン　Seman　58, 72
セラノ　Serrano　129
セントラル・エスキモー　Central Eskimo　34-36, 49, 121-123
タナイナ　Tanaina　18, 57, 122, 143, 167
タレウミュット　Tareumiut　142
チェマクム　Chemakum　25
チェロキー　Cherokee　122
千島アイヌ　Kurile Ainu　51
チムシアン　Tsimšian　50, 53, 165, 169
チュガク　Chugach　34
チュクチ　Chukchee　16
チュマシュ　Chumash　129, 130
ティウィ　Tiwi　223
ティパイ　Tipai　34-36, 61

261

ティンビラ Timbira 119
トゥルマイ Trumai 119
トリンギット Tlingit 32, 50, 52, 58, 59, 84, 105, 113, 119, 132, 159, 165, 169
トンガ Tonga 212

**ナ・ハ行**

ナスカピ Naskapi 123, 124
ナナイ Nanay 45, 161, 162
ニブヒ Nivkhi →ギリヤーク
ヌートカ Nootka 18, 25 - 28, 42, 44, 47, 48, 50, 53, 57, 58, 62, 106, 113, 123, 143
ヌエル Nuer 214
ヌナミゥト Nunamiut 134
ノムラキ Nomlaki 34-36
パイウテ Paiute 58
ハイスラ Haisla 165
ハイダ Haida 50, 53, 114, 119
パトゥイン Patwin 122, 125
フアネノ Juaneño 128, 132
プエブロ Pueblo 122, 125, 146
ブッシュマン Bushman 18, 58, 126, 127, 249
フパ Hupa 40, 143
北海道アイヌ Hokkaido Ainu 5, 18, 19, 28 - 32, 43, 56, 80, 82, 85, 123, 164, 172
ポモ Pomo 18, 122, 125

**マ・ヤ・ワ行**

マカー Makah 53
マリコパ Maricopa 122, 125
ミウォーク Miwok 122, 125
モドック Modoc 142, 167, 169
ユロク Yurok 40, 53, 143, 243
ヨルバ Yoruba 217

ワショ Washo 18
ワルピ Walpi 130

## 遺 跡 （国内）

井戸尻 139
姥山 139
牛間館 137, 138
大蔵 137, 138
大平 137, 138
大湯 118, 132-134, 166
忍路地鎮山 118
忍路三笠山 118, 131
音江 114, 115
貝鳥貝塚 76, 79, 100
キツネ塚 139, 140
草花 139
国府 139
荒神谷 168
古作貝塚 101
御殿山 138
菻内 111
下向山 140
新道 139
曽谷 138
曽利 139
チカモリ 104-108, 134
塚山 140
藤内 137, 138
栃原岩陰 72
野中堂 114, 115, 132
東貝塚 140
蛇崩 138, 140
真脇 104-108, 132, 134, 161, 162
万座 114, 118, 132
宮地 137, 138
室谷洞穴 72-74
茂沢 118
山鹿貝塚 101

# JŌMON STRATIFIED SOCIETY

BY

HITOSHI WATANABE

## CONTENTS

Preface . . . . . . . . . . . 1

PART 1. Jōmon Stratified Society. An Ethnoarchaeological and Structural Approach

I. Presentation of problems . . . . . . 11
II. Hunter-gatherers' stratified societies : northern Pacific ethnographic evidence . . . . . . 16
   (1) Stratification and sedentarism . . . . 16
   (2) Stratification and occupational differentiation . 21
   (3) Stratification and specialization of arts and crafts 37
      (a) Upper class and decorative crafts
      (b) Lumbering, architecture and wood working
      (c) Transoceanic trading of luxuries
III. Hunter-gatherers' stratified society : a structural model based on northern Pacific ethnographic evidence . . . . . . . . . 63
IV. Jōmon stratified society . . . . . . 72
   (1) Occupational differentiation : specialization of hunting-oriented families as upper class . . 72
      (a) Bear hunting
      (b) Conditions of biotic environment

- (c) Harpooning of swordfish
- (d) Exploitation of distant habitats
(2) Elaboration and specialization of arts and crafts 94
  - (a) Pottery industry
  - (b) Personal ornaments
  - (c) Lumbering and architecture
(3) Development of rituals . . . . . 109
  - (a) Complexity of belief-ritual system
    - (i) Clay figurines (dogū), bar-shaped stone-club (sekibō) etc.
    - (ii) Graves
  - (b) Circular enclosures such as stone circles : development of communal rituals
(4) Social function of the Jōmon pottery and change of the function from the Jōmon pottery to the Yayoi pottery . . . . . . . . 135

Epilogue . . . . . . . . 154

## PART 2. From Hunter-gatherers to Farmers

I. An Ethnoarchaeological and Evolutionary Model for the Transition from Hunter-gatherers to Farmers : a Process Based on the Separability of the Hardware and the Software of the Agricultural System . . . . . 193

II. Ex-hunters as the Originators of Agriculture : an Ecological Model Based on Ethnographic Accounts . . . . . . . . 229

渡辺 仁（わたなべ ひとし）
1919年　宇治山田に生まれる
1942年　松本高等学校卒業
1946年　東京帝国大学理学部人類学科卒業
1954-56年　ロンドン大学人類学教室に留学
1960年　理学博士（東京大学）
1967年　東京大学理学部助教授
1972年　東京大学文学部教授
1980年　北海道大学文学部教授
1983年　米国ミシガン大学人類学部客員教授
1984年　早稲田大学大学院文学研究科客員教授
著　者　The Ainu Ecosystem : Environment and Group Structure（東京大学出版会）、『ヒトはなぜ立ちあがったか：生態学的仮説と展望』（同上）、『生態』（編著、人類学講座第12巻、雄山閣出版）ほか。

## 縄文式階層化社会

2000年8月20日　新装初版発行

著　者　渡辺　仁
発行者　八木環一
発行所　有限会社 六一書房

〒101-0051
東京都千代田区神田神保町3-17-11
一ツ橋KIビル1階
電話 03(3262)3889　FAX 03(5276)0136
URL http://www.book61.co.jp/
振　替　00160-7-35346
印　刷　株式会社 アポロ社
ISBN4-947743-06-9 C3021

落丁・乱丁本はお取り替えいたします。

## 六一書房 既刊図書案内

### 無文字社会の考古学
安斎正人著　定価(本体2500円＋税)四六判　ISBN4-947743-01-8

### 手焙形土器の研究
高橋一夫著　定価(本体3000円＋税)B5判　ISBN4-947743-02-6

### 貿易陶磁研究 第1号－第5号(合本)復刻版
日本貿易陶磁研究会編　定価(本体8000円＋税)B5判　ISBN4-947743-03-4

### 縄文土器論集 ── 縄文セミナーの会10周年記念論文集 ──
縄文セミナーの会編　定価(本体7500円＋税)B5判　ISBN4-947743-04-2

### 過去を推測する 人類学としての考古学
デービット・トーマス著／関俊彦訳　定価(本体1700円＋税)
A5判　ISBN4-947743-05-0

■ご注文方法

書店経由の場合には、「地方・小出版流通センター」取扱品とお申し付けください。
直接小社にお申し込みの場合には、お電話・FAX・Eメールをご利用いただけます。

■小社最新情報については、ホームページにて公開しております。
ご高覧ください。

URL　http://www.book61.co.jp/
E-mail　info@book61.co.jp